上海市教育工会
七十年发展历程丛书

话说
七十年

1950······2020

上海市教育工会
发展访谈录

滕建勇 主编

上海交通大学出版社
SHANGHAI JIAO TONG UNIVERSITY PRESS

内容提要

本书以嘉宾访谈和后人回忆的方式,让读者生动、立体地了解教育工会发展的故事,重温教育工会走过的光辉道路,体验教育工会的红色基因,凝聚教育工会前行的精神力量,具有时代性、翔实性、故事性特点。作为第一手材料,不少内容及档案已尘封多年,现在读来弥足珍贵。本书是积累教育工会精神财富的重要工程,是上海市教育工会深入推进学习贯彻"四史"教育的成果,将成为教育工会工作者和广大教职工的学习材料和良师益友。

图书在版编目(CIP)数据

话说七十年:上海市教育工会发展访谈录/滕建勇
主编.—上海:上海交通大学出版社,2020
ISBN 978-7-313-24140-5

Ⅰ.①话… Ⅱ.①滕… Ⅲ.①教育事业-工会工作-
史料-上海 Ⅳ.①D412.6

中国版本图书馆CIP数据核字(2020)第229180号

话说七十年——上海市教育工会发展访谈录
HUASHUO QISHINIAN——SHANGHAISHI JIAOYU GONGHUI FAZHAN FANGTANLU

主　　编:	滕建勇			
出版发行:	上海交通大学出版社	地　　址:	上海市番禺路951号
邮政编码:	200030	电　　话:	021-64071208
印　　制:	上海雅昌艺术印刷有限公司	经　　销:	全国新华书店
开　　本:	710mm×1000mm　1/16	印　　张:	26.75
字　　数:	365千字			
版　　次:	2020年12月第1版	印　　次:	2020年12月第1次印刷
书　　号:	ISBN 978-7-313-24140-5			
定　　价:	98.00元			

让历史告诉未来

今年是上海市教育工会成立的第七十个年头。70 周年庆又幸逢盛事——2020 年全国如期全面建成小康社会，上海市总体率先实现教育现代化。教育工会与祖国同行，与教育共荣。上海市教育工会在党和国家政策指引下，在市委市政府领导下，在全国教科文卫体工会和市总工会的指导下走过了辉煌的70 年。70 年砥砺前行，道路越走越宽广；70 年心手相连，队伍越来越壮大；70 年传承发展，成果越来越丰硕；70 年与时俱进，影响越来越广泛；70 年不忘初心，明天越来越美好。

教育工会事业是党的教育事业的重要组成部分，是以人民为中心理念的充分体现。今天，我们用访谈录的形式回顾过去，展望未来，曾经引领、支持、参与、帮助过教育工会的人们，将自己的经历、感言和寄语汇集成一篇篇感情真挚的文章，从这些文章中，大家能读到自豪、智慧、心血、欢乐和成就，更能从中感受追求卓越的精神和创造美好的理想。七十余位访谈嘉宾中，有关心支持工会事业发展的各级领导，有与工会共成长的劳动模范，有成才于工会大平台的先进标兵，有无私奉献的工会干部，也有提供支持与合作的社会各界。虽然他们所处的年代不同、思考的维度不同、工作的经历不同、叙述的内容也不同，但都诠释一个共同的道理：工会与党、工会与教育、工会与教工，始终紧紧相连，始终充满生机。他们的故事也代表了所有工会人的心声。在此，向为教育工会事业作出贡献、提供支持帮助的人们表示崇高的敬意和衷心的感谢！

回顾过去，是为了更好地走向未来。教育工会事业的接力棒已经传到今天工会人的手上。我们要坚持政治性、先进性和群众性的统一，续写事业辉煌，依托工会广泛联系群众的优势，发挥工会桥梁纽带作用，为党培育队伍、为教育凝聚力量、为教师送上温暖，让党放心、让社会欢迎、让教师满意。

一要让教育工会的光荣传统传承下去。上海教育工会具有鲜明的红色基因：1949 年以前，上海就活跃着进步教师团体；新中国成立以后，教育工会团结广大教师服务新中国发展、调动教师支持国家建设的热情、为抗美援朝捐钱造（购）飞机；改革开放以来，首开教书育人新风，引领尊师重教风尚、弘扬师德风范等，这样的传统和基因是教育工会的传家宝，体现出教育工会的正能量，什么时候都不能丢掉。教育工会要始终带领广大教职工坚定跟党走，为党育人，为国育才。

二要将党的温暖送入人心。我党历来重视知识分子工作，将知识分子作为工人阶级的重要组成部分。教师是人类灵魂的工程师，承担着塑魂立根的

2020 年 6 月滕建勇（右四）出席第四届上海高校青年教师教学竞赛

光荣职责。教育工会就是广大教师的"娘家"，要始终把为教师说话办事作为己任，关心教师的思想动态，关心教师的身体健康和心理健康，深入了解教师的关切和诉求，为他们排忧解难，让教师时时感受到党的温暖和组织的关怀。

三要为教师发展搭建平台。教育系统人才济济，是国家建设社会发展的重要保障。进入新时代，教育面临新挑战，同时也带来了新机遇，广大教师的作用日益重要。工会是教职工建功立业的大平台，也是让人才脱颖而出的大学校，要以事业发展为目标，以教师需求为引领，搭建更多更好更大的平台，让广大教师充分施展才华，不断获得发展，让教育工会成为人才培养成长新的加油站。

四要在主动服务国家战略中积极作为。当前，全国上下都在为决胜全面建成小康社会、决战脱贫攻坚而努力奋斗，在迈向新征程的道路上，我们不能忘记边疆的稳定、不能忘记各民族的团结、不能忘记贫困地区的冷暖，要发挥工会激励人、关心人、温暖人的优势，提供更多人力物力财力支持，为早日实现中国梦作新贡献。还要从思想上、生活上，关心帮助远在全国各地援边支教的教育系统干部教师，让前方与后方凝聚成推动发展助力脱贫的洪流，为共同奔向小康贡献智慧和力量。

五要在时代进步中创新创造。当今社会是信息化的社会，人们都已经习惯了高效率的沟通和便捷的生活。教育工会要适应时代、适应发展，用技术赋能发展，用创意丰富内涵，进一步推进线上交流、云间活动、网络课程、视频交互等工作与活动方式，让教育工会常办常新，成为各年龄层次教师喜闻乐见的大家庭。

我们要做的工作还有很多，教育工会上下一定会勠力同心、努力奋斗。为了共同的名字，为了共同的事业，为了共同的家园，让我们满怀信心再出发！

上海市教卫工作党委副书记

上海市教育工会主席

滕建勇

目 录 Contents

二、劳模精神

三、大学担当

四、协同发展

一、传承创新

1950 ······ 2020

方　明：
中国教育工会的奠基人
——叶良骏回忆恩师方明

【人物简介】

　　方明，1917 年 4 月出生，2008 年 3 月逝世，原名方培玉。著名社会活动家，优秀的教育工作者，中国教育工会奠基人之一，上海市教育工会首任主席，中国教育工会主席、分党组书记、顾问。中国民主促进会第三届中央参议委员会副主席，第四届中央委员会委员，第五届、六届、七届、八届中央常务委员会委员，第十届、十一届中央委员会顾问。中国陶行知研究会会长，第三届全国人民代表大会代表。中国人民政治协商会议第六届、七届、八届全国委员会委员，政协第七届教育文化委员会副主任。中非友协、中日友协常务理事，中国儿童保护委员会理事。原世界工会联合会——教育工会国际（FISE）副主席。曾参与发起和制定教师节与《中华人民共和国教师法》（以下简称《教师法》）。

　　叶良骏，1941 年 6 月出生。作家、编剧、陶行知研究学者、诗人。现任上海市教育发展基金会理事，为上海市作家协会会员。曾任中国陶行知研究会第五届、六届理事会理事，上海市陶行知研究协会第六届理事会副会长。

【访谈实录】

　　方老是我的老师，更是我的引路人。我至今还记得与他相识的那一幕。那是 1986 年 12 月的一天傍晚，一位老同志走进上海陶行知纪念馆展厅。按惯例，我拿起教鞭为他讲解。讲到"流浪儿工学团"时，老同志指着放留声机那幅照片问我："中间那个是谁？"我说是方明。他说："我就是方明！"我大惊，教鞭掉在了地上。方老笑着捡起教鞭，一张张图片讲过去。他讲了许多当时我还不熟悉的史实，还指认了照片上的不少人。讲了一个多小时，他才意犹未尽地说："下次再给你讲吧。"这是我第一次见到方老。他的坦率和平易近人，给我留下深刻的印象。在这之后的 22 年里，他像一盏明灯指引着我在学习陶行知的路上勇往直前。

方老逝世一周年时，由我担任执行编委的大型纪念画册《方明同志与上海》出版了。画册根据一些文史资料以及老同志的口述历史，尽力追寻方老的足迹，其中也有部分篇章讲到了方老与教育工会。方老是中国教育工会这座大厦的奠基人之一，也是一个百折不挠、全身心投入的建设者。

早在 20 世纪 30 年代，方老就与教育、教师和教师组织结下了不解之缘。从早期公开成立的"沪东教师联谊会"，到抗战胜利后建立"上海市小学教师联合进修会"等三大进步教师团体，开展保障教师职业、争取生存权利、抢救教育危机、反对内战等斗争，方老一直参与党对上海教师革命运动的领导工作，前后历时 11 年。1949 年秋至 1952 年，方老担任上海市民国中小学校长，筹组上海市中小教联并任教联党组书记。

1950 年 2 月，上海市总工会成立，方老任市总工会常委。1950 年 5 月，中国教育工会上海市委员会成立，方老当选主席。8 月，他又在中国教育工会第一次全国代表大会上当选为全国委员会副主席。当时，方老奉全国总工会的委派，同吴有训、华罗庚、盛瑾等组成中国教师代表团，赴维也纳出席世界教师大会，并在会上当选为"教育工会国际"（FISE）的副主席，走上了国际舞台。

1953 年春，方老奉调北京，任中华全国总工会国际联络部副部长，遍走欧、亚、非、拉 30 多个国家。说到这段时期，还有关于方老名字的一段故事。方老原名方培玉，因参加革命怕牵连家人，后改名为方明。20 世纪 50 年代初，在一次陪同毛泽东接见外宾时，毛主席听说他叫方明，笑着说，这是个好名字，四方光明！后来，他就一直用方明这个名字了。

1950年5月上海教育工会成立大会上方明主席向万余教育工作者作报告

　　1953年后，方老工作的主阵地就转往北京了，但他始终关心着上海，他经常来沪参加教育界的各项活动，每到上海就总要到教育工会。这不仅因为他曾是首任上海市教育工会主席，更因为他想了解教育工会能为教师做些什么。他还常到教师中间去，不知疲倦地访问、座谈、考察，仿佛回到了那个激情满怀、青春焕发的年代。

　　在方老和其他同志的不懈努力下，上海各区县建立"教师公寓"、为从教30周年教师谋福利、恢复山海工学团……处处都有他付出的心血。鲜为人知的是，方老一直在呼吁和推动建造教育会堂。在他眼中，多年来，建造教育会堂一直是上海尊师重教的一件实事，因此，他一定要使教育会堂这个名字响起来、亮起来。他多次奔波，几经周折，终于请到了无产阶级革命家陈云同志。陈云同志欣然提笔，写下了"教育会堂"这四个发光的大字。1990年教师节，方老又争取到日本兵库县教职员工组合的支持，使教育会堂得到一套价值一千多万日元的音响设备，让广大教师能在这个教师之家尽情欢唱。

　　我从陶馆退下来后，方老曾与我长谈。他说，职位有退休，学陶永不退休，我记住了他的话。1994年，在方老的支持下，由我主持办起了"爱满天下"文化艺术传播中心。他不仅出席了"爱满天下"的成立庆典，还当众宣布自己担任顾问，同时还专程来沪参加"爱满天下"成立后的第一次公益活动——由"爱满天下"文化艺术传播中心与上海市教育工会共同主办，在第二医科大学（现上海交通大学医学院）举行的庆祝教师节大型义务医疗咨询。该活动吸引了上万名在职和离退休教师参加，在当时引起轰动。经他牵线，我们与市教育工会合作举办了多次活动，在他去世后，还延续此缘。教育工会主办了我们推出的大型话剧《永远的陶行知》，取得了非常好的社会反响。

1959年10—11月方明在苏联

倡议开展"五讲四美"为人师表活动

　　1981年，党中央十分重视社会主义精神文明建设，全国总工会等九单位倡议开展"五讲四美"活动。怎样根据教育工会群众工作的特点，使教师既受到教育，又通过他们去教育好学生？方老认为，要找到一个主题口号、一种形式、一个"抓手"，可以把各种活动一起带动起来，并持续深入发展。

"抓手"怎样确定？办法是从群众中来，有事同群众商量。

1981年年底，方老主持召开了"全国中小学工会思想政治工作经验交流会"，会上决定以全体代表名义向全国教师发出《建设社会主义精神文明，开展"五讲四美"为人师表活动倡议书》。初稿形成后，方老连夜走访了老教育家叶圣陶、教育部副部长张承先、全国总工会副主席宋侃夫等，向他们汇报情况并征求意见，他们很赞成，有的还对倡议书作了文字上的修改。

值得一提的是，时任中央书记处书记的习仲勋同志也来参加了这个会议。习仲勋同志对为人师表活动给予高度评价，并强调教师的心灵美就表现在爱学生，尤其对于后进生要有些偏爱。这个重要又很有针对性的观点，后来写入倡议书，成为为人师表活动的一个重要的思想目标。

倡议书发出后，教育部以1982年第1号文件发出了《关于支持开展"五讲四美"为人师表活动的通知》。此项活动得到了各地党委、政府和总工会的高度重视，也符合大多数教师的心愿，教师们说，这是党对我们的莫大信任，

方明教劳工幼儿团的孩子们学唱《义勇军进行曲》

说明我们责任重大、工作光荣。

这项活动改变了很多教师的人生轨迹，其中就有原中国教育工会副主席、上海市教育工会主席江晨清。当时的他是一位中学教师，在回忆文章中他这样写道："是历史的机遇把我推上了领导岗位，这个机遇，就是中国教育工会所倡导开展的'五讲四美'活动。这个活动要求教师要教书育人、为人师表。于是，我平时自觉或不自觉地进行的教育活动，不仅迅速地提炼成爱的篇章，概括为美的师德，也迅速地改变了我今后人生的轨迹，进入全国优秀班主任的行列。我之所以能有如此成长，并不是因为我有多大才华，实在是方明同志创造的这个机遇好，也是这个机遇所反映的时代好。"

执着促进国家建立教师节、颁布《教师法》

在 20 世纪 80 年代，方老还有一项重要工作，就是执着地促进国家建立教师节和颁布《教师法》。在 1981 年的全国政协会议上，方老与其他委员联署提出建立教师节的提案。1982 年、1983 年、1984 年，教育部党组、教育工会分党组连续向中央写报告，建议每年 9 月 10 日为教师节。1985 年 1 月 21 日，第六届全国人民代表大会常务委员会第九次会议审议了国务院的议案，决定每年 9 月 10 日为我国的教师节。议案通过时，全场响起热烈掌声，会后社会反响强烈。

1985 年 9 月 10 日，由中宣部、国家教委、北京市政府、团中央、全国教育工会联合举办的庆祝教师节大会在人民大会堂举行，随后，各地也有组织地开展了庆祝、宣传活动，教师深受鼓舞，全国人民也受到一次生动的尊师重教的教育。

教师节建立以后，方老又为推动国家制定和颁布《教师法》而努力。1986 年，他在全国政协会上提出要求制定教师法的提案，并随即成立了《教师法》起草小组，方老被推举为组长。经过调查研究、起草、研讨、广泛听取意见，参加讨论的人员达近万人次。在将草案提交给国家教委后，经历了持续 8 年的努力，1993 年，全国人大常委会正式通过《中华人民共和国教师法》。

1934 年，方老在上海成为陶行知的学生，追随陶先生投身民众的普及教育，尊奉陶先生的"爱满天下"为自己的行动指南，一生以"捧着一颗心来，不带半根草去"为座右铭，70 余年如一日，他为教育和教师奉献了自己最真挚的感情和毕生的经历，鞠躬尽瘁死而后已，虽然他已离开了我们 12 年，但他为教育工会、为教师付出的心血，我们永志不忘。

（采访整理／程媛媛　照片来源／叶良骏提供）

张　琼:
把毛主席的题字带给教育工会的老革命
——虹口区第一中心小学回忆老校长张琼

【人物简介】

张琼，1902年1月出生，1981年9月逝世，原名朱舜华，湖南汝城人，中国共产党早期党员。曾任北伐军第三政治部宣传干事，中共湘南特委、湘中区委组织部部长，中共中央组织部联络员。中华人民共和国成立后历任上海市虹口区第一中心小学校长、上海市教育工会秘书、虹口区文教科科长、虹口区副区长。

【访谈实录】

张琼是我们虹口区第一中心小学（以下简称"一中心小学"）老校长。多年来，所有新到职的老师到一中心小学的第一课，就是参观张琼同志纪念室，聆听和学习一位坚持革命理想初心，扎根平凡事业的伟大女性的感人故事和她的不朽精神。

"要是受不住，我就不跑出来了"

1981年9月28日上午8时，张琼同志在上海逝世，终年八十岁。1990年9月，张琼同志纪念室在虹口区第一中心小学设立。

1902 年，张琼生于湖南省汝城县城郊乡津江村的一个封建官僚家庭，幼年时期过着优裕的生活。17 岁那年，"五四运动"席卷全国，张琼当时正在湖南衡阳第三女子师范学校读书，与进步学生何宝珍朝夕相处，受进步思想的影响，年轻的她热血沸腾，冲破学校阻拦，义无反顾地投身于轰轰烈烈的"五四运动"。然而家里对此百般阻挠，面对家人的经济威胁，张琼在当时为全国学联代表的毛泽东、杨开慧同志的教育和鼓励下，毅然脱离了封建官僚家庭，她说："我不稀罕荣华富贵，对自己选择的道路绝不后悔。"毛泽东对这样敢于起来革命的女学生非常钦佩。

1922 年，张琼来到位于长沙清水塘（时为中共湖南支部所在地）的毛泽东家里。在毛泽东的热情接待下，她得以安顿下来，进入湖南自修大学学习，就此开启了新生活，其间跟随毛泽东积极参加革命活动。同年 10 月，经杨开慧同志介绍，张琼加入了中国共产党。在宣誓的那天晚上，毛泽东谆谆告诫张琼："干革命不容易，要吃得千辛万苦，你受得住就干下去，受不住就回你家那个大花园去。"张琼听罢，没有丝毫犹豫："要是受不住，我就不跑出来了。"自此，张琼以一个光荣的新身份——共产党员，开启了平凡而伟大的一生。

在艰苦的革命岁月里，张琼组织过工人运动、农民运动、上山打游击，受党组织委派到上海从事地下工作。1923 年，在被反动派威逼交出党组织名单的险恶环境下，张琼表现出超乎常人的机智与泰然："我是教员，只有学生的名单。"随即招致敌人的残酷折磨，第一个孩子也因此死于腹中。为了革命的胜利，张琼不顾个人的安危，经受了反动派无数次的酷刑毒打和生死考验，先后失去了五个孩子，也失去了丈夫。她的丈夫是耒阳人贺恕，和毛泽东关系甚好，也是一名中国共产党的早期党员。1923 年，在毛泽东和杨开慧同志的关怀下，张琼与贺恕结为夫妇。1947 年，贺恕因疾去世，临终时他深情地嘱托张琼："看起来我们要分手了，我们的五个孩子都没有了，今后，只剩下你孤单一人了，我有许多话要对你说，上海即将解放，新中国也要诞生了，解放后一定要见到润之同志，把我们的事告诉他，希望你跟着党，一不为名、二不为利，革命到底！"苦痛一直没能阻挡张琼对共产主义理想的不懈追求，终于在 1949 年 10 月 1 日，中国人民站起来的这天，张琼热泪盈眶。从青年到中年，她将自己的美好年华奉献给了党的事业，从此也将踏上新的征程，开始新的奋斗。

"我是一个小学教师，我离不开学生"

新中国刚刚诞生，虹口区人民政府委任张琼担任虹口区第一中心小学的首任校长，1950 年任上海市教育工会秘书，一直在上海从事着教育工作。虽远在上海，张琼仍时常收到来自毛泽东、刘少奇等中央领导同志的深深挂念。1949 年 9 月，刘少奇在给张琼的一封信中就曾邀请她去北京工作。

1950 年 8 月，张琼作为上海市教育工会的代表赴京参加中国教育工会第一次全国代表大会。大会期间，毛泽东等中央领导同志两次派车接张琼到中南海会面。毛主席一见到她，就紧紧地握住她的手不放，激动万分地说："舜华，你还活着呀！幸运！幸运呀！""润之哥！不，主席，我还好，还好……"张琼眼圈泛红，哽咽着。"不容易啊！算起来，我们有二十七年没见面了，你现在家里还有几口人？"这一问，悲伤的回忆顷刻涌来，张琼潸然泪下："我原有五个孩子，可都被国民党反动派害了，爱人贺恕很早就被捕关押在上海监狱，1947 年释放后，患病去了，现在家里就我一个老太婆了……"毛主席放心不下张琼，挽留她在北京工作。张琼说："三十年前，我是教书的，现在我仍愿做一个小学教师。"毛主席听了，连连点头说："你的想法好啊！当教师也是革命工作，也是为人民服务嘛！"临别时，毛主席又叮嘱张琼："回去后，有什么困难，可直接写信给我！"

张琼带着毛主席的关心，过着一如往常的简朴生活，忘我地发挥着余热。她抱病撰写历史资料，为编写革命史、烈士传提供素材，重视对下一代青少

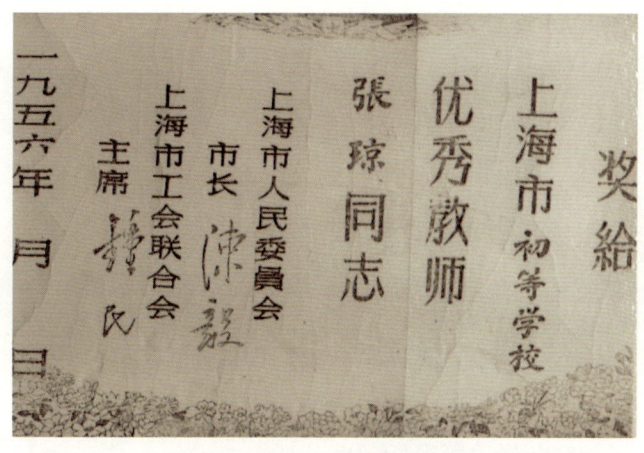

1956年张琼被评为"上海市优秀教师"

年的革命传统教育和共产主义理想教育，将自己的亲身经历说给孩子们听，把光荣的革命传统一代一代地传承下去。

值得一提的是，也正是在这次大会期间，张琼同志受上海市教育工会与会代表委托，请毛泽东主席题字。毛主席在中南海欣然命笔，写下了"中国教育工会上海市委员会"十二个字，为上海市教育工会发展史添上浓墨重彩的一笔。返沪后，她把毛主席的题名及关怀带给了教育工会。

"所有的孩子我都喜欢"

张琼校长与一中心小学同呼吸，共命运，把学校各项教育活动办成特色，培养了大批德才兼备的学生，成为上海乃至全国闻名的名牌小学。

张琼满怀革命理想，深爱教育事业，她说："我们的孩子，是我们伟大祖国鲜艳的生命之花。我们要像园丁小心地培育他所心爱的花木一样去培养我们的孩子。"在张琼的眼中，每个孩子都是充满朝气、与众不同的。作为一名教师，比教授学生知识更重要的，是要用博爱的胸襟去接纳、呵护、滋养孩子的成长。她的一生，也确实用坚定的信念践行了自己这样一种"每个孩子

张琼与学生们在一起

我都喜欢"的教育理念。始终坚持把培养青少年具有高尚的道德情操和优良的行为习惯放在自己所有教育工作中的第一位，当作自己最重要的职责。这对继承张琼理想的后人，包括我在内，都是巨大的鞭策和教育。

1990年9月，虹口区人民政府在学校内设立张琼同志纪念室，定为区级爱国主义教育基地。虹口区委区府的老书记张显崇、沈敏康，老区长孙成伯都曾十分关心纪念室。

张琼同志是中国共产党的优秀党员、党的好干部、人民的好教师。学校秉承张琼的教育理想与追求，结合时代特点，营造"我能行"校园文化，提出"以学生为本，促进学生主体性发展"的新思路，确立"自主、自强、自信"的学校精神，融入课程与实践活动，形成"四小员"社会实践活动校本特色。

学校还持续开展"以革命老校长张琼奶奶为榜样"的爱国主义教育系列活动，打造"健康、大气、谦逊、睿智"的教师团队，培育"识理、健身、合作、能行"的学生群体，让一中心的每个生命都精彩。

我们永远怀念张琼同志。她的一生是艰苦的一生，更是光辉闪耀的一生。她是一名共产党员，她将一生奉献给了党的事业。她见证了党与国家走过的层层荆棘，也陪伴着一代又一代祖国青年走向更好的未来。我们希望，更多的年轻人从张琼等老一辈革命家身上汲取力量，奋力前行，为党的教育事业奋斗终身！

（供稿 / 虹口区第一中心小学　采访整理 / 王心愿
照片来源 / 张琼同志纪念室提供）

章国贤：
在奋进中实现新辉煌

【人物简介】

章国贤，1963 年 6 月出生。现任中国教科文卫体工会主席、分党组书记，中华全国总工会第十六届、十七届执委、第十七届主席团委员。曾任全国总工会港澳台工作办公室主任、中国职工对外交流中心秘书长、全国总工会国际联络部部长、中国工运研究所所长。

【访谈实录】

工会工作是党的群团工作、群众工作的重要组成部分，上海市教育工会在贯彻落实习近平新时代中国特色社会主义的实践中，积极动员广大教职工主动作为，为上海率先总体实现教育现代化不断奋进，成绩显著。同时，面对日益增长的教职工的新需求，主动作为，努力为广大教职工服务，准确把握教育工会的新使命、新目标、新要求，团结和凝聚教职工，在奋进中实现新辉煌，是上海市教育工会工作的主攻方向。

中国教育工会上海市委员会是全国唯一的由毛泽东主席亲笔题写会名的产业工会，成立七十年来，取得的卓越成绩无愧于毛主席的题名。在全国行业工会中，上海市教育工会创造了许多第一，给我印象最深的是上海市教育工会站位高，为广大教职工服务意识强，在围绕中心、服务大局，实现工会自身价值上有不少创新。

2020年春节前夕章国贤（左二）专程来沪看望老教师翁史烈院士（左一）

助力脱贫攻坚走在前

第一件让我印象深刻的事是2018年，中国教科文卫体工会响应党中央的号召，提出了"践行新思想奋进新时代——助力脱贫攻坚职工志愿服务活动"，上海市教育工会积极响应，根据上海市对口支援的新疆、西藏、云南、贵州和青海的实际情况，加强顶层设计，综合各地的需求，力争实现最佳帮扶效果。对云南，由教育部在沪直属高校采取"一校扶一县"的做法很有效果，各高校都想方设法助力当地脱贫，学校工会和行政一起通过购物消费扶贫、特色线路休养消费扶贫，拉动当地的经济，让当地的农副产品走出大山。同时，各学校都积极支持赴云南挂职干部、教师开展扶贫项目等，做实扶贫工作。上海市教育工会还连续几年协助做好云南省教育工会组织的边远少数民族乡村教师去沪学习参观交流活动。

在新疆和西藏，上海市教育工会坚持慰问高校结对帮扶的教师和在喀什、日喀则支教帮扶的大、中、小学教师和干部，帮助解决他们的后顾之忧。同时，上海市教育工会与新疆维吾尔自治区教育工会、日喀则市教育局等通过双方签订帮扶协议的形式，落实对新疆喀什和西藏日喀则当地的困难教师的帮困工作，每年投入帮困资金百万元，受到当地教师的欢迎。上海市教育工会还在当地学校捐建教工之家，为当地学校教职工办了一项实事，受到当地学校的欢迎。一些区教育工会还利用假期，组织劳模和高级教师赴对口支援的地区培训教师，做实了助力脱贫攻坚的帮扶工作。

2019年6月，我们组织对山西和顺县、壶关县，开展"践行新思想·奋进新时代——助力脱贫攻坚职工志愿服务活动"时，上海市教育工会积极支持，组织了一支由上海市劳动模范、特级教师、高级教师组成的志愿者队伍，以示范课、小组讨论、座谈交流等形式，与和顺县、壶关县初高中教师们进行了教学理念、教学方法、教学心得等方面的沟通交流，并针对当地教师教学方面存在的问题给出切实有效的建议。和顺、壶关两个贫困县的学校和教师们表示，很感谢上海的优秀教师们带来了先进的教育理念和教学方法，这对于提高教育教学质量很有帮助，让他们很受启发。

壮大会员队伍促融合

第二件让我印象深刻的是组织非编职工加入工会工作。

习近平总书记在同中华全国总工会新一届领导班子成员集体谈话中强调，"引导职工群众听党话、跟党走，巩固党执政的阶级基础和群众基础，是工会组织的政治责任。要最大限度把农民工吸收到工会中来，使他们成为工人阶级坚定可靠的新生力量。"农民工入会和非公企业建立工会是全国总工会提出的新形势下壮大工会队伍，团结更多职工听党话跟党走的具体要求。在做好为非编职工加入工会并努力服务上，上海市教育工会加强顶层设计，采用分层次提要求、统一思想认识、落实工作经费、奖励先进促后进、现场指导精准服务等方法，取得了显著效果。

通过先行先试，条件成熟的基层工会先期试点非编职工入会工作，总结成功经验后，对各个单位进行分类管理，特别是抓住非编职工入会的瓶颈——会员2%拨缴经费的落实，建立各基层单位不同的经费落实机制，全面推进基层工会吸纳非编职工入会。在入会后的工作中，上海市教育工会先易后难，先组织非编职工开展文体活动和工会基层先进评选，让他们真正融入工会大家庭，后在教（职）代会民主管理上建立机制，逐步做到政治上参与，经济上同工同酬。

上海市教育工会还在全国总工会推出的"尊法守法·携手筑梦——服务农民工法治宣传行动"上做好提升农民工整体素质的大文章，几年来，派出由著名教授带队的博士生、硕士生志愿者团队，深入厂区、建筑工地，为广大农民工兄弟进行法律咨询、法治宣讲，有的高校还请农民工兄弟到学校参观学习，形式多样、丰富多彩的活动，让农民工和在象牙塔内的研究生共同受教育。

引领建功立业出实招

第三件让我印象深刻的是上海市教育工会率先组织全市中（中学、中职校）小幼青年教师教学竞赛，使各类（大、中、小、幼）青年教师的教学比武（劳动竞赛）覆盖了全市的每个学段、每个专业和每所学校，包括中等职业学校。全市40岁以下的青年教师，只要愿意都可以参加各级各类竞赛。立足提高全市青年教师教学基本功的教学竞赛活动，已经成为全市40岁以下的青年教师提高教育教学水平、岗位练兵的平台：

一是建立了由教育行政部门与工会联合举办青年教师教学竞赛的机制，工作联动机制的优势得以凸显；二是青年教师教学竞赛的覆盖面不断扩大，越来越多的优秀"青椒"希望能在上海青教赛的舞台上一展风采；三是教学竞赛组织水平得到明显提升，竞赛的权威性和公信力得到了充分体现；四是青年教师教学竞赛的社会影响力不断扩大，竞赛激励了广大青年教师投身教学实践，各级各类学校掀起了教师教学比、学、赶、帮、超的良好氛围。

评估显示，上海的青教赛已经发展成为党政支持、学校重视、教师欢迎、社会关注的品牌项目，良好的辐射和溢出效应，充分展示和培养提高了上海大中小幼各级各类学校教师的教学能力水平和综合素养。

当然，给我印象深刻的还有上海教育工会建立的全市教职工门急诊医疗团体保险项目。该项目已开展了二十年，为众多的生病教职工特别是生重大病的教职工解决了后顾之忧。完善且精准的多级帮困体系，让教职工体会到"家"的温暖。此外，上海市教育工会还推动建立了全国第一家省级教职工心理发展服务中心，该中心提供 24 小时服务热线的完善服务，以及遍布全市的心理服务网点，让有需求的上海教职工体会了方便快捷，在他们急需心理援助时，心理专家们会及时送上帮助和关怀。

希望上海市教育工会继续坚持以教职工为中心的工作导向，一切为了教职工，团结引领广大教职工听党话、跟党走，在奋进中实现新辉煌，为上海教育更好地满足人民的需求，为培养新时代中国特色社会主义事业的建设者和接班人而奋斗。

（采访整理 / 高　芳　照片来源 / 市教育工会提供）

沈　炜：
教育工会工作的初心、使命和未来

【人物简介】

沈炜，1965 年 2 月出生，1987 年参加工作，法学博士，教授。现任上海市教卫工作党委书记是中共上海市第十一届委员，上海市第十五届人大代表。曾任华东理工大学学工部部长、校党委副书记兼马克思主义学院院长，上海理工大学党委书记，上海市教育卫生工作党委副书记、市教育工会主席，中共上海市委党校常务副校长、校务委员会副主任，上海行政学院常务副院长等职。

【访谈实录】

教育工会工作的初心：维护保障教职工权益

这些年来，市教育工会在上海市总工会的领导下，做了大量的工作。特别是在关心关爱教职工、增加教职工福利等方面做的很多工作都可圈可点。

二十世纪八九十年代，我在华东理工大学参加工作。工会对教职工权益的维护与保障给我留下了深刻的印象。当时煤气供应比较紧张，教育工会为先进教职工、困难教职工提供煤气指标、煤气罐，后来还逐渐推出电话安装优惠、体检、运动会、社会实践活动、疗休养等权益和福利。正是由于教育工会坚持不懈的推动，学校越来越重视教职工权益，教师们也有一种找到家的感觉。

教育工会有一个鲜明特点，就是在教职工群体中，女性超过 50%，可以说是真正的"妇女能顶半边天"。近些年来，教育工会和妇工委一起，通过标准化建设"妈咪小屋"，组建"女教师联谊会"、女教师和女大学生结对，女律师定期提供免费法律咨询等一系列举措，支持女教师经常性地开展活动，维护和保障女教师权益。在这一过程中，涌现了很多女教师、女教授榜样，他们也做了很多关心下一代的工作，激发了女学生们自强、自立、自爱和成长、成才的渴望。

教育工会还立足上海，积极投身精准扶贫和脱贫攻坚等国家战略。中西部贫困地区有很多需要帮扶的项目，教育工会通过集体采购当地的一些名特优农产品，为这些地区的经济发展和人民生活水平的提升作出了贡献。

最为重要的一点，是我们的教育工会始终在党的领导下开展工作，这和西方工会有显著区别，也是我们的最大优势。教育工会通过潜移默化的工作，把党的路线方针政策和为党育人、为国育才的总要求，把党和政府对教师的关心、关爱、关怀落到各个地方、各个角落，持续激发教师群体树魂立根、

2019 年 10 月沈炜（右七）出席上海市教育工会助力喀什脱贫攻坚签约会

教书育人的热情和力量。

应该说，这么多年来，每一届教育工会都坚守着维护和保障教职工权益的初心，在党的领导下开展各方面工作，为事业发展凝聚人心，推动知识分子积极发挥主人翁精神，把更多时间、精力投身到改革开放和经济建设中来。可以说，教育工会了做大量行之有效且出色的工作，对推动上海教育事业的改革发展起到了非常重要的作用。

教育工会工作的使命：关注教师职业发展

随着经济社会的发展进步和人民生活水平的提高，教育工会在做好教职工权益保障的同时，更加关注教师自身的职业发展，搭建了板书比赛、教学竞赛等青年教师交流和展示的平台，为教师的专业发展铺路，为教职工的成长助力。

我始终认为，高校和中小学教师都要更关注教学环节，更关注教书育人，把本职主业做好。而教育工会除了做好外围保障工作，也更加注重提升教师的整体素养，以及培养教师对教学和讲台的热爱。要回答好培养什么人、为谁培养人、怎样培养人的根本问题，关键还是要提升教师队伍的整体素质。

我曾参与过第二届上海高校青年教师教学竞赛和第三届全国高校青年教师教学竞赛的组织工作。上海这届教学竞赛精心组织，整合全市优质资源，请来了很多一线资深专家，手把手指导青年教师备课、上课。教学竞赛提供的磨砺和历练机会，把优秀青年教师推向前台，一批青年教师脱颖而出。更为重要的是，教学竞赛营造了重视一线教学、重视课堂的氛围，让青年教师更加重视练好内功，拓宽自己的知识面，在习得授课技巧的同时提升教学艺术。

组织全国教学竞赛，不但提升了青年教师的个人教学水平，还让青年教师更加直接地体会到工会"娘家人"对教师职业发展的关心，加深了青年教师对工会的理解。工会自身也拓宽了职工维权的范畴，为青年教师提供了更大的舞台和更多的发展资源与机会。同时，我们向外省市同仁学到了很多，也更坚定了我们提升教师内功的途径，就是推动教师回归课堂本源。

值得一提的是，教育工会还经常组织与美国、日本、澳大利亚等国的教育工会进行联系和互访。通过深入交流和对比研究，我们更坚定教育工会毫不动摇坚持党的领导的信念，这是我们的最大优势。在党的大力支持下，我们的教育工会有充足的经费保证和预算支持，确保能为教职工群体做实事、谋福利，这与西方教育工会的松散管理是完全不同的。

教育工会工作的未来：始终以教职工为中心

当前，"十三五"即将收官，教育工会已经实现了从场地保障、经费保障到制度保障的渐进式发展，进入了良性循环的工作轨道。"十四五"期间，我们将身处百年未有之大变局，在特殊发展期迎来新的挑战和发展机遇。教育工会如何危中寻机，谋划未来？

我想，一是要立足于教育工会的本职定位，深入学习宣传习近平新时代中国特色社会主义思想，特别是习近平总书记关于工会工作、职工工作的思想和重要论述。另外要加强各方面学习，坚决克服"机关化、行政化、贵族化、娱乐化"倾向，在教育工会工作中进一步体现人民至上、以教职工为中心的理念。

二是身处上海，教育工会要服务于上海大力推进的国际经济、金融、贸易、航运和科技创新等"五大中心"建设，通过扎实的工作，引导带领广大的工作人员和全体教职工听党话、跟党走，为党育人，为国育才，更好地完成各方面工作。

三是加强教育工会与其他行业工会组织的联动。市教委和卫健委都是在市教卫工作党委的统一领导下，但目前教育工会和医务工会之间的联系还比较少，未来要努力创造更多的联动机会，更好地建立大健康的概念。以此为基础，未来教育工会可以进一步拓展与其他行业、企业工会的联系，广泛调动社会各界资源。

最后，我要特别感谢教育工会前辈们的奉献和付出。每一届教育工会的工作都是在前任、现任很多同志的共同努力下不断推进。在新时代，教育工会最主要的任务就是把全体教职工紧密团结在党的周围，带领上海教育系统的广大教职工，为上海深化教育综合改革出力献策，为加快推进教育工会工作创新发展再立新功。

（采访整理／姜新杰   照片来源／市教育工会提供及顾超拍摄）

周　奇：
用好教育系统宝贵资源，积极创新工会工作

【人物简介】

周奇，1964 年 5 月出生。上海市委党校研究生，工程师。1985 年 12 月加入中国共产党。曾任中共浦东新区区委组织部副部长、区社会工作党委副书记，浦东新区区委党校常务副校长、校务委员会副主任，区行政学院副院长。现任上海市总工会副主席，浦东新区人大常委会副主任。

【访谈实录】

　　我曾在浦东新区的党校和行政学院工作过，到市总工会工作后，又分管工会学院和幼儿园的工作，可以说，一直与教育工作有着密切的联系。因此，与教育系统的工会也建立了熟悉和融洽的关系。

市教育工会为上海教育改革事业的蓬勃发展提供了坚实保障

　　当前，围绕加快落实三项新的重大任务、建设"五个中心"、打响"四大品牌"，推进国家和上海重大战略、重大工程、重大项目、重点产业等建设，推动城市高质量发展，提升城市能级和核心竞争力等重要任务，上海的建设与发展需要更多更好的人才。而教育系统就在这个重要的领域里，为上海教育改革的发展与城市进步，提供了人才队伍的保障，作出了贡献。上海的教

周奇（中）接受教育工会的专访

育水平在全国乃至世界范围内都是靠前的，这已为社会公认。这是与上海30万名各级各类教育工作者的努力奋斗分不开的。

上海市教育工会把握政治方向，坚持和加强党的领导，带动广大教师爱岗敬业、建功立业，重视对教职工的思想引领，加强教职工维护合法权益的力度，深化自身改革创新方向，取得的工作进展与创新成果得到上海市总工会的充分肯定。

从"青教赛"到19名市级劳模，教育系统有着宝贵的资源

教育工会在围绕大局、高举旗帜、担当使命、创新方式方面，让我印象深刻。尤其是坚持多年的青年教师教学竞赛，具有相当的广泛性。一批批来自高教和基教的青年教师，每两年一轮，开展教学业务基本功的比赛。比赛者都是层层选拔而来，他们比板书、比教案、比讲课，互相观摩，互相切磋，体现了"身正为师，学高为范"的精神。这是教育工会围绕上海城市高质量发展要求而创新的实践项目，是展开在三尺讲台上的劳动竞赛。

前几天，北京召开 2020 年全国劳动模范和先进工作者表彰大会，上海112 位全国劳动模范和先进工作者接受表彰。习近平总书记高度重视，提出劳模是民族精英、人民楷模、国家功臣，非常鼓舞人心。

接下来，上海也要召开大会，通过表彰一批 2020 年上海市劳动模范（先进工作者）和上海市模范集体，进一步激励人民群众尊重劳模、学习劳模，按照国家和上海的"十四五"规划发展要求，不忘初心、牢记使命，在各自的岗位上继续奋斗，争创佳绩。

上海教育系统里，曾经涌现出于漪老师这样杰出的代表。她从教 68 年，获得国家首次颁发的"人民教育家"这一荣誉称号。她的事迹指导并影响了几代青年教师。今年这次评选中，教育系统市级以上的劳模有 19 名，他们是 30 万名教育系统教职员工的杰出代表。这些老劳模和新劳模都是教育系统建树劳模形象、学习劳模精神十分难得的宝贵资源。

2019 年周奇（右）实地指导上海基础教育青教赛

对教育工会新时代新征程的五点新愿望

最近召开的党的十九届五中全会，讨论了国家"十四五"规划和"二〇三五年远景目标"，对新时代教育工作提出了明确要求。在团结凝聚广大教职员工齐心协力完成重要任务方面，教育工会有着更大的舞台。

新的征程已经开启，新的工作目标和新的发展空间也对推动教育工会提出了新的要求。一是要坚持党的领导，保证工会工作在党的指引下正确开展。二是要服从国家加快推进教育现代化的大局、明确在上海推动城市高质量发展、提升城市能级和核心竞争力等重要任务中的站位，积极设计和开展工会工作。三是要贯彻落实中央和市委的要求，在广大教师队伍中加强对劳模的宣传，结合教育系统的特点，大力弘扬劳模精神、劳动精神和工匠精神，营造氛围，培养出一批更加优秀、更具创造性的人才。四是要高举团结大旗，积极维护广大教职员工的合法权益，关心帮助困难人员，成为温暖的、贴心的"职工之家"。五是要继续加强工会组织的自身建设。

希望教育工会进一步树立群众观点，准确把握特定工作对象和相关服务内容，探索适合教育系统的工作方法，为将上海建成一个具有全球影响力的城市作出新的贡献。

（采访整理 / 姚明强　照片来源 / 市教育工会提供及顾超拍摄）

翁文磊：
主动思考，竭尽全力
教育系统用心做好妇女工作令人印象深刻

【人物简介】

　　翁文磊，1967年1月出生，教育学硕士，工商管理硕士，中学高级教师，现任上海市妇女联合会副主席。曾任杨浦区教育学院副院长，控江中学党总支副书记、副校长，杨浦区妇联主席，杨浦区大桥街道办事处主任，杨浦区委宣传部副部长、区新闻办主任等职。

【访谈实录】

　　从体制上说，上海市教育系统妇女工作委员会和上海市教育工会女教职工委员会两块牌子、一套班子，避免了工作中的两张皮现象，这种做法值得肯定。从全市的情况来看，教育系统的妇女工作始终名列前茅，基础工作做得很扎实，群众意识强，在重点的工作上都是主动思考、主动作为，引领着教育系统广大妇女们为上海的城市发展、教育事业的发展贡献力量。

扎实的基础工作为女教师成长铺路

　　教育系统的争先创优相关工作一直很出色，一系列评优活动形成了一个推优的蓄水池，也让更多的女教师、女性教育工作者被大家看到。

每次市里评三八红旗手、三八红旗手标兵，教育系统的候选人的材料和表现很突出，上海市评选三八红旗手标兵的要求很高，评委们非常严格，竞争也很激烈，但教育系统的候选人当选的频率很高，这跟教育系统妇女工作的扎实稳定密不可分。

三八红旗手来自上海各行各业的优秀女性，2018 年开始，我们推出了"上海市三八红旗手走进高校思政课堂"活动，每年都有很多上海市三八红旗手组成讲师团走进各大高校，以演讲、互动的形式讲述各自岗位上的故事，收获了众多粉丝。

2020 年，我们把这个活动跟"四史"学习教育的主题进行结合，挖掘上海改革开放以来十一个发展快速的行业故事，请这些行业的三八红旗手讲述所在行业的发展故事和优秀女性的成长故事，也请市委党校的老师结合行业的特色讲党史。这样的活动丰富了高校的思政教育，发挥了先进女性的榜样力量和典范作用，实现了"让有信仰的人讲信仰"的宗旨，非常受学生欢迎。作为推进实施单位，教育系统在前期沟通、高校联动等多个方面起了非常重要的作用，扩大了活动的覆盖面，有效推动了这一系列活动的开展。

除了在争先创优、典型示范方面做了大量工作，教育系统在助力青年女教师发展方面的工作也非常认真细致。为了鼓励青年女教师立足岗位、建功立业，市教育工会、市教育系统妇工委设立了"上海市优秀青年女教师成才资助金"项目，对 40 岁以下、副高以上的优秀青年女教师给予了不同程度的资助和补贴，包括家庭服务补贴、生育哺乳补贴、教学科研成果补贴等多个种类，补助标准也根据时势日益提高。

这些资助工作、评优工作、典型人物树立和宣传等都为女教师的成长发展营造了很好的氛围，处处都体现了教育系统的用心。

疫情中主动作为带动更多女性互帮互助

2020 年很特殊，年初的新冠肺炎疫情给每个人的生活造成了影响。那个时候，我们妇联也是非常紧急地联系各种物资，给在一线抗疫的女性医务工作者提供支持、帮助，教育系统在人力、物力等各方面都作了很多贡献。

我清楚地记得，1 月 31 日，我们在"上海女性"微信公众号上发布了支持疫情防控一线巾帼英雄的倡议书，动员大家给一线女性医护工作者捐安心裤。当时并没有预设一定要捐到多少钱，但当听说教育系统的教职员工共捐了 260 多万元后，我们非常感动。据说整个活动发动了两万多名教职工，很多老师都说没想到自己在家还能为社会作贡献。老师们的情怀非常打动我，教育系统的工作基础和动员能力也令人敬佩。

据我了解，援鄂医疗队回沪以后，教育系统的领导带队走访了 19 户援鄂女性医务人员，还通过电话等形式慰问了 59 户，传递了党和政府以及工会和妇联组织对她们的感谢和敬意。

受疫情影响，高校毕业生求职就业的问题备受关注，教育系统各部门都为促进就业做了很多工作，女大学生的就业问题也是我们妇联重点关注的工作。早在 2007 年，我们就推出了"职业飞翔计划"，助力女大学生提升职场竞争力，引导女大学生顺利走上工作岗位。到现在，这个计划在高校的覆盖率超过了 85%。

今年在疫情影响的背景下，我们和市教委联手启动了"职飞海鸥计划"，具体工作主要由教育妇工委和市女企业家协会承办。活动与全国行业排名第一的智联招聘平台合作，一方面对女大学生进行网上的职业培训，另一方面组织双选会和企业的参访活动，给求职的女大学生和用人单位之间提供更多的沟通机会。从策划到启动，教育妇工委都发挥了非常重要的

2020 年 10 月翁文磊（中）参加"海鸥计划"线下沙龙第四站，与女大学生在一起

作用。2020 年 9 月 15 日，"职飞海鸥计划"专属平台正式上线，10 000 名女大学生获赠了"心想事呈"大礼包——体系化职业能力认证课程，"海鸥"专属的空中双选会，以及 B 站、拜尔、苹果、商汤科技等知名企业的参访活动。这一系列活动的顺利开展都离不开教育妇工委的积极努力、主动作为。

培养女性"四自"精神始终是我们努力的方向

教育系统的巾帼建功工作有不少亮点，尤其是上海市女教授联谊会、女优青联谊会的工作。这两个联谊会自创建以来聚集了一大批教育系统的优秀女性代表，一方面通过上海女教授主题创新论坛、上海优秀青年女教师主题发展论坛等符合女教师特点的活动加强学术交流、促进跨学科研究与合作、丰富精神文化生活、提升职业幸福感；另一方面，通过调研、课题研究等积极反映女教师的合理要求，维护女教师的合法权益。

妇联的基本职责是代表和维护妇女权益、促进男女平等和妇女全面发展。教育系统在性别平等教育方面有天然的优势和丰富的经验。未来，希望在增强社会性别意识、消除性别刻板印象方面做更多的工作。女性有无限可能，我们希望教育系统妇工委进一步教育和引导广大女教师和女学生，践行社会主义核心价值观，发扬自尊、自信、自立、自强的精神，提高综合素质，实现全面发展，使每个人都享有出彩的人生。

（采访整理／王蕴玮　照片来源／市教育妇工委提供）

王宗光：
用改革开放精神做好知识女性工作

【人物简介】

王宗光，1938 年出生，上海交通大学原党委书记，教授。中共上海第五次代表大会代表，第六届中共上海市委委员，第八、九届上海市人大代表，第九、十届全国政协委员。上海市第一届女教授联谊会会长，2008 年退休后任上海交大校史编委会主任，主编《上海交通大学史》(1—8 卷)。从事高分子物理、高分子材料结构分析等课程教学与科研工作，以第一获奖身份获国家及部委、省市科技进步奖 7 次，在国内外专业会议和相关杂志发表论文 30 余篇。2019 年获中共中央、国务院、中央军委颁发的"庆祝中华人民共和国成立 70 周年"纪念章。

【访谈实录】

"上海交通大学妇女工作委员会"的成立是改革开放的产物

20 世纪 80 年代，我任上海交通大学（以下简称"上海交大"）党委副书记时，分管过学校的工会和妇女工作。当时正值党的十一届三中全会召开不久，全国改革开放蓬勃兴起，上海交大以解放思想、调动积极性、深化高校管理体制与机制改革为主题的改革开放全面展开。在这样的背景下，学校的工会及妇女工作如何围绕学校建设发展重心深化改革开放，成为当时从事工会与妇女工作干部热衷讨论的话题。

上海交通大学作为中国最早招收女大学生的高等学校之一，早在二十世纪二三十年代，校园里就已经出现了女性的身影。上海交大虽然以理工为主，但这里的女生从不亚于男生。随着时代的进步，女生入学人数日益增多，高校教职员工中的女性比例也不断提升，上海交大也成为一个高素质女性集聚的"高地"。

为了适应学校改革发展的需要，依靠和调动广大女性的潜在能量，按照女性特点和特长把"半边天"组织起来，这是改革开放中的新课题。1978年，在校党委的主持下，并得到上海市教育工会和上海市妇女联合会的支持后，我们率先成立了"上海交通大学妇女工作委员会"（以下简称"上海交大妇委会"）。这是一个从属于学校的二级组织机构，在当时是工会和妇女工作体制的重大突破，打破了在高校没有专门妇女组织机构的常态。这也是上海交大改革开放中的一次制度性创新。

经历了"文革"的创伤，上海交大百废待兴，亟须重振雄风。纵观上海交大师资队伍，女性是一支不可低估的教学科研力量。第一，有一批新中国成立前接受过完整大学教育的有丰富教育经验的女教师，她们始终坚守教学科研岗位。如孙璧媖教授，在当时条件很困难的情况下，她作为系主任带领队伍恢复并重建了应用化学系。第二，有一大批于新中国成立后在党的阳光下培养和成长起来的女教师，她们正当年，只争朝夕，决心把被"文革"耽误了的时间抢回来。这是一支在当时师资青黄不接的困境中承上启下、不可或缺的中坚力量，她们中的代表如陈亚珠院士，2020年被授予上海市科技功臣。第三，更有一批改革开放以来拥有出国留学和进修背景的女博士教师，她们年轻有为，有海外经历和国际视野，是新鲜血液。她们中的代表如严隽琪教授，后来当选为全国人大常委会副委员长。

面对这支知识女性队伍，上海交大妇女工作不能停留在传统层面，而是要把工作的立足点放在先进生产力的建设和开发上，既要教育更要服务，帮助女性教师克服困难，鼓励他们自尊自信。高等学校的"妇女解放"要提到新的高度。

做好传承　选拔优秀干部　重视妇委会自身建设

建设好上海交大妇委会自身组织是做好妇女工作的前提。

第一点是传承。进入改革开放的新时期，新组建的上海交大妇委会需要把老同志留下来的优良传统作为财富继承下来，这是我们坚守的原则。"文革"结束后，上海交大早期的妇女工作是由几位离休老干部和老同志担任，如孙礼芙、程鹤年同志等，她们具有优良的革命传统，作风正派，带着全心全意为人民服务的朴素心态，在工作中不辞辛劳，既耐心教育又深入细致。

第二点是要选拔好在妇委会主持工作的能深入群众、团结群众、服务群众的优秀女干部。老同志程鹤年几经观察，以其老成的眼光向党委推荐了32岁的电子信息系教师舒培丽。经党委组织考察决定，舒培丽老师以大局为重入职上海交大妇委会，面向全校主持工作挑起重担。舒老师不负众望，进入角色较快，组织力量、调研、筹划联络校际、争取市教育工会和市妇联的指导帮助，开启了上海交大新一轮妇委会工作，而且初见成效。不久，舒培丽在上海市第六届妇代会上当选为当时上海市最年轻的妇联执委。1998年，舒培丽随市妇联组团出席亚太妇女工作会议参加国际交流，开拓视野广交朋友，提高妇女工作国际化水平。

妇委会在运转过程中，遇到了与校工会的妇女工作在体制与机制方面的不顺，人力与资金分散使用、活动重复交叉。从深化改革理顺体制出发，经校党政领导研究决策，在校工会领导班子中专门设置职位，由校妇委会主持工作的常务副主任同时任校工会副主席，把工会的妇女工作一并抓起来，工会原妇女工作经费与校年度划拨妇委会经费均由妇委会统一管理使用，这个改革举措创新了校工会与妇委会合署办公的工作模式，工作顺畅了、妇女活动开展的力度加大了、人力和经费的使用效率提高了、学校的妇女工作路子也越走越宽了。在妇女工作上把两个组织"糅合"的工作模式在上海其他高校也得到了认同。

情怀与创新是群众工作的基本要素

我所见证过的上海交大工会和妇委会给了我一个深刻的印象：做好党的群众工作需要我们有甘于奉献的情怀、激情创新的作为，这是要干事、能干事、办成事的基本前提。

上海交大妇委会工作的特点是丰富多彩、活力四射。比如分别建立了"女教授联谊会""女青年教师联谊会""女教授导师团"。为了大力弘扬女性先进人物，鼓励广大女教师爱岗敬业，在各自岗位上屡创佳绩，组织了各类活动"女教授论坛""教学新秀""师徒标兵""医工结合结对子"等，还配合市教育妇工委建立了"青年女性人才信息库"等。这些工作进一步激励了老中青三代女性。

妇委会还重视后备女性人才发展。比如，针对女大学生，早在 2000 年我

王宗光（前排左八）参加校女教授联谊会组织女教授结对活动，进一步促进医工结合

们就举办了"女大学生领袖风采营""女大学生创业培训营""女大学生青春风采赛"等活动。我们从市妇联邀请了很多女企业家来开讲座，让优秀的女大学生利用暑期去女企业家的公司实训，从而提高女大学生的就业能力，并拓宽她们思路。记得当时举办"女大学生未来领袖风采营"，为了选拔最顶尖的优秀女大学生参加，我们还在全校选拔，面试的学生队伍从"铁生馆"（学生活动场所）里面排到外面。再比如，当年农学院刚合并入上海交大，有一位农学院的女生哭着找到我们诉说她被调整进入管理学院后，适应不了那里的学习强度，对未来感到迷茫，妇委会老师耐心地帮助她分析情况，比较她的优势和不足，寻找应对的方法，使她稳定下来鼓起勇气找回自己。随后，妇委会利用暑期帮她物色和联系了一位女企业家结对，并推荐她去实习，结束后她总结了经验树立了信心。这位女生毕业后进入中国银行当上了部门经理，后又出国留学，毕业后当上了教师。

自从 20 世纪 80 年代邓小平同志提出要做"四有新人"后，全国的妇女工作都普遍提倡妇女要有"四自"精神，即自尊、自信、自立、自强，要提高女性的创造力和综合素质。

上海交大妇委会把维护妇女合法权益视为保护先进生产力，在重视宣传落实《上海市女职工劳动保护条例》《婚姻法》《母婴保健法》《生育保健法》上下足功夫。对来信来访均一一有交代，特别是住房、职称、子女上学、婚姻保障等等，妇委会均主动了解情况，沟通相关部门，及时帮助妥善解决，以此排除女性的后顾之忧，调动女性的工作积极性。

工青妇（工会、青年团、妇联）是党的好帮手，改革开放 40 余年来，无论是政治风浪考验还是学校重大变革，上海交大工会妇委会始终团结群众紧跟党委，与党中央保持高度一致。

（采访整理 / 邵维伟　照片来源 / 上海交大妇委会提供及朱水苗拍摄）

李宣海：
搭平台拓渠道，以工会工作凝聚人心

【人物简介】

李宣海，1951 年 9 月出生。曾任上海第二医科大学附属瑞金医院党委书记，上海第二医科大学党委书记，上海市科技工作党委副书记，市政府外办党组书记，市教育工作党委书记、市教委副主任，市教育党校校长，市科教工作党委书记、市教卫工作党委书记等职。

【访谈实录】

习近平总书记在十八大、十九大报告中多次强调：人民群众对美好生活的向往，就是我们共产党人的奋斗目标。我们教育系统知识分子集中、层次高，而教育人才更是高知识群体中的杰出代表。如何把这些人才紧紧团结在党的周围，激发出科技创新、教书育人的热情和积极性，是我们党委的重要使命。在这方面，党委有一个重要抓手，就是工会组织。工会是党的助手，是党联系群众的桥梁和纽带。

在科教系统长期工作的经历中，我曾与市教育工会有诸多深度融合合作。我体会最深的，就是市教育工会能够围绕中心、服务大局，帮助党组织在团结人才、凝聚人才方面发挥独特的作用。

搭建各种平台，集聚多层次专家、骨干人才

上海要率先总体实现教育现代化，人才的数量和质量，特别是顶尖人才的作用是至关重要的。为了更多更好地把专家、教授、骨干凝聚在党组织的周围，教育工会搭建了一系列高层次的平台：教育（科技）劳模联谊会、女教授（女科学家）联谊会、优秀青年教师联谊会等。市教育工会每年都会组织各类先进、人才、专家在这些平台上座谈交流、互相学习，在更高的层面拓宽视野，增进各类人才之间的了解和友谊。

每次参加这些活动，我都能感受到他们互相之间强大的磁场和吸引力。如：何积丰院士在劳模联谊活动时谈起，为了祖国的军事安全，他拒绝使用国外现成的信息技术，而是天天带着失明的妻子，苦心研究自己的芯片；王恩多院士和张永莲院士在女教授联谊考察活动中，激情回忆自己年轻时的梦想与坎坷……专家们相互交流切磋，彼此感动激励。共同的事业追求，使他们相互吸引，心心相印，并期待下次再相聚。虽然他们大多很忙，但都十分珍惜这些平台创建的每一次活动机会，从不缺席。

上海市教育工会每年组织各类先进评选，弘扬专家、骨干人才的事迹和精神。每次劳模、三八红旗手、师德标兵、比翼双飞模范佳侣等评选，各高校、区县都会报上优秀的候选人。为使评选公开公平公正，市教育工会搭建了"擂台"——先进展示的大舞台。在这个擂台上，先进人物云集，先进事迹荟萃，推荐者充满敬意，评选者好中选优，积极传递正能量。比如，在评劳模集体的擂台上，科技馆馆长潘正亲自为他的团队"评功摆好"。在评选上海市三八红旗手集体中，上海杉达学院（民办）英语教研室女教师们的事迹胜过了多个名校候选单位，杉达学院的参会教师喜极而泣。

记得有一次，刚评上劳模的陈国强教授讲述了自己奋斗的经历。2001年年底，38岁的陈国强从美国深造回国。第二年，他兼任上海第二医科大学病

理生理学教研室主任。当时教研室仅有员工10人，科研固定资产和研究经费紧缺，学术成果匮乏。他向时任校长借款70万元，并立下"军令状"："教研室不发展，我拿自己房子做抵押！"仅仅3年时间，他领衔的病生室，成为教育部重点实验室；5年时间，病生学成为国家重点学科。"男人可以没有钱，可以不漂亮，但一定不可以没有志向，一定不可以没有追求的勇气！""领先源自梦想，梦想催生激情，激情成就未来。要敢于把自己逼上梁山，才有冲劲！"陈国强坚定的语句、幽默风趣的演讲，给青年教师带来了无穷的进取心和搏击的力量。

这些通过摆擂台评选出的优秀人物，得到了社会各界广泛的认可和好评，也为后来的上海市教育功臣、科技功臣、教书育人楷模等评选打下了坚实的基础。而各类先进的评选和表彰工作，也激励着一线教职工群众赶超先进模范、争创一流业绩，使他们能够立足岗位，充分发挥主力军作用，展示主人翁风采。

搭建各式舞台，展示各类人才的才华、风采

为了给各类专家、人才有一个展示才华和风采的机会，市教育工会积极配合中心工作，搭建各式各样的舞台。

每年五一劳动节或教师节举办各种主题的"百名劳模座谈会"，比如"肩负时代重任，实践'三个代表'""坚持自主创新，推进产学研结合""教育让世博更精彩"等主题。金东寒院士潜心科研，成就斐然，他在会上不经意地说起自己家住南京路20多年，却从没逛过一次南京路，引来劳模们一片赞叹。上海世博会总规划师吴志强介绍说，他从德国到上海来竞聘总规划师时，带来的研究资料有两个麻袋，堆起来比桌子还高。大家深深感叹：机会真是属于有准备的人呀！许多感人的事迹和体会，我们参会的领导往往也是第一次听到。

请劳模、标兵与青年教师演讲交流。市教育工会从多方面关心年轻一代科教员工的成长，特别关心他们的岗位发展，并以各种形式继续做好"新职工上岗宣誓""新教师入师教育""新会员入会教育"等各项工作。每次拜访于漪老师，我都能感受到她对市教育工会的感情。工会不仅关心她的健康生活，还一直支持她给青年教师代表进行入职教育。作为普教系统教师的标杆，于漪老师的学高身正、教育理念和教育艺术，每每让青年教师们感到高山仰止、受益匪浅。

每年举办教师节"绿叶情怀主题晚会"。我们教育系统艺术资源非常丰富，音乐、戏曲、舞蹈、体艺等领域有最好的老师，他们也是最优秀的艺术家，同时也都是教育工会的会员。市教育工会以"教师绿叶艺术团"的名义，整合了各种艺术资源，让最优秀的艺术老师亮相，把最优秀的、刚得奖的节目奉献给上海的老师。记得有一次，在上海大剧院，刚刚崭露头角的新星廖昌永一边唱着"老师，我总是想起你"，一边手捧鲜花、满含热泪地走下舞台，把鲜花献给悉心培育他成长的著名歌唱家周小燕老师。这时，不仅周小燕老师笑着哭了，全场老师们也都热泪盈眶。我知道，他们是把平时培育学生成才的艰辛和快乐，全部化作了经久不息的掌声。

畅通各条渠道，便于党组织与各类人才沟通

党要有效地管理干部、管理人才，既需要组织部门有力、主渠道畅通，也需要疏通其他各种渠道，才能使党与各方面的人才保持良好的沟通与联系。在这方面，市教育工会也提供了一些补充渠道和联系载体。

第一，举办优秀青年教师学习座谈会，组织赴井冈山、延安、瑞金等革命老区参加学习考察活动。交流汇报会上也请组织干部处领导对他们进行点评，并提出要求，这既有利于优秀青年教师的成长发展，也有利于党委及组织部门较为深入全面地了解他们的情况和需求，并给予关心和引导。

　　第二，建立"上海市优秀青年女教师奖励基金"。对各高校选拔出的女优青给予 500～2 000 元奖励，并要求各高校必须给予配套奖励。每周安排一次钟点工，以减轻她们的家务压力；每年召开交流会、演讲会，还请市妇联领导、党委领导参加。当时才 27 岁的复旦大学副教授黄丽华说，虽然奖励的钱不多，但她每个月、每个星期都能感受到各级组织在关心、关注着她，让她感到温暖，也受到鞭策。后来，她成长为复旦大学教授、管理学院院长，并获得全国杰出青年奖励金。

　　第三，拜访各类专家、劳模、先进人物。每年教师节、春节前后，我和市教育工会同志们会专门安排家访活动。我觉得，这是领导干部与教育、科技界最优秀、最有智慧的群体直接交流的一个很有效的途径，也有助于了解情况、解决问题。

　　我曾几次拜访华东师大何积丰院士，对其中一次拜访记忆犹新。何积丰是上海信息领域的第一位院士，其夫人双目失明多年，两人几十年来共用一双眼睛，相濡以沫、并肩扶持。当时何夫人在闲话中谈及，失明是由一次教

2011 年，时任市科教党委书记李宣海（左二）慰问市劳模、华东师范大学何积丰院士（右一）夫妇

学实验事故导致的，自从何教授在国外进修期间把她接到身边之后，原单位认定的工伤补助一直处于中断状态。对于何夫人的这桩"小事"，我和工会都非常关心。抱着一定要"照顾好何夫人""协调好这件事"的信念，工会通过细致询问，最终查明原因，并把补助恢复补齐交给了他们。"补助对于我们来讲是无所谓的。"何夫人连连致谢，工会对于家属的认同感给予他们温暖，让他们感动。

　　我和工会同事曾一起访问过同济大学的汪品先院士，了解到他的团队正在做把海洋探测的实验室放到海底深处的实验；我也曾手捧鲜花，在下着滂沱大雨的机场，迎接从美国学成归来的王铸钢教授；我还曾访问过普教系统的吕型伟、唐盛昌、刘京海等老师，访问过高校的谷超豪、陆谷孙、闻玉梅、翁史烈、王振义、李国豪、周小燕等许多优秀教师和著名科学家，在传递组织的关心和温暖的同时，每次也深受感动。

（采访整理/颜惠芳　照片来源/本人及市教育工会提供）

张伟江：
权力是人民给的，决策就要让群众得益

【人物简介】

张伟江，1946 年 6 月出生。1984 年公派赴美攻读应用数学专业，1988 年获博士学位，1989 年学成回国。曾任上海交通大学应用数学系党总支书记、系主任，上海交通大学副校长、研究生院院长，上海市教育委员会主任、党组书记，上海市科教工作党委副书记。

【访谈实录】

工会是党联系职工群众的桥梁和纽带，工会工作是党治国理政的一项经常性、基础性工作。习近平总书记明确指出：各级党委要加强和改善对工会的领导，注重发挥工会组织的作用，健全组织制度，完善工作机制，加大对工会工作的支持保障力度，及时研究解决工会工作中的重大问题，热情关心、严格要求、重视培养工会干部，为工会工作创造更加有利的条件。要让职工群众真正感受到工会是"职工之家"，工会干部是最可信赖的"娘家人"。

在我履职上海市教委主任的 8 年间，各级教育工会对市教委的各项工作给予了莫大的支持和帮助，我与教育工会的干部和员工结下了深厚的友谊，而我和教委班子也为自己的"娘家"办了三件让大家至今难忘的实事。

第一件：给教育工会换了一个漂亮的“家”

1998 年，我接任教委主任后，就习惯性地去下属机构和学校调查研究。那天走访的是地处岳阳路口的市教育工会，进门是当年全国都有名的上海教育会堂大楼，穿过会堂大楼，后面有一个两层的临时简易工房，陪同的干部说，这就是市教育工会的办公场所。顺着狭窄而且露天的铁扶梯走上二楼，当时的工会领导抱歉地说，实在不好意思，要上楼只此“华山一条路”，遇到下雨天，基层来访的同志一不小心就容易滑倒。在楼上逼仄的办公室里听取了工会同志的工作汇报，他们宣传群众、联系群众、服务群众的工作做得很好，但我的心情却一点都愉快不起来。堂堂上海市的“教工之家”，竟然是在这样简陋的环境里工作，我这教委主任的脸上也无光啊！

改善的机会终于来了。不久，教育系统市属机构进入资源配置大调整，市教委机关要搬出陕西北路 500 号大院，我在主任办公会议上正式提议把原来教委办公的主楼调拨给教育工会使用，获得了班子成员的一致赞同。

这是 500 号大院里最漂亮的一栋二层西式建筑，是犹太名士沙逊在 1920 年建造西摩会堂时附设的犹太小学教学楼，建筑讲究，宽敞实用。由此，名楼有主，市教育工会终于有了一个安定、漂亮、方便的“家”。“娘家人”欢欣鼓舞，基层工会的同志来办事，再也不用爬那个狭小的铁梯，停车有车位，吃饭有食堂。

教工之家乔迁新居，工会的工作更是天天向上。

第二件：推进“教职工补充医疗保险”计划

20 世纪末，上海开始试行医疗体制改革方案。教职员工再也不能享受早已习惯了的公费医疗，大家开始担忧，特别是那些体弱多病的老师更是顾虑重重，一些经济条件不太好的教职工甚至不敢上医院看病，这就给学校的日常教学工作带来了一定影响。

情况反映到了市教委，我觉得老师"看病难""怕看病"的事绝不是小事，必须想办法解决。当时，人事处也觉察到教师队伍中出现的这个新问题，已经先期和有关保险公司接触，寻找化解矛盾的新途径。可几次洽谈都卡壳在保险金的最低费用上。为了突破这一瓶颈，尽快促成这个"补充医疗保险"计划的推行，我决定让教育工会的夏玲英主席及生活保障部的同志出面，继续攻坚克难。在群体性项目的谈判上，工会自有其独特的工作经验和角色优势。从2001年10月开始，教育工会的领导班子和同志们，不辞辛劳，不厌其烦，数十次和平安保险公司的相关人员频繁沟通、商谈，仅合同文本细节就十易其稿，最终如愿达成了共识，最关键的保费一项从开始的每人400多元降低至260元。当年12月3日，教委召开主任办公会议，详细听取张中韧副主席的汇报，所有班子成员一致赞成通过了这项"教职工补充医疗保险"计划。我那年的工作手册上清晰地摘要记录着："补充综合医保（与平安保险公司）：260元/年。教职工自付80元，其余部分，奖金支付90元、福利费开支90元。1 400元部分，报销从980元改为1 000元，增加的20元由保险公司一次划清。5.6万元以上报销90%。教委每年划拨专项经费200万元。"

一个棘手的涉及全市20多万名教职工利益的医疗问题，通过补充保险这个新途径，采取学校出一点、工会贴一点、个人付一点的办法，争取到了利益最大化的解决。近二十年来，各高校、各区县中小学幼儿园、各教育事业单位都充分享受到了这一计划的福利。各级教育工会在探望重大病人的慰问时，也有了更足的底气和资金。

第三件：探索"暑期疗休养活动"新功能

根据总工会一贯的服务宗旨，市教育工会每年暑期都要组织各种疗休养活动，让广大干部群众通过适度的休整和考察，开阔视野，放松身心，了解新形势，学习新经验，交流新情况。在深入基层参加这项活动的过程中，我发现：暑期疗休养活动，不仅使干部能密切联系群众，真实倾听到他们的喜怒哀乐，而且能在更加宽松的氛围中，和大家探讨一些比较疑难的问题，交流彼此最真实的想法，集思广益，找到破解矛盾的最佳切入点，这不正是我们党一贯倡导的"从群众中来，到群众中去"的优良传统吗？因此，我和工会的同志商量：教委领导要尽力支持并积极参加相关活动，而工会则要更加精心更加有针对性地策划好各类专题、专项、专岗、专业的暑期活动，把传统的疗休养工作办出新境界、开发出新功能。

20 世纪 90 年代末，上海农村的基础教育正进入布局调整的攻坚阶段，远郊一些校舍简陋、师资紧缺、生源不足的零星村校亟须撤并，但事关村民家庭切身利益，需要区域政府的财力物力人力统筹，光靠教育部门一家推行很困难，一开始推进的过程并不顺利，需要找到一个突破口先行先试。那年

张伟江（右三）出席主题为"书教师风采，绘教育新貌"的上海教工书画展（左四为市政协原副主席王荣华，右二为市书法家协会原主席周志高）

暑期工会组织各区分管教育的副区长一起外出学习考察，在轻松的旅途中，我和松江区副区长山兆辉自然而然地聊起了这个话题，山区长透露了松江区的改革思路和初步设想，我抓住机会表示，市教委积极支持松江区敢为人先的想法，鼓励他们在区委、区政府的统领下大胆去闯，为上海其他区县提供经验。

2000年秋，松江区率先完成农村村校的撤点工作，我和分管基础教育的副主任张民生同志代表市教委出席了现场的撤点仪式，充分肯定了这项改革的历史意义，并当场宣布奖励300万元。事实又一次告诉我：只要我们坚持党的"群众路线"的优良作风，那么许多发展中的矛盾都能找到破解的好办法。

如果说这三件实事，在促进教育工会的发展，提升教育工会的影响力，增强上海教职员工的获得感上，起到了一点作用，那么，我算是没有辜负老师们对我的信任，没有愧对手中的权力——因为我始终没有忘记当年上任时的初心：权力是人民给的，决策就要让群众得益！

（采访整理/陈亦冰　照片来源/市教育工会提供及顾超拍摄）

成旦红：
践行新思想　奋进新时代　作出新贡献

【人物简介】

　　成旦红，1965年2月出生，工学博士，教授，1993年8月参加工作。现任上海大学党委书记，上海市政协第十三届委员、中共上海市第十一届纪委委员。曾任上海大学党委副书记，中国浦东干部学院副院长、上海电力学院（现上海电力大学）党委书记、上海开放大学党委书记、上海市教卫工作党委副书记、上海市教育工会主席、全国教科文卫体工会常委。

【访谈实录】

　　工会工作是党的群团工作、群众工作的重要组成部分。如何立足新时代中国特色社会主义新方位、社会主要矛盾新变化、共建共治共享社会治理新格局、全面深化改革新阶段，准确把握上海市教育工会的新使命、新目标、新要求，团结和凝聚广大教职工，为教育事业发展作出新的贡献，实现立德树人的根本任务，是我担任市教育工会主席期间思考的问题，也是工会一切工作的出发点和落脚点。

纳入党建一盘棋

　　工会工作要纳入党建一盘棋，一方面，党委加强对工会的领导；另一方面，工会积极主动取得党委的领导，充分发挥纽带和助手作用，凸显群团组织的"政治性"。

当时，我对深入推进教卫系统党的建设各项工作，不断提高党的建设科学化水平，提出了"八个大"：谋划"大格局"，开展"大调研""大教育"，推进"大创新""大服务""大整治"，实施"大考核""大联动"。工会是党建"大系统"的一个基本"要素"，就像一台机器的不同零部件一样，工会各项工作的谋划和布置都有机嵌入以上八大项内容里面。

在着力抓好教育党员、培训干部工作的同时，教育工会系统深入开展了学习党的十九大精神活动、"不忘初心 牢记使命"主题教育活动、形势任务教育活动等。经过学习研讨，教育系统广大工会干部对党的十九大精神都有了比较全面深刻的理解。

举个例子，中国特色社会主义进入了新时代，我国发展的历史方位变了，社会主要矛盾发生了变化。有了这个基本定位，教育系统各级工会组织找准工作的着力点，把教职工对美好生活的向往，以及努力解决不平衡不充分的问题作为工会的新使命，促进实现体面劳动、舒心工作，全面发展。

为此，我们加强调查研究，营造干字当头、奋发有为的氛围，抓好让教职工有获得感的事。市教育工会在工作和调研中发现，由于医疗费用和医药费用持续增加，原有的医疗保障计划已远远不能满足教职工的需求，一些患大病的教职工及家庭因病致贫的现象时有发生。2019年，经市教卫工作党委同意，市教育工会调整了教职工门急诊医疗保险项目，增设了480元B套餐。当年就有79家高校和直属单位（占比90%）落实了这项实事，可见这项工作条件成熟，顺应了基层单位和广大教职工的新需求。大病教师得到各级保险、保障、帮困补助后，最多能得到各类大病保障20余万元，大大减轻了他们的生活压力和经济负担。

在管理体制机制创新方面，我们深入开展校务公开民主管理调研检查，不断探索完善工会参与民主管理的机制，稳步推进落实教卫党委《关于进一步加强上海市高等学校所属院系（部门）二级单位教职工代表大会工作的若干意见》，发挥教代会汇聚"民心、民意、民情、民意"的重要作用。我们强化分类指导，推动民办高校签订集体合同和工资集体协商工作也取得了明显成效。

我常讲，工会干部要心中有大格局，要站稳人民立场，才能有大担当、大作为，就是这个道理。

融入全局工作中

群团事业是党的事业的重要组成部分，为党和国家工作大局服务，是群团工作的价值所在。教育工会要从全局出发，围绕教育现代化中心开展群众工作，在实现党的中心任务中发挥工会的作用，凸显群团组织的"先进性"。

上海到2020年率先总体实现教育现代化。但是从当时的分析研判看，要在未来三年左右时间实现预定目标还存在一些差距。比如，部分人口集中导入区的中小学班额达不到教育部评估标准（"大班额"现象），高校生均校舍面积达标情况不容乐观等。这些指标的背后是人民群众对更好教育的需要，是国家战略和上海经济社会发展的需求。这个大局需要每一位教育工作者的全情投入、全力支持、全力以赴。

那么，如何调动教职工的积极性、主动性、创造性？如何发挥职工群众的"主人翁"精神？教育系统各级工会组织在教卫党委和市总工会的领导下，充分发挥了工会组织的"五大优势"：政治优势、组织优势、制度优势、资源优势、群众优势。

比如，弘扬劳模精神，通过劳模、先进的言传身教，服务于师生的思想政治教育，服务于教育综合改革。上海第二工业大学建了全市第一家以劳模名字命名的"包起帆创新之路展示馆"，新生入学的第一次思想教育课都是在这里完成。上海市总工会和市教委、市教育工会一起，聘请杰出劳模为十所著名大学的特聘教授，做实了劳模精神进校园的大文章。为了扩大教育系统

成旦红在第三届上海高校青年教师教学竞赛表彰总结会上讲话

劳模的影响力，市教育工会在《劳动报》推出教育劳模周刊，树起了"学高为师 身正为范"的新时代人民教师形象。

再比如，每两年一届的上海高校、基础教育青年教师教学竞赛（以下简称"青教赛"）受到了广泛关注。实践证明，青教赛是工会围绕教书育人、立德树人这个中心和根本任务，充分发挥工会"大学校"作用，为教师队伍不断提高教学及业务能力搭建的一个很好的平台和载体，也开创了适合工会组织、助力教育事业发展的新模式。有专家学者就评价说："经过几届青教赛，上海许多高校对教学工作的重视程度不断提高，对培养和提高青年的教师教学能力也日益重视，人才培养在学校的中心地位日益巩固。""在青教赛这样重大的事件、比赛节点中强化课程思政的要求，能起到很好的引领和示范的作用。"我看到这些评价，很是欣慰。

根植于教职工群众中

我常说，工会干部要"上为党分忧，下为民谋利"。工会工作千万件，联系群众是根本。我们紧紧抓住密切联系群众这个根本问题，将夯实基础与加强工会内涵建设相结合，凸显"群众性"的根本特点。

市教育工会深入贯彻中央和市委党的群团工作会议精神，通过政策引导、经费支持，促使基层工会"转起来、强起来、活起来"。我印象最深的有这么几件事：

2015年，市教育工会制定了2015—2017年度资助基层工会教工之家建设经费的实施办法，安排专项经费下拨资助基层单位本级的教职工活动中心和妇女之家建设。当年就有8家公办和5家民办高校以及直属单位提出了申请，市教育工会按照文件要求，下拨了217万元用于资助基层建家。2018年开始，进一步加大了资助的力度，到2019年年底，两轮资助下来，有54家基层单位共得到了资助经费918.11万元，受益的都是一线的教职工，特别是广大女性教职工。

鼓励基层开展特色工作。例如，上海交通大学工会挖掘学校深厚的文化和历史底蕴，以文育人，着力提升教师队伍思想政治素质，取得了丰富的成果，出版的《诗文交大》《视界交大》《匠心交大》《书画交大》系列丛书影响力很大。

还有上海大学工会联合学校多个部门举办了校园"工匠杯"比赛，为主要从事服务保障的教职工搭建了展示、交流、提高的平台。我听说，不少参加比赛的工勤岗位的职工会特意在过年回家的时候，拿出有"上海大学"印章的证书给家人看，这是对他们常年坚持"工匠精神"的一种最大的肯定，也是高校"三育人"的生动体现，这令我非常感动。

区教育工会的工作也很有特色。闵行区教育工会在全系统开展"一校一品"创建活动，既适应了学校建设自身教育特色的改革趋势，融入学校的校园文化建设，又激活了每所基层学校工会组织的细胞。杨浦区教育工会打造"经典品读""阳光教师""教工社团"等特色文体活动项目，积极培育和践行社会主义核心价值观，成为杨浦教育的名片。

以上工作，概括起来就是增强党的观念、全局观念和群众观念，就是把对党负责与对群众负责统一起来，把党确定的任务与群众的需求结合起来，通过工会的群众工作实现"三个统一"，即维护教育改革大局稳定与广大教职工合法权益的统一，支持教育改革不断深化与切实保护广大教职工积极性的统一，党政领导放心与广大教职工满意的统一。

（采访整理／高　芳　照片来源／本人提供及韦明其拍摄）

鲁巧英：
那十年，我一直在为教师"鼓"与"呼"

【人物简介】

鲁巧英，1933年7月生。1949年5月初参加革命，1953年1月参加中国共产党。中国教育工会上海市委员会原主席。1994年6月离休。1949年5月初上海解放前，在盈丰祥染织厂参加"上海工人协会"。1950年6月至1952年12月在上海市失业工人救济委员会人事股任组织干事；1952年12月至1957年9月在上海市劳动局人事处人事科工作；1957年9月至1960年5月在上海光华袜厂任党总支书记；1960年5月至1983年9月在上海工学院（后并入上海机械学院）、上海机械学院（后并入上海理工大学）、上海工业大学（后并入上海大学）先后担任总支书记、院党委常委、副书记等职；1983年9月至1984年9月在中央教育行政学院学习；1984年9月至1994年5月任上海教育工会副主席、主席。1992年被评为全国优秀工会积极分子。

【访谈实录】

1984年9月，我从上海工业大学（以下简称"上工大"）调到上海市教育工会工作。虽两者都同属教育系统，但工作性质完全不同。在上工大担任党委副书记，我主要是做学生工作。调到市教育工会，无论是担任副主席还是主席，主要是为教育服务、为教师服务。在这一岗位上，我做了两届，干了十年，直到1994年离休。这十年，我们工作的一个宗旨，就是全身心地为教师"鼓"与"呼"，使教师成为最受人尊敬、最令人羡慕的职业之一。

一"呼"：尽快建立"教师节"

教师这个职业，在我国历来是受人尊敬的。它大概是人类进入文明社会之后最早的行业，承担着"传道、授业、解惑"、传播人类文明的任务。教师的地位之高由来已久，历史上就有"天、地、君、亲、师"一说，教师是与"天""地"和"帝王"并列在一起的，可见其地位非同一般。

新中国成立后，人民教师仍是受人尊敬的光荣职业。可在"文革"中，随着"破四旧"开始，教师被打成了"臭老九"，其地位才慢慢地被淹没。20世纪80年代初，教师的工资到了被人瞧不起的地步，连生下的孩子也是"半劳保"。当时，不少学校一些水平高的教师，有"路子"的教师，纷纷外流。优秀的中学毕业生也不愿报考师范了。

为摆脱这样的教育困境，留住人才，发展教育，我们教育工会面临的一项重要任务，就是要为提高教师的地位奔走呼号，我们做的第一件事，就是与全国教育工会一起呼吁尽快建立"教师节"。我们分别在大中小学召开座谈会，向上面反映这一情况，有会必"叫"。1984年，在各方的共同努力下，全国人大第六届第九次会议终于通过决议，把每年的9月10日作为"教师节"。

国家建立了法定的教师节后，我们打心眼里高兴，全力配合市各大新闻单位做好宣传工作。1985年年初开始，我们市教育工会与市教育局联合发出首届教师节"开展尊师重教活动的通知"，要求在春节期间，对教师、特别优秀教师及患病、离退休、孤老教师，普遍进行一次慰问。为庆祝首届教师节，我们还全力以赴，积极参加市教师节筹备工作。9月9日，市委、市人大常委会、市政府、市政协在市府礼堂举行庆祝首届教师节大会，当时市的四套班子领导出席，市领导发表热情洋溢的讲话，当场颁发证书。优秀教育工作者的代表在会上向全市教工发出《深入开展"五讲四美"为人师表，努力做个好教师倡议书》。

1997 年鲁巧英（中）与全国教育工会原主席方明（左二）、上海市总工会原主席江荣（右二）参加教师节活动前合影

　　为进一步弘扬人民教师的光辉形象，市教育工会还和解放日报社联合发出倡议——在城市的公共空间建设固定的教师塑像，以树立教师的光辉形象，弘扬尊师重教的社会风尚。这项倡议在 1985 年 8 月 16 日的上海市教师节筹备工作领导小组会议上正式通过。9 月 10 日，首届教师节这天，上海教师塑像奠基典礼在静安公园举行，市委领导与 300 余名师生代表一起参加典礼，时任副市长谢丽娟在典礼上发表讲话。上海教师塑像由上海大学美术学院负责设计，上海电缆厂出资建造，正式塑像于 1986 年教师节落成。塑像高 3.5 米，用汉白玉雕制。

二"呼"：筹建"教育会堂"

　　建设"教育会堂"，是教育界上下梦寐以求的实事工程。当时，科技界有科学会堂，文艺界也有文艺会堂。作为会员人数最多的工会系统，教育界却没有一个专门供教职工学习、交流、休憩的场所，这对教师积极性调动有所影响。不少教育界知名人士在历届市人代会、政协会议上一直呼吁要为全市20万大、中、小幼教师提供学术交流、召开会议及开展文化活动的场所。1985年4月，上海市教育工会、市高教局、市教育局联合写报告给市政府及汪道涵老市长，引起市政府高度重视，各部门齐心协力、想尽办法，在寸土寸金的市中心地段，选定岳阳路1号为会堂地址，建筑面积近万平方米。

为加快这一文化设施项目的落实，我们将《上海教育会堂基建任务书》立即上报市计委，阐明筹建会堂的宗旨、选址、资金来源，希望市计委在建筑材料上予以支持。1987年2月20日，市教卫办批准上海教育会堂扩初设计方案，会堂总建筑面积1万平方米，投资800万元，其中财政投资350万元，集资450万元。

为了促使会堂又快又好地建设，时任市委书记陈国栋、全国教育工会主席方明都亲自关心过问指导协调工程推进。

社会各方也伸出了援助之手，捐钱捐物，连许多中小学小朋友也拿出了压岁钱为教育会堂"添砖加瓦"。日本兵库县教职员组合也予以资助，为教育会堂捐了一套价值不菲的先进的音响设备，让会堂的会场拥有了非常理想的音频系统。

1986年9月10日，市领导在会堂奠基典礼上语重心长地说："希望市计委、建委、规划局、物资局、建工局、园林局对会堂的建设给予大力的支持和帮助，在资金、物资、设备、施工力量给予保证，争取成为优秀工程，切切实实为教师办好事。"1987年9月10日，教育会堂破土动工。10月8日，中央领导陈云同志对上海教育会堂建设表示祝贺，并为"上海教育会堂"亲笔题字。教育会堂最终于1990年落成。就这样，历经几年的"奔走呼号"，这一为教师办的实事终于切切实实地落地生根。

三 "呼"：为提高教师待遇大声 "呐喊"

对教育的重视够不够，最看得见、摸得着的，就是看教师的地位和待遇怎样。老教育家吕型伟先生曾说过，当教师永远发不了财，更成不了物质上的富翁，但却可以成为精神的富翁。教师整日辛勤地付出，正如鲁迅先生说的，他们吃的是 "草"，挤出来的是 "奶"。然而，当时教师待遇排行几乎是所有行业的末位。

在这十年里，我们对教师的待遇问题是有会必 "叫"，逢会必 "讲"，在市教卫党委的领导下、在市教委和市总工会的支持下，我的团队以咬定青山不放松的精神，争取把一件一件实事能切切实实地在任内落实。比如：

（1）为使教师成为最令人羡慕的职业，激励教师更加努力工作，1991 年 4 月 19 至 26 日的市政协第七届会议上，在教育局支持下，我们市教育工会代表特向大会递交了一个提案——满 30 年工龄的中、小、幼退休教师，退休工资不减。这个提案成了当时的一份优秀提案。后经市委市政府研究决定，正式落实到位。

（2）我们也一直在积极为教师筹划福利。比如，改革开放初期，物资比较缺乏，饮牛奶是件困难的事。为保证教师营养，市教育工会和市牛奶公司就曾联合发文：为年满 30 年教龄的中、小、幼教师每人每日订牛奶一瓶，时间两年。1 万余张订奶卡，由区、县教育工会在教师节前发到用户。

（3）建立教师定期疗休养制度。仅 1985 年暑期，我们就先后组织 4 500 余名教工赴北京、绍兴、屏风山等地休息休养、参观访问。还有 9 所高校工会经批准共组织了 201 名教工到北京、厦门、无锡、泰安、大连、温州、泉州、三门等地修养。

（4）住房也是困扰校长和教师的头痛问题，为使教师有一个安定的工作与休息的 "窝"，早在 1984 年 4 月，市教育工会就与市教育局联合向各区县教育局、教育工会发出《关于本市中小学教工住房分配的几点意见》，对分房对象、分房的组织领导、分房办法及程序做了具体规定。

（5）为关心教师生活，教育工会在恢复组织活动初期，各基层工会就开办洗衣房数百个，理发室 448 个，缝纫组 229 个，休息室 688 个，阅览室 684 个。同时，每年春节期间，还发通知要求基层工会和领导检查知识分子政策落实情况，帮助教师解决子女入学等后顾之忧等。

工会工作千头万绪。但这十年，归结到一点，就是一切为教师办事，为教育服务，这始终是我们不变的宗旨。有人说，工会为教师说话，为教师办事，只要能把教师的事办成，那就是为教育事业作出了一份贡献，我和我的团队为教师、为教育的一切"鼓与呼"就没有白费。

（采访整理 / 金正扬　照片来源 / 本人提供及曾昕拍摄）

夏玲英：
做好党联系群众的桥梁和纽带

【人物简介】

夏玲英，1953年5月出生。曾任复旦大学团委、学生会秘书长，复旦大学分校团委书记、宣传部部长、中文系党总支书记，上海大学党委宣传部部长、副校长。曾任上海市女职工委员会副主任，市妇联三届执委，全国教科文卫体工会女职工委员会副主任，上海市政协第十、十一届委员，连续两届同时出席中国工会代表大会和中国妇女代表大会（上海唯一）。曾获得上海市优秀工会干部、上海市三八红旗手等荣誉。2001年任市教育工会主席、市教育妇工委主任，2012年2月任上海市教卫党委巡视员。

【访谈实录】

党需要工会做什么？教职工希望工会做什么？行政要求工会做什么？这是我担任市教育工会主席12年间一直在思考的问题。

我非常热爱教育工会的工作，我始终牢记，工会为教职工而生，为维护教职工权益和保障学校稳定而立。因此，我致力于把工会工作做到既有助于教育的改革和发展，又对教育的稳定起到保障作用。我致力于让工会成为党联系群众的桥梁和纽带，让领导放心，让教职工满意，实现双赢。

我不断思考和探索市教育工会发展之路，那就是：坚持党的领导，全心全意为人民服务，让广大教职工过上好日子。

校务公开，让教师成为学校真正的主人

工会的工作，不在于自己做了不起的事，而在于我们在为每一件了不起的事默默无闻地做着幕后工作。

高校教师有知识有思想，对于学校的建设发展有自己的想法，也有很强的参与能力，如果他们对于学校的建设发展工作知晓度低甚至不知情，就会缺乏对学校的认同感。这对于学校的发展是非常不利的。我曾担任上海大学副校长，深知这一点。因此，我们全面推进和深化校务公开工作，使教职工的知情权、参与权、表达权和监督权得到进一步落实，切实维护教职工的民主权利。

以前有一种不太好的倾向，就是工会代表、教代会代表，谁有空谁做。其实，这违反了工会工作的本意，也使教师真正的诉求不能及时向上反映。在学校里，教师是主体。因此，工会代表、教代会代表必须从最基层选出来，必须要从教师中选出来，必须要有一定的代表性。2003 年开始，沪上各高校、各二级学院的工会代表、教代会代表开始调整，代表中的教师比例达到了 60%，还有院士被选为教代会代表。代表有质量，讨论学校的重大事件就有发言权了。

其实我们的想法很简单，就是让教师真正成为学校的主人，赋予有能力的教师以责任，让他们参与学校重大的改革与发展，与学校同呼吸共命运。所有重大事情，必须由教代会讨论并通过，如不讨论，视作无效。

各校、各二级学院扎实推进这项工作后，教职工反响热烈。比如，上海海事大学、上海音乐学院的住房分配方案经过了多次讨论后通过，教师们的意见达成了共识：科研成果好、受学生欢迎的老师就应该分数高，在住房分配时排在前面。一些"敏感"的事件，经教代会讨论后，不断修正，最终通过，所谓的"矛盾"也就迎刃而解了。

当然，推进校务公开并不是一帆风顺的。校务公开要求校领导、学院领导对全体教职工述学述职述廉。有人曾这样问："到底是党管干部，还是群众管干部？"面对这样的质疑，我底气十足地反问："这是对立的吗？如果领导干部真正为党拼命工作，群众会反对你吗？"

时任上海交通大学党委书记马德秀曾这样说："扎实推进校务公开以后，教代会一下子把院长、党委书记都管起来了！"时任复旦大学党委书记秦绍德也说："事前讲充分，事后少矛盾。"学校的各项重大事务，经教代会讨论通过后，更容易扎实推进了。经过不断的努力，各级各类学校教代会制度全面普及并不断完善，高校二级教代会制度普及率已达95%，民办学校教代会制度实现全覆盖，教职工享有了更广泛和更直接的民主参与权利。校务公开、教代会等一批规章以及相关配套制度已经颁发，民主管理制度化、规范化水平大大提高。

能为学校发展、教师成长起一点微薄的作用，我深感欣慰，我想这就是工会工作的意义。

补充医保，切实维护教职工健康

2001年，全国开始医疗改革。当时，我心里想的就是：教师不能没有健康，要让教师看得起病！

怎样使每一位教师的权益得到最大化的保障？我们站在教职工的立场，与多家保险公司开展了一轮又一轮的商谈，最终完成了"不可能完成的任务"。互助医保和住院保险为患病教职工筑起了抗风险堤坝，有效缓解了教职工的医疗负担：由教育工会牵头，学校、工会和教职工共担260元购买补充医疗保险，可享受门急诊医疗保险70%的赔付，住院医疗保险70%的赔付，重大疾病和意外伤害身故100%赔付等保障。通过努力，市教育工会实现了医疗分级保障，让上海的广大教职工享受到了国家、总工会、教育工会和帮困金等各个层级的保障。我们自豪，上海的教职工没有人因为经济负担而看不起病。

在推进教职工补充医疗保险的过程中，虽然也有不同的声音传来，但是我坚定地顶住压力，始终坚持一个信念：通过补充医保，实现"互助、互济"，让教师们没有后顾之忧。时任市教委相关领导也称赞这是"为教委解难，为教职工保障"的大好事。

生活保障是最基本的保障。因此，为保障教职工的身心健康，我们不断努力。

暑期的教师疗休养，也是市教育工会的特色工作之一。每年2万名教师外出疗休养，安全问题凸显。我一直强调，教师疗休养，每次都要像第一次一样做，因为生命没有第二次。作为一名工会人，我们要不存一点私心，要对教职工负责。

教师外出疗休养的背后，是我们教育工会做的大量准备工作：挑选高品质的旅行社，确定教师喜欢的旅游线路，让所有愿意为教育工会服务的旅行社来竞标，同样的质量比价格，同样的价格比服务，精挑细选、优中选优，才有了暑假中教师们的"开心之旅、舒心之旅、放心之旅"。

12年的工会工作中，我始终紧扣"共建、共享、共赢"，努力做到两面平衡，即保障学校的改革发展，保障教职工的各项权益，在激发教师活动的同时，维护教师的权益，包括他们的民主政治权益、自身的健康保障权益，以及自我价值的实现，真正做到让领导放心，让教师满意。

正如我多次在与国外工会的交流中所说的，我们工会的利益与共产党的利益是一致的。工会代表教职工与党组织交流沟通，发挥桥梁纽带作用，才能实现双赢。

搭建平台，助青年教师快速成长

"在茫茫的人海中，你是哪一个？高山知道你，流水记得你……"上海音乐学院院长廖昌永演唱的这首歌，或许唱出了一大批青年教师的心声。

用心、用情、用力、用智，我一直都以一颗赤诚的心来关注青年教师的成长。在我的大力推动下，优秀青年教师联谊会在组织、教育、培养青年人才中发挥了"大学校"和"蓄水池"作用。百场劳模座谈会，大力弘扬劳模在教学、科研、管理中的领头羊精神，也发挥了劳模教师"学为人师，行为世范"的引领和示范作用。

现在的教师，不仅是做好教学工作，还要搞科研，甚至是产学研结合。对此，青年教师们的科研成果在发表完论文、评好奖以后，往往就束之高阁了，这太可惜了。我们要尽量为大家拓展渠道，为青年教师的发展提供服务。上海市教育工会与总工会携手，推进产学研联盟建设，举行大型的优秀青年教师座谈会，搭建让青年教师展示才华的舞台，让不同类型、不同专业的人才交叉、融合。

以金东寒、廖昌永为代表的一批青年教师迅速成长。金东寒当选院士以后，我第一时间发信息给他，表示祝贺。而金东寒住在南京路20多年却从来没去逛过南京路、把自己的工作融入整个教育事业的感人故事，则又影响了一批又一批更年轻的教师。廖昌永曾在参与一次由于漪和高润华老师主讲的劳模座谈会后说："我第一次听到这样令人激动的讲座，劳模教师的这种力量，让我热泪盈眶。我想为大家唱首歌《老师，我总是想起你》……"

受益于此，吴明红、鲁雄刚、廖昌永等一批青年教师现在已经成为上海高校的中流砥柱。

国际交流，讲好中国工会故事

上海是一个国际化大都市，上海的教育工会工作也深受国际瞩目。从2001年开始，美国教育工会每年都来上海交流访问，澳大利亚、日本的教育

2012年夏玲英（左四）率团访问美国洛杉矶、旧金山，参观当地教育工会机构

工会也纷纷慕名前来。作为上海市教育工会主席，我曾多次参加国际教师工会的交流活动，介绍中国的教代会，民主评议院领导，介绍中国教师的健康保障机制。主办了与澳大利亚和美国教师工会的工作论坛，并邀请与会代表参加上海市科技教育工作者运动会，努力把中国特色的工会故事讲给外国人听，反响非常好！

在国外，其实被问到最多的是："你们工会是受党领导的吗？"我总是非常有底气地回答："领导我们的党，与我们服务的教职工、目标、利益是一致的！党的领导与工会的工作并不矛盾，我们工会就是把党的愿望和要求，化为群众能理解的去践行，让群众满意，把党的关怀送到教职工心上。"

工会不是主战场、主旋律，但是工会能为任何工作出力。工会是党的助手，是党联系群众的桥梁和纽带，要把党无暇顾及的事情做好。工会永远是配角，在任何主角们需要的时候和地方，工会永远是奋不顾身的龙套，起承转合、唱念做打。

　　工会主席，是我在职时的最后一个工作岗位。在这个岗位上，我很兴奋，因为我感到自己被需要；我经常被感动，因为老师们深深感染着我，更因为在教师们的贡献与成绩中，有我们教育工会提供的一份服务。在工会主席这个岗位上，我对党的群众工作有了更深的感悟和理解。我像爱护自己的生命一样，去维护党的声誉，让党放心，让群众满意。

（采访整理 / 马晓敏　照片来源 / 市教育工会提供及曾昕拍摄）

江晨清：
与工会结下不解之缘

【人物简介】

江晨清，1940 年 11 月出生。1962 年 8 月毕业于上海师范大学中文系，毕业后到向明中学任教，长期在教学第一线担任语文教师与班主任工作。1984 年调任上海市教育局工作。1988 年 5 月任上海市教育工会副主席。1993 年 5 月任上海市教育工会主席、全国教育工会兼职副主席、上海市总工会常委。1995 年 5 月被评为上海市优秀工会干部。2001 年任上海老年大学常务副校长。

【访谈实录】

1988 年，我从上海市教育局党组办调往上海市教育工会工作，至 2000 年退休。12 年的工作中，遇到过困难，产生过困惑，但更多的是欣慰、喜悦和对这项工作的热爱。这 12 年，是我一生中难以忘怀的一段经历。

我的三个"第一次"

在我参加工会工作之前，遇到过三个"第一次"。

1962 年 9 月，我来到向明中学任教的第六天，父亲因患肺癌不幸离世。就当全家沉浸在悲痛中时，校工会负责同志上门慰问，帮助处理了丧事并送上了 15 元的困难补助。这是我一生中第一次（也是唯一一次）收到的补助。

15 元的补助是有价的，但工会给我的情义是无价的。我感激工会送来的温暖，这令我终身难忘。

20 世纪 70 年代后期，粉碎"四人帮"后，我怀着"把失去的十年青春年华争取回来"的决心，全身心地投入教育工作。我任教的 79 届高中理科班的同学全都考入大学，受到广泛的好评，教育工会让我在市教育系统庆祝"五一"劳动节劳模座谈会上介绍工作体会。这是我第一次在全市的大会上作交流发言，尽管有点拘谨，但内心深深感受到这是工会对我的鞭策、鼓励和培养。

1981 年夏天，教育工会点名安排我首批赴北戴河休养。北戴河！那是中央首长和全国优秀模范的休养之地，工会给了我这么高的荣誉，我一定要努力工作给予回报。在北戴河的一个多星期，处处感受到工会组织的热情服务和亲切关怀，这是我第一次受到如此高规格的接待。

这三个"第一次"使我对工会这个组织产生了一种特殊的感情。在感谢的同时，我也萌生了这样的想法：如果将来也参加工会工作，我一定要把党的关心和温暖传递给广大的教职工，一定要为完成党交给的各项任务尽心尽力。

也许是命运的安排，7 年后，我真的走上了教育工会的岗位，开始将我当初的愿望化为具体的实践。

凝聚青年教师的联谊会

20 世纪 80 年代末，人才市场流传着一条不成文的潜规则：中小学教师不得流动。这条传闻引起了我的深思：一是教师资源的宝贵，二是这一资源的紧缺。但是留住人才只是保住教育的今天，要开创教育的明天，还得靠培养人才，尤其是培养青年教师。对此，教育工会也应该尽一份力。我们可以利用自身的优势，建立"青年教师联谊会"（以下简称"青联会"），它不是一个娱乐性组织，而是交流思想、切磋业务的园地。这一提议立即得到全体委员的赞同，青联会的宗旨就是"为了教育的今天和明天"。

经过推荐，一批来自基层学校的新秀汇集到一起。望着这些充满朝气的年轻人，喜悦感和责任感几乎同时在我心头升起。青联会的活动内容主要有交流研讨、社会考察、师徒结对等。交流会上，我结合自身的成长过程谈了对教师这一职业的认识：作为一名教师，会面临三个"业"——学业、职业、事业。教师属于专业人员，要有扎实的知识功底；教师是一种职业，但如果仅仅将其看作一种谋生的途径，那是不可能有什么作为的；当把教师看作是一种事业，那就会将育人作为自己的社会责任并为之奋斗终身。

我的发言只是一个引子，青年们更多的体会和感悟，只能来自社会大课堂。青联会的会员出发了。在安源煤矿，听取了年轻大学生放弃城市良好的工作环境来矿区创业奋斗的介绍，会员们加深了对"青年应有怎样的社会担当"的理解；在江西井冈山，沿着革命前辈的足迹，会员们体会到坚定的理想信念是使星星之火燃成燎原之势的原动力；在南京晓庄学院，缅怀陶行知先生"捧着一颗心来，不带半根草去"的崇高品格，会员们深深感到在当今社会更要挡得住诱惑、耐得住寂寞，全身心地投入教育事业。

为了引导青年教师从成长走向成熟，教育工会又策划了"百名劳模与优秀青年教师结对拜师"活动。导师的指点加上自身的努力，多年后，青联会中走出了多名劳模、特级教师、教授、区教育局局长，青联会成了他们人生征途上的"加油站"。

上海劳模送来"及时雨"

20 世纪 90 年代中期，一项让欠发达地区也能享有优质教育资源的"教育扶贫"工程正在有序开展。工会作为党领导下的群众组织，责无旁贷地应

1999 年暑假江晨清（前排左六）率领劳模讲学团赴济源义务讲学合影

该为党的各项工作服务。我想，上海在财力上援助贫困边远地区的同时，如果能发挥师资优势去开展智力扶贫，这对于从根本上推动全国教育事业的均衡发展，落实科教兴国战略，是具有特殊意义的。教育工会评选出的劳模中，有一大批顶尖的优秀教师，应该发挥他们"播种机"的作用。

几乎是同时，上海师范大学附属中学的特级教师和几位劳模送来了一份提议。他们满怀深情地说："为贫困地区的教师们上课去！用党和人民给予自己的知识去帮助他们提高教学水平！"

真是不谋而合！一个由本市普教系统劳动模范和特级教师组成的义务讲学志愿者协会成立了，著名劳模于漪和吴小仲、吴佩芳分别任协会的理事长和副理事长。我立即要求教育工会各部室给予积极的支持，并落实专人负责这项工作。

无须动员，抱着共同的心愿，冯恩洪、黄玉峰、张越、贾志敏等普教系统的劳动模范和特级教师都闻讯而来了。1995 年夏季，正值赤日炎炎的酷暑，讲学人员在于漪老师的带领下远赴湖南湘西土家族苗族自治州，为来自全州七县一市的数百名骨干教师培训，分语文、数学、管理三个班，围绕提高课堂教学质量、加强学校管理等专题作了 12 场辅导报告。自治州教委的干部动情地说："讲课不收一分钱，也不收礼品，并无偿为困难教师提供进修资料，这在教师培训工作中我们还是第一次碰到。上海教师精神感人，水平惊人！"在湖北通化，当地教师们夹道欢迎讲学团来作辅导。讲学时下起了滂沱大雨，千把人的礼堂也落下了雨滴，可无人离场，教师们风趣地说："上海劳模为我们送来了一场'及时雨'。"

1996年新春伊始，在国家教委领导的关心下，义务讲学志愿者协会与湖北省通山县第一中学建立了帮教关系，协会理事项政所在的闵行中学担纲唱起了主角，各种教学资料先后发往湖北，多种形式的协作也已逐步得到开展。协会的工作在本市教育界产生了积极的影响，出现了"滚雪球"效应。向明中学成了第一个成立协会分会的学校，加入分会的教师达50余人。控江中学、鞍山中学分别和江西老区的周潭中学、宁冈中学建立了对口关系。

几年来，讲学团的足迹遍及陕西、甘肃、贵州、云南、内蒙古、新疆等边远地区，受到了广泛的好评。当讲学志愿者兴致勃勃地谈起支教的体会时，当接到老区深表感谢的来电时，我总会产生诸多的思考：工会工作的天地是广阔的，只要抓住机遇，打开思路，定能够大有作为。

送去"娘家"的温暖

十几年的工作经历中，有两个场景深深地印刻在我的记忆之中。一位从教40年的退休教师，其女儿在出国留学登机前略带嗔怪地对他说："翻遍了家中的影集，全是妈妈抱我照的相，20多年来我记不得您可曾抱过我这亲生女儿，您把全部的心思都扑在培养学生的事业上……"老教师百感交集，满脸泪水，紧紧地把女儿搂在怀里。一位工读学校的校长，为寻找出走的学生奔波了大半夜，直到凌晨一点多才找回学生。在赶回家的路上，突然发现家门前的垃圾箱旁蜷缩着两个孩子，上前一看竟是自己的两个儿子……这就是我们可敬可爱的教师，这就是辛勤育人的园丁！

然而，20世纪90年代初，由于历史与现实的种种原因，教师的生活待遇依然偏低，工作条件还较艰苦，如遇上身患重病、配偶待岗或其他变故，就更显得困难重重。但他们无怨无悔，依然忠于职守、勤于育人、乐于奉献。对他们，工会应该送去关心，提供服务，让他们感受到"娘家"的温暖，给予他们爱的回报。很快，教育工会一项"送温暖工程"开始出台，并且覆盖市、高校、区县教育工会，形成了一张网络。

工程得到了上海市领导的高度重视，认为这是我市教育系统正确处理好改革、发展、稳定三者关系的有力举措之一，我本人也参加了慰问。1995年9月15日下午，我随时任上海市副市长的谢丽娟等市、区领导上门慰问身患肝癌、妻子下岗、家境贫困的涂老师。老旧小区通道狭窄，大家步行了几百米来到涂老师家。在涂老师正为居室狭小而无法让大家入座感到不安时，谢副市长已亲切地询问起他的病情和生活状况：从治疗服药到饮食起居，从孩子学习到日常生活。涂老师激动地向市领导诉说了患病8年来工会对他的关心：开刀时，工会干部在手术室外足足守候了4个小时；病情反复时，工会干部四处奔走为他求医问药；生活拮据时，还是工会干部多次发起募捐，筹措了药费……当谢副市长亲手送上慰问金时，涂老师眼含泪水，哽咽了……

我知道，这样的情景在基层学校经常出现。为了帮助教职工解决急、难、愁的问题，为了让身患绝症的教职工重新燃起生活的希望，从20世纪90年代初到1999年年末，区县、高校共发放慰问金600多万元，建立帮困基金135项，共计3 400万元。

随着时间的推移，"送温暖工程"的实施范围已扩大至开设"热线电话"、聘请"法律顾问"、设立"恳谈日"、开展劳动争议调查等，解困济难已不限于生活上的扶贫帮困。我常想，作为一项工程，集中实施也许有一个时间段，但为教职工送去关心、送去温暖，是一项永恒的工作。因为，教育工会是广大教职工的"娘家"。

12年很快就过去了，工会工作留下了我的汗水与足迹，许多往事成了我美好的记忆。工会为我提供了为广大教职工服务的机会，也为我搭建了施展才华的舞台。我热爱这个群众组织，我与工会结下了不解之缘。

（采访整理 / 徐本仁　照片来源 / 本人提供）

王向群：
用心用情、开拓创新是新时代对工会工作的要求

【人物简介】

王向群，1957 年 8 月出生。上海师范大学中文系毕业，1984 年 7 月起任职于原上海市教育局，1995 年 3 月后任职于上海市教育委员会职教办、职成处、职教处，历任副处长、处长。2012 年 11 月起任上海市教育工会副主席、常务副主席、妇工委副主任、主任。曾获 2010 年上海市三八红旗手、2014 年全国职业教育先进个人等荣誉。

【访谈实录】

工会是党的群众组织，是联系群众的桥梁和纽带。在新形势下，如何充分发挥工会的桥梁和纽带作用，寻找切入点开展工作，为广大教育工作者的民主参与和职业发展创造条件、提供平台，是教育工会工作者所面临的任务和挑战。历任市教育工会的领导已经做了很多有意义的工作，任期内我如何在原有基础上创造性地开展工作，既要有新意又要让基层所认同和有所需求，这是我接任这个岗位后所思考的问题和力求落到实处的任务。

举办市高校青教赛，助力青年教师成才

在接任市教育工会工作之前，我一直在市教育行政机关工作，比较熟悉职教系统的工作。任职市教育工会后，我发现基础教育的青年教师在其

职业生涯成长期有很多制度性的安排和保障，而高校青年教师的教学能力提升，更多的是依赖个体的职业悟性和努力。尤其是高等教育大众化以来，也许他们昨天还是学生，今天就要走上讲台，职业发展缺少引领和展示才能的平台。当得知第一届全国高校青年教师教学竞赛（以下简称"青教赛"）会由有积极性的高校代表上海参赛时，我就想应该搭建上海市的高校青教赛平台，以教书育人、爱岗敬业、"青春在讲台"为主题，展现上海高校青年教师的风采。

设想有了，但市教育工会在此之前只搞过文体类的竞赛，真正要将这项赛事落到实处，还需要付出诸多努力，需要得到上级工会、市教委等多个行政部门的协助支持。比如，全国青教赛的一等奖第一名可以获得"全国五一劳动奖章"，上海市一等奖的前两名是否也可以比照获得"上海市五一劳动奖章"？这个设想首先需要得到市总工会的支持认同。再比如，市教委人事处和高教处能否一同参与并在后续的相关政策扶持时给予关注和支持？非常庆幸，此后的沟通协商高效且有效，我们的一些设想都得到了市总工会、市教卫党委和市教委的重视和支持，相关文件制定进展顺利。时任市教卫党委副书记虞丽娟和时任市教委分管高教的副主任陆靖也十分重视和支持这项工作，他们都非常肯定这项比赛对青年教师成长的意义。

在各部门的支持配合下，各高校积极参与，首届上海市高校青年教师教学竞赛于 2014 年 5 月举行，评委均由国家级或市级教学名师组成。比赛过程中，很多高校派出了资深的教授指导青年教师，教授们不厌其烦地帮助参赛青年教师提高教学质量，参赛过程让青年教师得到了提高和成长。市级比赛结束后，我们又为即将代表上海参加全国比赛的三位教师聘请了相关学科专业的资深权威专家教授，组成了指导团队。"功夫不负有心人"，在全国竞赛中，上海队获得了理科一等奖、文科二等奖、工科三等奖的好成绩。当年这几位上海市一等奖获得者被授予"上海市五一劳动奖章"时，他们自己都不信这是真的。其中理科组一等奖获得者、复旦大学生命科学院青年教师吴艳华当年就被破格评为副教授（此时她教龄只有五年），名额是市教委人事处为她单独下达的，复旦大学把她在青教赛获得的成绩作为教学类突出成果，在晋升职称时列为代表性成果。

青教赛以"青春在讲台"为主题，为上海高校中那些尚未或正在"破土而出"的青年教师提供向上突破的力量，为他们的职业发展助力。因为，他们是上海高等教育的未来。同时，也为教育系统各级工会组织围绕服务上海教育改革发展大局，搭建青年教师劳动竞赛平台，助力青年教师教学能力提升、生涯发展和岗位建功立业，找到了比较好的切入点。青教赛第二年，我们又在全国率先举办了首届上海市基础教育青年教师教学竞赛。至此，上海形成了高校和基础教育两大类别，可以说做到了"横向到边、纵向到底"，包含了各级各类教育和学段，覆盖了所有青年教师，是一个序列完备的竞赛体系。此后，我们还根据各参赛学校重视青年教师队伍建设的程度和效果，争取到"上海市五一劳动奖状"和"上海市工人先锋号"

王向群（左四）出席 2015 年上海教育系统劳模先进事迹宣传表彰活动

的集体荣誉名额。

青教赛不仅给青年教师带来变化和进步，也让我分享了他们的喜悦。如首届工科组一等奖获得者王天真，现在已经是上海海事大学教授、博导。而在比赛过程中，老教授们严谨治学和诲人不倦的专业精神，青年教师精益求精的认真态度，以及他们整体体现出来的高水平高素养都令人难忘。我至今还记得那年文科组一等奖获得者蔡剑锋，代表青年教师参加上海市第30届教师节座谈会时说："教育事业少不了年轻人的进取和坚持，同样少不了领导和前辈们的远见和关怀。"这些都让我觉得青教赛既是青年教师展现其爱岗敬业、教书育人风采的舞台，更让老教师奉献教育、关爱青年教师成长的职业素养得到了充分的展现，是值得我们大家为此努力奉献的。

建立心理健康中心，促进教师健康发展

建立上海市教师心理健康发展服务中心是上海市教育工会更好服务广大教职工需求的一项新的实事工程，中心于2014年教师节在市教科院正式揭牌。

之所以决定要做这件事，是因为教师的心理健康不仅仅关乎教师本身，关乎学生的健康成长，也关乎办人民满意的上海教育的改革发展。学生的心理健康不仅与家庭、家长有关，同样与教师有关。教师也有喜怒哀乐各种情绪，如果不良情绪无处宣泄，心理问题得不到有效疏导，会直接对学生产生不良影响，而身心健康的教师对学生而言，具有引领和示范作用，有助于学生的健康成长。我们依托上海高校心理咨询协会、上海学生心理健康教育发展中心在普教和高教各设了一个心理健康中心的咨询点，高校咨询点设在同济大学，普教咨询点设在卢湾高级中学。

尽管这项工作我来不及全程跟进，相关教师心理状况的调研也只做了普

教系统的，高教系统的调研还来不及做，但我觉得这是一项非常有意义的工作。我们在与美国加州、澳大利亚昆士兰和日本大阪等地教师工会交流经验时，他们都非常羡慕我们。现在很多中青年教师面临工作、生活、住房、子女教育和长辈照料等多重压力，需要有地方可以让他们放松和宣泄，有人可以倾听他们的烦恼，为他们排忧解难。

开展基本功大赛，提高教师人文素养

基本功大赛，其实就是三笔字（硬笔、软笔、粉笔）比赛。举办这项赛事的动因，是在青教赛过程中发现大多数青年教师的板书还有待改善，板书的字形字体、笔顺笔画以及整体构图都存在很大的问题，而在传统意义上，板书被认作是教师必备的基本功之一。第一届上海市青教赛个别一等奖获得者，在去参加全国竞赛前突击练习板书，因为全国青教赛在比赛过程中也有板书部分的要求，能否书写漂亮规范的板书会影响比赛的成绩。因此在第一届青教赛之后，我们举办了高校教师基本功大赛，以期通过比赛提高教师的三笔字书写水平。通过比赛，教师的三笔字书写水平有了明显的提高，促进了教学中板书的规范和有序。

当然，开展基本功大赛不仅仅是为了提高青年教师的板书水平，更重要的是以此作为弘扬中华传统文化的一种媒介。方块字和书法是中华文化的重要组成部分，青年教师担负着教书育人的重任，因此写好中国字更是重要和必要的条件。因为现在的教学大多采用PPT演示，学生也大多用电脑完成作业，对文字的书写不够重视，通过比赛的形式，教师对三笔字书法和基本功的重视程度得以提高，我觉得这也是一项十分有意义的工作。

回顾在市教育工会近五年的工作，我对工会工作的作用及意义有了更深的理解。工会是党联系群众的桥梁和纽带，传统意义上一直把工会作为代表党组织为群众解忧排难送温暖的组织，然而在新时期，送温暖的内容应该不止于排忧解难和经济扶持，为教育工作者的职业发展助力同样是送温暖，关注教育工作者的心理健康也同样是送温暖。为教育工作者提供他们所需要的帮助，无论是生活上、心理上还是职业发展上，为他们提供实实在在的帮助，疏导他们的心理困惑，搭建促进他们成长的平台，是我们教育工会工作者义不容辞的责任。

（采访整理／姚　红　照片来源／市教育工会提供及朱水苗拍摄）

李　蔚:
围绕中心工作　服务教育大局

【人物简介】

李蔚，1963 年 4 月生。毕业于上海师范大学。1985 年 7 月起任职于原上海市教育局，曾任上海市教育委员会发展规划处、人事处处长。现任上海市教育工会常务副主席、妇工委主任，上海市教卫党委副巡视员。

【访谈实录】

一晃我到教育工会已经三年了。从老同志那儿我了解到，我们上海市教育工会创建于 1950 年 5 月，至今已整整 70 年，是毛泽东主席唯一亲笔题名的教育工会，这是我们上海教育工会感到非常骄傲和自豪的一件事情。在这 70 年的历程中，上海市教育工会始终坚持在中国共产党的领导下，坚持围绕党的中心工作，服务教育大局，在推进上海教育改革进程中发挥了积极的作用。

作为一名工会工作的继承者，我要传承历代工会人的成功经验，并根据时代的变化和党的中心工作、教育工作的需要，不断改革创新，推动教育工会工作向前健康发展。

上海教育的特点

我认为，上海教育的特点是我们工作的大背景。

首先，上海教育肩负着特殊的使命和任务。上海是一个国际化的大都市，未来要建成卓越的全球城市，又是教育综合改革试验区、高考综合改革试验区。卓越的城市要有卓越的教育来支撑，广大教育工作者的责任重大，尤其在培养什么样的人，坚持党对教育事业的全面领导，坚持社会主义办学方向等方面，我们有很强的责任感和使命感。教育工会在其中承担着团结凝聚广大教职工听党话、跟党走的政治使命。

其次，上海教育的覆盖面比较广。全上海有 2 400 多万人口，这样一个特大型城市，有着 300 多万在校师生，其中有 30 多万教职工，工会的服务对象多，包括高校、中小学、幼儿园、职校，还包括直属的事业单位。不同层次不同类型不同区域，教职工群体的工作状况和需求千差万别，工会如何做到精准化对接、精细化服务、现代化治理，是新时代的命题。

再次，上海教育的社会关注度比较高。教育事业涉及千家万户，关系到老百姓的切身利益。上海教育综合改革、高考综合改革中推出的每一项举措，都会引起社会极高的关注度。从全国看，上海教育承担着排头兵和先行者的重任。因此，我们面对每项工作都如履薄冰，感到任务艰巨。目标设定与改革带来的双重压力层层传导，广大教育工会者应学会调整自我，理解改革，适应改革，拥护改革，以及正确处理由此带来的身心健康问题。大局所需，职工所愿，正是教育工会发挥自身独特优势的切入点和着力点。

最后，上海教育高端人才集聚。上海的高等教育总体综合实力在全国前列，基础教育上海也取得 PISA 测试世界第一。依托一流大学和一流学科建设，上海高校吸引着全球高端学者和优秀学子，成为创新创业人才汇聚及培养的场所、创新驱动发展的智力资源宝库，两院院士、千人计划、杰出青年、长江学者等各类优秀人才集聚。充分发挥先进典型的示范带头作用，教育工会在这方面也做了不少工作。

更加重要的一点，那就是上海教育有市教卫党委和市教委的坚强领导。正是有了两委的坚强领导，教育工会开展各项工作才有了明确的方向和必要的条件。我们要继续坚持教卫党委领导，积极争取党的重视，行政的支持，夯实党在教育领域群众工作的坚强阵地。

上海市教育工会的独特作用

70 年来，我们在前辈奠定的基础上，积极发挥党联系群众的桥梁和纽带作用，维护教职工合法权益，竭诚服务教职工群众，形成了具有时代特色、工会特点、适应广大教职工发展的工作格局和联系广泛、服务职工的工作体系，取得了喜人的成绩，发挥了独特的作用。

2020 年新春佳节李蔚（后排左四）与教育工会历任领导座谈合影

第一，教育工会为教育发展服务。在助力上海教育改革，提升教师队伍质量方面，我们的工作既有高度，又接地气。

教育改革成功的关键是教师。多年来，我们教育工会为提高教师的综合素养和业务水平组织了一系列诸如青教赛、"三笔字"等具有实效性的品牌活动，广受好评。比如青教赛，已经成为我们教育工会的品牌项目。我们开展了四届高校青教赛和三届基础教育青教赛，取得了优异的成绩。2018年，全国高等教育青教赛，上海总分排名第二；2019年，全国基础教育青教赛，上海获得了全国总分第一，取得这样的成绩很不容易。现在各级教育部门、学校越来越重视，把青教赛作为青年教师岗位建功的"大系统"，逐渐形成了"一人参赛、全校支持、全员受益"的工作机制。工会搭平台，青年教师"唱戏"，工会不仅送"关爱服务"，更是竭尽所能聚力各方，为上海教育的未来名师们送"成长"。这项工作对于上海保持教育高地，抓好师资队伍建设，尤其是青年教师队伍建设发挥了积极的作用。

教育系统高端人才多，我们着力抓好师资队伍里面的先进人物，发挥他们的引领和带动作用，评选劳模、三八红旗手、五一劳动奖章、劳模工作室等一系列先进，涌现出了于漪、陈国强、陈佩杰、陆昉、吴志强、刘京海、钟扬等诸多先进典型。标杆竖起来了，我们着力抓好劳模协会，优青联谊会，女教授、女优青联谊会等先进组织，发挥他们的辐射带动作用，同时促进他们自身更好地发展。比如上海大学的吴明红校长，就是从女优青成长起来的，现在她又在劳模工作室、女教授联谊会中发挥着模范带头作用。

在提升广大教师的综合素质方面，我们开展了各种丰富的活动，上海话讲就是"花头蛮多的"。每个周末都有活动，近期我们还新成立了教职工篮球协会。值得一提的是，在新冠肺炎疫情期间，我们创意开展了线上课程，有10多万人上线参加学习，到现在已经开设了做月饼、包粽子、抗疫书法篆刻等18期课程。很多老师都自发地留言点赞，感谢工会。比如有老师留言："感谢教育工会，传统佳节亲身体验包粽子，满满的家国情怀！"这些活动既丰富了老师的业余文化生活，锻炼了老师的动手能力，又弘扬了中华传统文化，可谓"一举多得"，赢得了多方好评。

第二，教育工会关心教职工身心健康，保障教职工合法权益。进入新时代，作为"娘家人"，我们持续关注教职工对更加美好生活的新需求。

发挥工会参与民主管理的重要职能，不断健全"三会"（即教代会、工代会、妇代会）制度建设，保障教职工的合法权益。比如今年，我们通过调研，掌握了各基层工会推进落实教职工补充公积金"上会"（涉及教职工切身利益的重要事项要在教代会上审议通过后方能实施）的情况，有效推进了这项工作的落实。

完善心理咨询和法律咨询工作。由于外部环境变化加上工作节奏加快，教师的心理负担和压力相应增加，教师心理健康问题不容忽视。为了缓解教师的焦虑，我们工会充分发挥"教师心理健康咨询中心"和"法律援助服务中心"的作用。两个中心目前已进入常态化模式，心理中心开通了24小时免费接听热线，并在华东师范大学、崇明区等设有6个心理健康服务点；法律中心每周有电询，每月有面询，一年举办两次大型法律援助活动。

发挥教职工文体协会作用。目前，我们已经形成有效机制，推动各单项文体协会规范有序开展工作，每年举办各种群众文体赛事和活动有40余项。今年虽然受到疫情影响，我们还是成功举办了包括龙舟赛、篮球赛、足球赛、网球赛、戏曲展演等在内的各类比赛、展演、培训近20项。

积极做好总工会互助医保和教师补充医保工作。今年参保总人数达10.4万人（数据统计为高校），推出的480元B计划得到了基层工会的积极响应，大大减轻了老师们的就医成本。一系列工作大大丰富了教师的业余生活，缓解了心理焦虑，舒缓了情绪，提高了抗压能力，受到了广大教职工的欢迎，为教育改革顺利开展起到了积极作用。

第三，教育工会在主动服务国家战略中积极作为。上海教育工会人心中不仅装着教育、装着教师，同时还装着国家、装着人民。在推进对口支援、决胜脱贫攻坚的"战斗"中，我们也做了不少工作。

早在 20 世纪 90 年代，教育工会、普教系统义务讲学团就组织劳模、特级教师赴湘西土家族苗族自治州、云南勐海、贵州黔南州等多地进行义务讲学，捐赠教学设备和书籍，并看望慰问上海支边教师。

近年来，我们从关爱慰问，到实体建家；从消费扶贫，到交流合作，开展了多种形式的扶贫协作。慰问援派教师和干部，慰问金从最开始的 2 000 元 / 人，提高到 6 000 元 / 人。慰问的对象也从新疆、西藏覆盖到了青海、贵州、云南；帮助当地学校建设实体教工之家；积极响应全总号召，对对口支援地区西藏日喀则和新疆喀什的贫困教师，我们投入各 50 万 / 年的资助。前不久，我们教育工会组织部分高校工会、区教育工会主席赴喀什慰问，在座谈会上，对口支援的教师们送给我们锦旗，大家都非常感动，都感到是实实在在的帮扶。今年是"脱贫攻坚年"，我们还根据市总工会要求，组织各级工会购买对口支援地区的特色农产品。

展望未来

总而言之，有工会在，大家觉得温暖，工会是大家庭，体现在方方面面。上海教育走在全国的前列，处于世界领先地位，工会的任务就是要不断提升教职工素养、水平、能力，给教职工带去温暖和力量，团结教职工始终为党育人，为国育才。

2018 年，习近平总书记在同全国总工会新一届领导班子成员集体谈话时，强调我国工人运动事业是党的事业的重要组成部分，工会工作是党治国理政的一项经常性、基础性工作。展望未来，第一，我们要发挥工会在教育治理能力现代化中的重要作用，加强自身修炼，完善内控机制；要把基层组织健全起来，从基层基础做起，积极参与基层社会治理；第二，工会的特色亮点工作要继续加强和凝练。我们现在正在编撰教育工会七十周年大事记，更是深切地感受到"站在巨人肩膀上看得更远"的道理，前辈们一路走过来，积累了那么多宝贵的经验财富，我们要在他们的基础上不断突破、向前发展。因此，我们的各项工作要再细致一点、深入一点、提高一点，使活动更加丰富，服务更加精准，从而更高水平、更高质量为教育改革、为教师发展服务；第三，我们要积极改造岳阳路上的教育会堂，要像科学会堂一样，真正建起市级教工之家，为广大教职工学习、交流、展示创设自己的活动场所。

（采访整理／宋旭辉　高　芳　照片来源／市教育工会提供及曾昕拍摄）

吉启华：
有作为才有地位

【人物简介】

　　吉启华，1961 年 12 月出生，副研究员，现任上海市教育工会副主席。曾任东华大学工会常务副主席、校友会秘书长、研究生工作办公室主任、研究生部党总支书记。全国教科文卫体工会第四届委员会委员、上海市总工会第十四届经审委员。

【访谈实录】

　　2014 年，我从东华大学调至上海市教育工会工作，至今已有 6 年了。

　　"围绕中心、服务大局"是近十年来上海市教育工会的工作重心和宗旨。以前，工会工作总给人边缘化的印象，诸如发发福利之类。我认为，有作为才有地位。这个"作为"就是要在"围绕教育中心、服务教育大局"上做出让党、让教师们满意的工作来。

　　提升青年教师的教学水平，参与教师的德育思政体系建设，保障教师的身心健康，近年来，上海市教育工会开展的这些工作，都是在国家发展、教育改革的大背景下，落实"围绕中心、服务大局"的重要举措。

新时代要学到群众工作的真本领

在新时代，要做好工会工作，我们工会干部的观念转变是非常必要的。但是，对于工会工作来说，有一点始终没有改变过，那就是掌握真本领，做好党的群众工作。

第一，为党做好群众工作，要运用大数据，做到精准服务。学习真本领，最重要的是不断学习，学习党和国家的大政方针政策，把党和国家现阶段的大政方针政策作为自己工作的结合点。今年是我国脱贫攻坚的最后一年，中央和地方政府都出台了很多扶贫政策。除了教育扶贫外，今年又推出了购物扶贫，以此促进贫困地区的经济发展。此时，我们的工会干部就要抓住国家扶贫政策契机，除了发起支教、捐款的活动外，还要为教师提供扶贫地区的特色农产品搭起通道。

在观念上，我认为最迫切需要树立的就是工会干部不是"官"，而是群众利益的代表，是党的群众工作的落实人。工会干部是群众选出来，也是党放心的，所以，工会干部的一切工作都要从教职工的根本利益出发。在开展工作中，不能以行政化、下命令的方式强制推行，这样的方式不贴心、不解渴，教师们是不会满意的。

如今进入了大数据时代，我们的工会工作完全可以通过大数据精准开展。比如，我们冬送温暖，夏送清凉以及帮困工作。一所学校的教师多则数千人，建立教师信息的数据库完全可以做到。现在上海市教育工会也建立了全市教师的数据库，找到真正需要帮助的困难教师。

第二，组织青教赛，搭起青年教师成长平台。近年来，上海市教育工会为搭建青年教师的成长平台，投入了大量的工作。我们在全国率先开展基础教育省市级教学竞赛。如今，青年教师大学组竞赛已经开展了四届，基础教育组竞赛已经开展了三届。各区教育工会也不遗余力，纷纷为提高教师教学水平，搭建起各种平台，收到了良好的效果。

教代会、文体活动制度和福利制度建设也逐渐规范化。我们在推动各单位依法缴纳工会经费上做了大量工作。2019年，上海市教育工会的会费总额，在上海各委办局工会系统中居第二位。

第三，工会要参与教师思政教育体制的建设。如今，党和国家不断重视加强学生的德育教育，在思政课改革上，我们教育工会号召教师们探索建立思政教育新体制，让我们的工会都参与高校"大德育"的工作。工会通过寓教于乐的活动，通过各类表彰先进教师的活动，就可以与教师工作部、人事部、宣传处等部门一起建立高校"大德育"的思政教育体系，从而让我们的教师从校园学习生活中的各个方面来体现教书育人的价值。

第四，围绕中心、服务大局，工会干部要开动脑筋、想办法。工会工作要围绕学校的中心发展来做，完全可以参与学校的学科建设和人才培养。我在东华大学负责校工会工作时，就见证了某学院工会推进落实的科研用房动

吉启华（左三）带领上海优秀选手征战第五届全国高校青年教师教学竞赛并取得佳绩

态使用办法，让学院科研用房的老大难问题得以解决。

当时，该学院的科研用房是固定地分配至科研课题组和研究生导师的，由于导师退休和研究生培养人数的变化，固定的科研用房矛盾突出，学院工会通过广泛调研，结合学院的学生培养以及师资队伍的发展规划，制定了科研用房动态管理办法并经过学院教代会通过，从而使得新进的青年博导和学者以及研究生培养人数增加的导师及新承担国家重大课题的教师科研用房得到了保障。这种非上级行政命令式的，更为人性化的做法，让教职工和学院党政都满意。这个例子就是"围绕中心、服务大局"的力证，不要认为这是简单的科研用房调整，如果不建立这样的机制保障，那么我们的青年教师就很难申请到课题，安心做教学科研也就无从提起。

教职工托底保障，只增不减

近十年来，上海市教育工会对全市教师的托底保障逐步加强，只增不减。我们吸纳高校中的非编职工加入工会；对全市教育工会会员的补充医保计划，只做加法，不做减法，减轻了教师们患大病后的经济负担，为每位教师提供同等的、高质量的体检服务；成立上海市教师心理健康发展中心，关爱全市教师的心理健康。

首先，把非编职工纳入工会组织。在上海9万多名注册教职工人员当中，有1.5万名是非事业编制的教职工人员，占到总人数的20%。过去非编教职工主要由后勤保障人员包括食堂、宿管、保洁、门卫等部门的工作人员构成。他们大多来自外地农村，在上海打拼很不容易。现在学校非编教职工更加多元，近年来越来越多的年轻人进入学校行政与教学辅助岗位上发挥了教学的积极作用，为教育发展和人才培养带来了活力，这些学校的非编职工的基本利益和保障的诉求也不能被忽略。因此，近年来，将上海学校非编职工全都纳入教育工会组织，保障他们的发展需求，给予他们关爱和职业幸福感，是市教育工会发展的另一个重要举措。如今，上海所有学校的教职工都享受到了工会待遇。对于非编职工，各基层单位还在探索教代会代表权益、评奖评优等，让他们也真正成为学校的一员。这些做法在全国都起到了良好的示范作用。

其次，只做加法，不做减法，托底教师医疗保障从上海市总工会的统计数据来看，上海市职工重大疾病的平均发病率为3‰，而上海教师的重大疾病的平均发病率要高于这个比例，差不多要接近于4‰。上海教师的重大疾病发病率高，一方面说明了上海教师，尤其是上海普教系统教师的职业压力大，这些压力既来自职业本身，也来自家庭和社会。而在生大病之后，最让人担心的就是经济压力，高昂的医疗费用往往会让不少家庭因病致贫。我们上海的教师群体，虽然整体经济收入并不低，但也有因为大病导致生活质量下降，甚至发生因病致贫的情况。

我曾家访过一些因病发生经济困难的教师家庭。有一名生大病的教师，住房条件不宽裕，家里没有客厅，就是一个过道厅，而在这个过道厅的一整面墙前都堆满了他使用的药。还有一名生大病的教师，为了筹钱治病，不得已把自己的三居室换成了两居室。这些教师的境遇让我至今记忆犹新，感触颇深。我在想，我们工会对于教师们的医疗保障究竟要做些什么？我认为是托底保障。

20世纪90年代末，国家进行公费医疗制度改革，医疗费用施行自费与医保相结合。但是，医保支付部分对于患大病的教师来说是远远不够的。因此，2001年，上海市教育工会在教委党政的大力支持下，率先推出了教职工门急诊医疗费用保障制度。十多年过去了，2001年的门急诊医保制度的经费渠道和保障力度，已达不到教师们期望的要求。为此，市教育工会通过学习各种文件，并向市教卫工作党委汇报，经上级批复同意，2018年形成了最新的教师补充医疗保障计划。

最新的保障计划对于患大病的教师来说，保障力度大幅提升：首次罹患大病，从原先可一次性得到1万元的大病补助，到现在可得到5万元的补助。而通过市教育工会提供的工会会员保障计划，还可以享受到互助保障2万元。此外，市教育工会还鼓励各基层工会为教师们再额外购买一份市总工会的互助保障计划，这样患大病的教师又可以再得到最高1万元至2万元的医疗保障。

如此，有教职工医疗门急诊保障计划，再加上各区、各学校的互助保障计划，对于一位患大病的上海教师来说，在大病医保的基础上，又有了8万元的大病经费保障。这就是托底。这些年来，我们市教育工会对于教师们的医疗托底保障，"只做加法，不做减法"。

再次，让每位教师都享有高质量的体检。近年来，教师群体大病发病率高的另一个原因就是体检检出率高。从另一角度看，可以将坏事变成好事！很多恶性肿瘤通过体检被早期发现，因而得到了及时治疗，从而挽回了很多教师的生命。

教师体检在近十年前是另一番景象。那时，我在东华大学从事工会工作，上海高校的教职工体检一般在校医院进行，费用每人每年100～200元。校医院的医疗设备和医务人员的水平，自然无法与大医院或专业体检机构相比，因此，很多教师的大病、重病不能及时检出。所以增加体检费用，让每位教师都享有高质量的体检十分重要！我在东华大学进行了调研，并在学校党政的支持下提高了体检标准，并通过社会招标，使校外高质量的专业体检机构为广大教职工体检。当年，学校就有十多位教师被查出大病，早期的治疗及时挽救了他们的生命。

担任市教育工会副主席后，我常向各基层工会主席，尤其是高校工会主席宣传高质量体检的重要性。现在，全市教师的体检标准都得到提高。除此之外，一些学校还为教师额外再订制了个性化体检套餐。心脑血管不好、胃不好、肠不好、肝不好等有不同健康困扰的教师，都可以选择进一步做有针对性的检查项目，从而为疾病早发现打好基础。

此外，上海教师还多了一份心理保障和关爱。说到教师压力，我们普教系统的教师，尤其是中小学班主任和主课教师的心理压力是最大的。不同层级学校的教师的压力也不一样：小学教师在孩子的生活、行为和安全上面临较大的压力；初高中教师则在学习成绩、升学率上面临较大的压力，除了工作上的压力外，教师还会遭遇婚恋、家庭变故后的压力。这些压力有时让一些教师处于焦虑和抑郁的漩涡中，随时都有崩溃的可能。

覆盖上海 6 个区、4 000 余名教师的《上海市中小学教师心理健康状况调查研究》数据显示，73.7% 的教师整体心理健康状况良好，19.8% 的教师存在一定的心理困惑，6.5% 的教师可能存在较严重的心理健康困扰。这说明，上海教师群体对化解心理压力的需求巨大。

2014 年 9 月，上海市教育工会成立了上海市教师心理健康发展中心（以下简称"中心"），这也是我国第一家由省级教育工会设立的教师心理健康服务专门机构，开了全国的先河。中心成立后，开通了 24 小时心理服务热线，热线提供具有心理学资质和背景的志愿者服务；对于高危人群，中心还进一步提供线上、线下相结合的专家一对一心理疏导。这些服务都免费面向全上海教师，让有心理困扰的教师不用再花钱去找商业性的咨询机构。当时，我们就想，如果能通过这种心理干预机制，在一年里挽回一名教师的生命，这也是值得的！的确如此，如今，中心成立 6 年来，每年都有成功挽救心理危机教师的案例。现在，我们中心体系的生命力越来越强，在不断扩大布点，织牢教师心理健康的防护网。在已有的黄浦、长宁、杨浦、奉贤 4 个教师心理健康服务点的基础上，2020 年，中心新增华东师范大学、华东理工大学、上海海洋大学、上海城建职业学院和浦东新区、崇明区 6 个服务点。

我们这些设在各个区的服务点，是开设在某一个学校中的，比如黄浦区教师心理健康服务点是设在卢湾高级中学内，杨浦区教师心理健康服务点是设在同济大学内。因为教师心理问题涉及教师个人隐私，比较敏感，而心理咨询需要恪守"陌生人原则"。所以，服务点学校教师如果出现心理问题，通常不会在自己学校接受咨询，而是会去另一个服务点，由素不相识的心理专家提供咨询服务，从而更好地保护自己的隐私。

此外，除了心理危机干预外，中心还会定期组织专家到各学校开展心理健康讲座，并提供免费的咨询和指导，让更多的教师知道，自己出现了心理问题该到哪里去求助。所以说，在上海做教师是幸福的，因为他们多了一份来自教师心理健康发展中心的关爱。

（采访整理/周　霄　李文井　照片来源/本人提供及曾昕拍摄）

张中韧：
拓展国际交流　服务教育大计

【人物简介】

张中韧，1952 年 10 月生，中学语文高级教师。1985 年起任上海市吴淞区、宝山区教育局副局长，上海市教育局普教处副处长，2001 年至 2012 年任上海市教育工会副主席。

【访谈实录】

近三十年来，我们在上海市总工会的坚强领导、亲切关怀与国际部的精心指导、具体帮助下，先后与日本大阪府教职员组合（以下简称"教组"）、大阪市教组、兵库县教组、美国加利福尼亚州教师联合工会、澳大利亚昆士兰州教育工会和该州的独立教师工会以及澳大利亚全国教师工会建立了友好合作关系，曾被全国总工会授予"外事工作先进单位"光荣称号。我在上海市教育工会从事外事工作 18 年，亲历了许多酸甜苦辣的外事故事，也见证了我们工会在国际上的多个重要时刻，真是非常荣幸，更是终身难忘。

说真话、道真情，传递和平心愿

20 世纪末，日本大阪府教组负责人一度对我国拥有核武器表示不解。我们组团访日时，他们特地安排参观广岛原子弹核爆地。面对原子弹造成的焦土惨状，我们与大阪朋友亲切谈心：中国人民对核武器并无好感，但中国从鸦片战争到 1949 年的一百多年中受尽了世界列强的欺凌，时至今日还会受到某些有核国家的讹诈。即便如此，我国还是愿意承诺不首先使用核武器，并愿意与有核国家共同销毁核武器。大阪朋友对此表示了理解。

日本大阪府教组每次来华，都主动要求到抗日战争的纪念地参观。有一次，在南京江东门纪念馆参观时，面对累累白骨，看着刽子手"杀人比赛"的照片，听着幸存者的控诉，日本教师尤其是青年教师深受震撼，他们当即表示，要把历史真相告诉自己的学生，要在课堂上讲授浸透着鲜血和耻辱的那一页。回国后，大阪府教组编写了纪念册《友好的彩虹桥》，封面就是南京大屠杀遇难同胞纪念碑。樋口浩书记长及 20 位教师都在座谈会中表示，绝不能忘记这血淋淋的罪恶历史，绝不能让自己的学生重新上战场。

我们每次派团访问由大阪进步组织创办的"大阪和平运动中心"时，都会赠送整套上海中小学的历史教材，这些教材一直被郑重地陈列在展览大厅的醒目处。

1995 年，为纪念反法西斯战争胜利 50 周年，日本兵库县教组与全国教育工会及上海市教育工会合作，江晨清主席和向明中学高级教师芮仁杰参与编写了《历史和平补充教材》（副读本）。这是一项伟大的工程，它将历史的真相重新写入日本教科书，使日本人民的子孙后代客观了解历史，认清侵华战争的可耻与罪恶。

说真话、道真情，以情感人、以事动人，才能将和平的理念真正传递到对方的心坎里。

展形象、谈经验，传播教改成果

改革开放以来，我国经济上的成就举世瞩目，但教育上的成果还鲜为人知。为此，我们抓住一切机会向友好工会介绍"成功教育""创造教育""愉快教育"等源自上海并被教育部大力推广的教改成果，还选择了一批富有改革精神、具有中国特色的学校供外宾参观，有建平中学、上师大附中、向阳小学、建襄小学、华师大二附中等老牌名校，也有市四中学、万航渡路小学、民办新黄浦实验学校等新秀。打虎山路一小的主题教育"自强奋进"成为大阪朋友津津乐道的话题，以至于田渊委员长、山口书记长和其他教师几年后还多次提及；长宁实验小学的儿童想象画也被澳大利亚朋友视作珍品。

我们还利用出访的机会进行宣传，在大阪举行的中日韩三国研讨会上作了《为了未来、为了和平》的专题发言，介绍我国依靠教育立法推动基础教育与扫盲教育的发展，利用分级管理体制调动地方办学与社会参与的积极性，以及课程教材改革与师资队伍培养等方面的情况。NHK电视台专访了上海市教育工会时任主席江晨清并作了专题报道，日本最大的报纸《朝日新闻》和我国新华社、《解放日报》均对此作了报道。

十年后，1998年9月我又应大阪朋友的邀请，在大阪市教育会馆作了"改革开放中的上海基础教育"专题讲座，使日本朋友了解了近年来上海"以人为本""以校为本"，为培养学生创造性学力与发展性学力为核心的素质教育现状，也介绍了中国教师队伍的现状，大阪府教组的会刊对此作了专题报道，从而树立了上海教育与上海教师的良好国际形象。

续友谊、促合作，共谋教育未来

外事工作是项细水长流的工作，重在感情沟通，重在友情积累。教育工会虽然经济实力有限，但我们有一颗热忱的心，努力做到"硬件不够软件补，实力不足心意补"。

时至今日，我们交往的队伍不断扩大。我们与兵库县教组已有四十多年的交往史。兵库县教组前任委员长石井亮一对我们的友谊超越了一般的同行之情，每次我们有团访日，他都盛情邀请我们去家里做客，视我们为知己、朋友。有时他来华访问匆匆路过上海，在仅有的几个小时逗留时间里他也要与工会鲁巧英、江晨清、夏玲英等主席见见面、谈一谈，如久别重逢的亲人。

我们与大阪府教组的交往，由地域看，从市扩展到府；由行业看，从教育界扩展到经济界，连大阪有名的大阪桥商会会长也随教师团来访；由对象看，从教师交往扩展到政府机构，大阪府政府教育长、市政府教育长都亲自出面会见。

1999 年，江晨清主席与美国洛杉矶教育工会希古齐主席签订了友好合作协议，双方建立了每两年互访一次的关系，被上海市总工会分管领导赵顺章誉为："打开了中美两国工会交往的大门！" 2007 年夏玲英主席率团访美时，向洛杉矶教育工会新任主席达菲和热心国际交流的加州大学劳工研究所所长肯特·王提出了继承传统、发展合作的新建议，从此展开了与加利福尼亚州教师联合工会的友好合作关系。

我们国际交往的内容也不断拓展。从横向上看，扩展至教育改革领域的方方面面：从对本市成功教育、创造教育、愉快教育等成果的介绍，拓展到艺术领域，进行书画、摄影等艺术作品的互展交流；从工会之间的交流拓展到教师之间、学生之间的交流；促成上海教育会堂与大阪市教员会馆签订了友好合作协定。从纵向上看，就工会工作本身的探讨日益深入。我们多次在上海外国语大学、上海第二工业大学、上海对外经贸大学等召开教育工会的国际研讨会，2007 年就先后举办了以中日邦交恢复三十五周年为主题的和平教育研讨会和中澳美三国教育工会研讨会。美国、澳大利亚的民主协商谈判与法律援助及日本工会的经济事业、互助保险等做法使我们受到很大启发，促使我们在全市推进教师医疗补充保障计划，并收到了显著成效。

张中韧（右五）主持主题为"教育改革与创新"2012中澳教育工会论坛

　　迈入 21 世纪，上海市教育工会正昂首走向世界、走向未来，我衷心祝愿上海市教育工会的国际交流事业在新时代有新的、更大的发展！

（采访整理／徐　星　照片来源／本人提供及曾昕拍摄）

陶文捷：
绿叶和根的情怀

【人物简介】

陶文捷，1964年11月生，中学高级教师，现任上海市教育工会副主席。曾任上海市教育委员会终身教育处处长、办公室副主任。2013年至2016年参加援疆工作，任上海市对口支援新疆工作前方指挥部人才民生组组长、喀什地区教育局副局长。曾获援疆干部人才二等功、上海市重点工程项目建设功臣等荣誉。

上海的陕西北路500号大院，是一个具有传奇历史的花园，也是市中心难得闹中取静的办公场所。院子的东南坐落着一座优秀历史保护建筑，建于1920年的犹太教活动中心——西摩会堂，距今已经有整整一百年历史了。这座西北面呈四方形、中间有天井的两层楼建筑是当年的犹太学校。这所当年的学校，1949年后一直是市教育局和市教委的办公场所，现在就是上海市教育工会的办公地点。

和教育工会结缘

我是1984年参加工作的，第一个工作地点就在陕西北路500号。当时我被分配在市教育局中专处工作，记得刚参加工作的时候，我们教育局机关还没有建立工会组织，过了几年后，才建立了第一届工会，有了工会以后，机关就越来越有生气了，我们青年人也更加有活力。当时机关待遇低，逢年过节，大家看着企业发大包小包的副食品，不免产生失落感，机关工会和后勤就想办法从郊区采购一车活鱼，发到各工会小组，分给每个机关干部，让大家欢欢喜喜过节。后来机关工会作用越来越大，机关干部代表组成分房小组，直接负责分房的条件制订、审核资格、实地核对、接待解释等工作，保证了群众意见得到及时反应，也保证了权力的公开运行，真正将好事办好。后来，随着对机关干部身心健康越来越重视，工会与我们的联系也越来越紧密。工会每年组织体检，让大家得到很好的健康保护，有病及时治，无病注意防；还定期组织干部疗养，刚开始时去无锡等江浙地区，后来去了桂林、厦门、宜春、张掖等地，身心得到了放松，同事间又加强了交流，还增长了人文知识，激发出爱国热情，从而能以更好的状态投入工作。

随着机关工作节奏越来越紧张，机关工会开始关注机关干部的亚健康状况。我2005年踏上了副处长的岗位，任市教委办公室副主任，负责文秘工作、信息简报、两会书面意见和提案处理工作。教委平均每年有两三千发文，三四千收文，每件发文都要审核送领导签发，每件收文都要提出拟办意见，供领导和部门流转审阅处理。教委每年还要收到三四百件人大代表书面意见和政协委员的提案。每周要出教育动态，每年要出几十期简报、专报等等。如果没有健康的身体和过人的毅力是无法承担的，为了应付这样的重担，我在紧张的工作之余开始了自我体育锻炼，恰巧工会也开始为干部提供优惠的体锻年卡，我就选择了游泳项目，在教委办公室工作的8年期间，我坚持上班前或下班后有空就参加游泳运动一小时不间断，增强了身体素质，保证了高效、优质地完成本职工作，并三次荣获公务员嘉奖三等功。2012年，市科教工会组织系统职工运动会，我积极报名参加机关事业单位组游泳比赛，既重在参与，又发挥水平，获得了50米自由泳、50米蛙泳两块金牌，好多年轻人被我甩在了身后。

2013 年下半年到 2016 年年底，我走上了援疆的道路。前往新疆喀什，担任上海支援新疆工作前方指挥部人才民生组组长兼喀什地区教育局副局长。援疆工作是重要而艰难的，援疆工作也是孤独而漫长的，特别需要后方的支持与问候。记得刚出发时，时任教卫党委副书记、教育工会主席虞丽娟亲赴我家为我送行，给我力量与组织的关怀，为我写了临别赠言："肩负使命、不负重托，圆满完成任务，期待早日凯旋"，这成为我援疆生涯的精神力量。当她看到我夫人脚踝骨折，要等我去新疆后再去医院治疗，心情变得很沉重，她当即安排了机关工会给予关心帮助，同时也一直把这件事记在心上。在我援疆结束，荣立自治区二等功时，她感叹这是多么不容易。正因为有领导和工会的关心与温暖，我才有了更大的动力和信心。在援疆期间，党委的领导、教委的领导及机关党委的负责人，总会定期不定期地将工会的慰问送到我们手上，也送到我们的心里，让我们时刻感受到家的温暖。

与教育工会同行

刚参加工作时，我们中专处的办公室与教育工会同在红楼二楼，我也因此认识了市教育工会的许多老师。给我留下印象最深的就是鲁巧英主席，她原是上海工业大学党委副书记，调任教育工会任副主席、主席，虽然是领导，但一点儿也没有官架子，对我们这些小字辈很和蔼，让人很容易亲近，我们每天总能看到她忙碌的身影。当时，教师地位不高，教师队伍不稳，工会要做的事情很多，鲁主席就带领着教育工会这支队伍一起努力，一干就是十年，为市教育工会日后的发展奠定了坚实的基础。

2019 年年底，组织上要我到市教育工会担任副主席的工作，我从此开始了老兵新传的新征程。2020 年恰逢市教育工会 70 周年，但在新冠疫情下，怎么做好 70 周年庆祝活动，是摆在教育工会上下的一道命题，经过集思广益，我们决定采用编撰纪念丛书的方式来庆祝 70 年的历程。丛书包括《话说七十年——上海市教育工会发展访谈录》《中国教育工会上海市委员会大事记（1950—2020）》《艺海扬帆——上海教工书画集》等三本。在当前学习"四史"的过程中，通过对话、重温、记录、整理，能让教育人及工会人不忘初心、牢记历史、传承创新、再创辉煌。对我来说，这也是一个很好的学习和感悟的机会。我陪同记者，走访了人民教育家于漪，教育工会老主席鲁巧英、夏玲英、江晨清，著名劳动模范陈国强、俞丽拿，老工会人王光先等十多位有代表性的人物，学到了很多，悟到了很多，更感到工会工作的意义之所在。

让我特别受益的是上海市教育工会的红色基因。她诞生在具有光荣革命传统的城市，从 20 世纪 30 年代就有小教联、中教协、大教联等进步教师团体，为保障教师权益、拯救教育危机、反对国家内战等方面进行积极斗争。1950 年毛泽东主席亲笔题名：中国教育工会上海市委员会。当年 5 月召开成立大会，陈毅市长亲临会议发表讲话，激励广大教师为国奉献。到现在，许多老一辈教育工会人都记忆犹新，备感自豪。第一代的老一辈会员，都已经 90 以上高龄了。说起这些往事，92 岁的人民教育家于漪抑制不住激动，她说："教育工会让我们有了地位，名正言顺地成为工人阶级的一部分，有了当家作主人的自豪感。"全国劳动模范，音乐家俞丽拿已经入会 60 年，在接受我们专访时，她拿出了珍藏 40 年，"文革"以后恢复的上海市教育工会发的会员证，脸上洋溢了荣誉感和幸福感。

让我感到特别亲切的是，市教育工会充满大家庭的温暖。上海交大医学院院长陈国强在接受我们专访时，对此溢于言表，陈院长告诉我们，教育系统的劳模对工会都有一份家的感觉。劳模协会经常开展学习交流，主要讨论怎样为教育献计献策，怎样帮助青年教师成长。劳模协会还有微信群，陈院长以会长身份担任群主，80 多岁的俞丽拿教授也成为群内活跃的一员，经常发一些教育的心得、与学生的趣事、教学之余搞笑的图片，让大家看到了大艺术家很有亲和力的一面，为此大家就在群里亲切地称她为"俞妈"。

为教育工会助力

2020 年的教师节于我而言是个特殊的日子，这是我到市教育工会工作后的第一个教师节，我受邀参加了黄浦区教育工会坚持多年的入师入会仪式，见证了又一批年轻人成为光荣的人民教师，也成为中国教育工会的一员。作为一名老教育工作者，我发自肺腑地说了一番心里话并以此共勉。教育人要不忘初心、扛起责任；教育人要牢记历史、薪火相传；教育人要见贤思齐、再创辉煌。进入新时代，作为教育工会人的我更将与我的同事，振奋精神再出发。

要做薪火相传，续写传统的践行者。教育工会具有深厚的红色基因，人民教育家于漪和教育系统的老领导、老劳模、老工会工作者身上的精神和传统是前进与发展的财富，要在工作中不断发扬光大。

要做心系远方，助力脱贫的志愿者。援疆的经历告诉我，在奔向小康的路上，老少边穷地区的人民和孩子特别需要上海的帮助，远离家乡的对口支援教师和干部特别需要后方的关怀。市教育工会及各基层工会将继续行动，组织开展送资源、送资金、送温暖的行动。

要做服务教师，维护权益，关爱心灵的倾听者。工会是教师的娘家人，教师有什么心里话、烦恼话都可以向工会倾诉，为教师办事说话一直是我们的追求。针对教师在权益和心理方面的诉求，维护全市教育系统教职工权益，努力让"义务法律咨询"惠及更广大的教师群体，同时要针对教师的心理问题，为教师提供心理支持服务。

要做注重创新，智慧发展，与时代同步的探索者，不断提升信息化工作与服务本领。今年的新冠肺炎疫情，教师宅在家里，不同程度地出现了心理

陶文捷在 2020 年黄浦区新教师"入师入会"仪式上讲话

焦虑的问题，为此我们探索了一系列的线上活动，深受欢迎。我们联手相关单位专门组织"抗疫情，迎春归"防疫知识竞赛，全市教职员工积极参与，为顺利推进复学复课发挥了很好的作用。"数字化"为新时代的工会工作插上了翅膀，教师们踊跃注册，短短一个多月，上海市教育工会的网上注册用户从 2 万多激增到 10 万多。

上海市教育工会走过了 70 年。如果说教育是一棵大树，工会工作者就是一片片绿叶，绿叶与根的情怀相连。为了教育这棵大树坚强茂盛，我们都要成为最翠绿、最闪亮的那一片叶子。

（撰稿 / 陶文捷 照片来源 / 本人提供及金卫星拍摄）

二、劳模精神

于　漪：
让劳模精神在学校治理中闪发光彩

【人物简介】

于漪，1929年出生。上海市语文特级教师，曾任中华全国总工会执行委员，上海市第七、八、九届人大常委会委员，教育科学文化卫生委员会副主任委员，全国语言学会理事，全国中学语文教学研究会副会长等职。现任上海市杨浦高级中学名誉校长，上海市教师学研究会名誉会长。荣获"全国先进工作者""全国三八红旗手""全国教书育人楷模""最美奋斗者""改革先锋"和"人民教育家"等国家荣誉称号。

【访谈实录】

一代人有一代人的使命，作为一名长期耕耘在基础教育领域的教师，当立足时代坐标，思考时代赋予新时期教师的使命，精心育人，引导学生在纷繁复杂的环境中树立民族文化之根，铸造爱国主义之魂。学校教育是以人格塑造人格，以精神激励精神，工人阶级的优秀品质和劳模精神须植根校园，在基础教育中传承和发展。

风清气正办学校

20世纪80年代，我在上海市第二师范学校（以下简称"二师"）做校长。教师私下议论：于漪做校长，一定狠抓业务。当时学校是什么状况？"文革"

中"打砸抢"遗留问题严重，教工中拉帮结派盛行，校园更是被破坏得不成样子，一片荒凉。之前的几任校长治理后都没有扭转困难局面，我接手这所学校可以说是面临极大考验。

我首先想到的是抓风气、抓精神，一定要让劳模精神在学校闪发光辉。

在教职工大会上的第一次"亮相"，我没有制定"施政纲领"，而是谈了两点要求：一是恢复坐班制，每名教职工须准时上下班。为什么这样做？当时学校纪律松散，有些教师到第二节课还在家呼呼大睡，师范学校相当于高中阶段，孩子要成长，教师必须言传身教，成为学生的榜样。我清楚，再好的说教也赶不上无声的行动，在学生眼里，老师"吐辞为经，举足为法"。因此要加强纪律性，教师必须向工人阶级学习，遵守纪律；二是全校必须一心为学生，学校工作没有不可告人的秘密，什么事情都可以拿到桌面上说清楚，背后的话一句不听。这是学习工人阶级的大公无私。这两条很有效果，校长室大门向教师、学生敞开，有效遏制了拉帮结派的不良风气，学校秩序逐渐走向正规。

要求全员坐班，在那时简直是冒天下之大不韪，当时中专学校是无坐班制的。一名青年教工来找我，言语中充满威胁："这么多年，我高兴来就来，不高兴来就不来，你管不着。你要是管我上班，告诉你，你从哪条路回家，我很清楚，当心对你不客气。"我没有慌张，冷静地劝解："人要吃饭，就要劳动，这是起码的道理，难道30岁出头的人这点道理都不懂，真为你着急，你该醒醒了！"一番话才把他刚才的邪气压下去。校长要多做正面引导，让师生有追求的目标，有思想言行的准绳。在那时，我经常想的是"社会上有大环境，学校就有小环境，社会上允许的，学校不一定允许"，必须弘扬社会主义主旋律，因为基础教育关系到全民族的素质，也关系到国家安全与发展。为此，我坚持找问题，纠纪律，明规范，有了严肃的纪律，才能齐心协力，建设一支有凝聚力、战斗力的队伍，逐渐形成良好的校风、教风。

奋斗精神驻校园

"十年动乱"使校园破乱不堪，我倡导师生学习工人阶级的建设精神，大家齐心协力共同修理 120 多亩的校园，不仅是美化环境，更为了以环境育人。

师生参与环境建设的第一步是做好规划。校园当时尘土飞扬，老的黄杨树边总有红头苍蝇"嗡嗡"飞个不停，法国梧桐树上毛毛虫多。为了强化责任，就按照班级、年级组来划分承包区域，由校长室带头，到同济大学买麦冬，铺满泥地，有效掩盖了尘土。根据师生的创意，齐刷刷种上了一排排香樟树，师生们挖泥、挑粪，什么事都自己干，原先封闭的校园开始开放"透绿"。一年后校园完全变样，两三年后四季如春。

校园美化是环境育人，怎样将环境育人制度化？师生劳动后有了新体会，规划不易，动手实践不易，更难的是之后的保养和维持。对校园的一草一木，

于漪 1981 年在学校组织课后活动，与学生畅谈"八十年代的美好理想"

每一个成员都要小心呵护，倍加珍惜。天行健，君子以自强不息。劳动改变了学生的气质，培养了他们自立自强、艰苦奋斗的精神，使大家知道只有劳动才能创造价值。

多少年来，第二师范学校从没有一个清洁工，就靠全校师生员工齐动手，靠发扬工人阶级奋斗的精神来改变落后的状况。教室里，课桌椅损坏率越来越低，学生都会好好爱护，改变了不爱护公共财物的状况。操场上，做广播操集队时，能做到"快、静、齐"，动作步步到位。学校旁边大楼里的邻居感叹说，"你们学生的广播操做得那么好，我天天早上看你们的运动会。"宿舍里，热水瓶、脸盆、鞋子、被子都按规定摆放，看上去像一条线。不需要宿舍管理员，学生在生活中自己管理自己，养成良好的习惯。同学按照规定打分检查，自立自强。琴房里、广播室、食堂，都能看到学生劳动的身影。

师范生在学校里养成的习惯，会影响他们终身。举个例子，从第二师范毕业多年的王律言，现已成长为特级教师、模范班主任，她也将二师环境育人、劳动教育的精神传承下来。有一年春节她来看我，得意地说她自己班级里学生擦的窗子，都能做到看不见玻璃，班级的清洁工作比五星级宾馆还厉害。

当然，也会有小插曲。有段时间，我发现学生倒饭现象严重，就到伙房里拿个脸盆，把泔水桶里倒的剩饭剩菜放在脸盆里，我一个一个班级去讲述，告诉他们，学校不是培养大少爷、大小姐的地方，谁知盘中餐，粒粒皆辛苦，一粒米要花上七斤四两的水，从翻地、插秧到收获，要付出多少艰辛。再说，中国还有那么多穷困的地方，缺吃少穿，自己怎么能忍心倒？大家千万不能浪费！这之后，学生们省悟了，食堂里处处贴着"爱惜粮食、人人有责"的标语。通过教育，浪费粮食的情况大为改观。

教书育人、制度育人、环境育人、管理育人。全校教职工都围绕育人大目标，把学生培养成素质良好的社会主义接班人。办校之"魂"在人的素质的提高，需思想先行，制度保证，民主管理，弘扬正气。中华民族的优良品质是勤劳、勇敢、勤俭、节约，不能将其丢弃；学校建设需要艰苦奋斗、一丝不苟、热爱劳动、奋发有为，需要通过劳动创造价值和财富。学生在学校学习，既是脑力劳动，徜徉在知识海洋；又是体力劳动，书写青春华章，用奋斗精神创造美好的明天。

培养榜样育师生

劳模精神是工人阶级优秀品质的集中表现，学校里不仅要弘扬典型，树立典型，更要培养典型。对学生要因材施教，对教师也要识人所长，精心培育。和老师们相处时，我总是一把尺子量别人的长处，一把尺子量自己的不足。发现教师优点后，最大限度地挖掘、发展每个教师的潜能。

有人曾把杨浦高级中学 * 语文组六名特级教师（陈小英、陈爱平、朱震国、谭轶斌、钱沛云、王伟）的教师专业发展成绩，称为"二师现象"。他们中的每一位，都少不了在岗位上的千锤百炼。

全国劳动模范、上海市语文特级教师陈小英毕业于光明中学。她家庭担子很重。通过观察，我发现她善良、勤勉、为人大气，并且特别热爱学生。我听了她许多课，心里把她作为教研组组长培养。她非常刻苦、努力，教学上日益精进，但在科研上还缺少经验，急需补上短板。恰逢当时在美国就读的一名博士生研读了我一些培养青年教师的文章，写信问了我 10 个问题，我回答了整整 10 页纸，引起了他们的关注。由此，美国密歇根大学教育学院、英国牛津大学教育学院与我们学校确立了一个三国合作研究课题：有关职初教师的培养。我请陈小英参加课题组，给她压担子，并经常与她一起讨论课题进程中的关键问题。经过一年半的研究，她每周与徒弟交流，听课、录像，

---

* 第二师范学校于 1997 年改制为杨浦高级中学。

对教育科研有了认识与经验。之后，又与我合著《于漪与语文教育》，由此获得了全面提高。

钱沛云是语文老师，喜欢写字，专攻书法。我就和他商量，请他根据师范生的培养需要，让每个学生都能写一手规范、美观的板书。于是，他就开始钻研硬笔书法教学，摸索规律，教出来的学生字都写得很漂亮，被称为"钱体"。他个人也得到了提升，由"一人会写"到"教会每个学生会写"，既成全了学生，也成就了自己，成为书法家。现在这个语文组连我在内已有九名特级教师，这在全国也是极罕见的。

教职工一个人一个样，各有其长，各有其短，校长要知人善任，扬长避短，让他们充分发挥优势。举两个例子：一名表达能力不强的地理老师做起了实验员，将学校的科技活动搞得有声有色；图书管理员徐老师擅长手工，能将易拉罐等废品做成精美的工艺品，为粉笔涂上清漆后变成牙雕，后来成了同学们都非常喜爱的劳技老师。每个老师都应该在最合适的位置上接受锻炼和培养。

作为校长，我总是尽可能满足教师学习的要求，有时甚至主动送他们出去学习，有短期培训的，还有提升学历的（本科、研究生），只要他们想学，肯花精力学习，我总是全力支持，必要时支付学费。对教师的培养与使用，应培养重于使用，唯如此，才能水涨船高。只有教师的思想道德素质、文化素养、专业技能提高了，学生才能在无形中受益。20世纪80年代，实验员小宋校内外常闯祸，家里又十分困难，手指又有残疾，我没有放弃他，而是将心比心，送他去学习培训，对他说："你再不珍惜真没有办法了！"以温情慢慢感化了他。后来，他进步了，将实验室管理得非常好。

学校的发展，首先是每个教师树立育人目标，有精神支柱，然后才能聚焦对学生的培养。精神支柱看似无形，但能起灵魂作用，有强大的凝聚力。学校需要培养教师，优秀教师的思想、道德、言行不管是有意识的还是无意识的，都对学生起着潜移默化的作用。不断培养典型，树立典型，学习典型，让二师"一身正气，为人师表"的校训，镌刻在每位教师的心灵，并让这种信念在传承劳模精神的过程中闪耀信仰的光彩。

　　教育事业是群体事业，是接力棒，需要代代传承，不是靠几个教师就能建设好的。在带领学校时非常重要的是培养两支队伍。一支是学生队伍，学校以育人为本，学生要德智体美劳全面发展，铭记"我是中国人，我有中国心"，有这样的立足点才能传承发展。这样的人靠教师来培养，因此第二支队伍就是教师队伍。教师有高尚的师魂，才会对事业无限忠诚，通过日常言行影响学生，使他们建立起自己的理想信念，形成学习的内驱动力。这就是习近平总书记讲的"广大教师要做有理想信念、有道德情操、有扎实学识、有仁爱之心的好老师"。老师要牢记自己的理想信念，要始终不渝地在学生心中点燃一盏中国特色社会主义的明灯。

　　（采访整理 / 黄　音　王厥轩　照片来源 / 本人提供及朱水苗拍摄）

闻玉梅：
我是一个目标明确的步行者

【人物简介】

闻玉梅，1934年1月生，中国工程院院士、美国微生物科学院院士。长期从事医学微生物学教学与研究，特别是在研究乙肝病毒的分子生物学与免疫学领域中作出了系统、有创新性的贡献，被认为是研制治疗性乙肝疫苗的开拓者之一。曾任复旦大学病原微生物研究所所长，教育部、卫生部（现卫健委）医学分子病毒学开放实验室学委会主任。1995年获"全国劳动模范"称号，2016年获"上海市教书育人楷模"称号，2018年获第八届中国免疫学会终身成就奖、第四届"上海市教育功臣"荣誉称号，2019年获教育部杰出教学奖。

【访谈实录】

人类最终将战胜病毒

今年以来，一个病毒彻底改变了我们的生活。新冠病毒的复杂性超出了我们的想象。病毒非常狡猾和善变，而人类对病毒的认知显然还远远不够。现在多个国家和地区出现病毒反复的问题，但我们也不必因此而害怕，甚至"谈病毒而色变"，完全没有必要。我们国家的防疫措施相当强大，我们的健康科普非常广泛。目前的主要问题是输入性病毒，我们一定要在第一线严防死守，守住第一道门。相信党和国家，相信大家的力量，一定能把疫情控制好。

同时我们也要做好与病毒长期斗争的心理准备。从历史上看，人类的发展史也是与病毒的斗争史。病毒善于伪装自己，会随着环境而变异，人类在与病毒的斗争中不断进步，最后的结果一定是可以战胜病毒的。

高考只填了三个志愿

我的父母都从事医学工作，耳濡目染，我从小就对医学工作心向往之。中学时期，我被《白求恩大夫的故事》这本书深深打动，科学的进步就是能解除人民的疾苦，而医学可以直接帮助大家解除疾苦，所以那时候的我就已经暗暗立志，将来要从事医学这一有意义的行业。

我记得自己当年的高考志愿只填报了三个，第一个就是上海医学院，当时还没有与复旦大学合并；第二志愿是复旦大学的新闻系，因为新闻也是我感兴趣的专业；第三志愿是复旦大学的外文系。英语是我的强项，我自信第三志愿的外文系完全可以保底，所以再没有填其余的志愿。自始至终，我母亲都没有干涉过我的志愿选择，最终的结果就是我被第一志愿的上海医学院医疗系录取了。

大学毕业后，我被分配到华山医院。在工作中，我发现不少疾病是无法治愈的，比如心脏病、糖尿病等，一旦患上了这些疾病，病人就得一辈子与这些疾病共存，一辈子都是治疗期。而一些传染性疾病，看上去非常凶险，像传染性肝炎等，但如果能对症治疗，有效阻断传染源，是可以痊愈的。病毒充满了神秘性，等着人们来揭开它的秘密。我决心报考研究生，继续研究病毒，研究基础医学。从考上研究生起，我就一头扎进病毒研究中，一直到今天。对于自己当初的这个选择，我从来就没有后悔过！

医学也是综合人文学

周恩来总理说过："有病送医疗，无病送温暖。"这句话对我的触动非常

闻玉梅院士（右一）和陈亚珠院士及上海市教育功臣周小燕、何金娣、叶佩玉、郭宗莉在"新中国60年上海百位杰出女教师表彰仪式暨风采展示活动"的颁奖仪式上

大，医学应该是一门充满人文情怀的学科。我是一名医学工作者，同时也是名教育工作者，我希望医学院走出来的未来医学工作者，都能怀有爱人之心、悲悯之心，面对病人的诉求，"偶尔治愈，经常陪伴，总是安慰"。2014年我在复旦大学上海医学院开设"人文与医学"课程，注重未来医生的德育教育。课程中，医学教育家、哲学家、医学管理工作者围绕重要的医学人文问题展开讨论，引导学生思考。课程一经开设，立刻引起强烈反响，来自一线的临床工作者也表达出对这门课的向往。2015年这门课程被推上了网络，结合见面会的形式，推广到全国三十多所高校，三千余名学子选修了这门课程。

2014年在我80岁生日的时候，我和丈夫商量，捐出了我们的积蓄50万元，发起成立"一健康基金"。"一健康"的意思就是一体化健康概念，即整合基础医学、临床医学、公共卫生学、药学及生命科学与人文科学诸多学科，共同为改善群众健康作贡献。基金用来奖励微生物、传染病、公共卫生、药学等领域有突出表现的老师与学生。

我常对学生们说，要成为未来的好大夫，必须重视多方面的素质培养。我资助学生参加国际学生会议并争取作发言报告；我组织英语学习俱乐部，带学生阅读专业原版书籍，还请学生和英国朋友一起听音乐会交流。其实这些事情我自己也乐在其中，何乐而不为呢？

付出总有回报，虽然我们在付出的时候并没有期待回报。2015年我获得全国医药卫生界"生命英雄——突出贡献"奖。大家的肯定激励我一直努力，不负初心。

坚持之后是"柳暗花明"

我还很喜欢"管闲事"。别看我岁数越来越大，学生们有什么事照样爱和我说。前几年我的一名男研究生爱上了女助教，女方比男生的年龄足足大了6岁，男生的家长为此投了反对票。男生自然就没精打采，他把苦恼都跟我倾吐了。我反复询问他对女方的感情，是不是非她不娶，是不是有勇气面对年龄差可能带来的现实问题。在一一得到肯定答复后，我决定"大包大揽"一回，找男生的父母谈这件婚事。几个回合之后，还真促成了一桩美事。如今小夫妻俩双双事业有成，家庭生活也非常幸福。

我丈夫宁寿葆是我的大学同学，我们俩在大学毕业前不但确立了恋爱关系，还一齐入了党。要说"爱情秘诀"，我觉得应该是夫妻俩互相尊重、互相支持。2003年非典肆虐期间，我受邀去广州与钟南山一起抗击非典，那年我都快70岁了。我丈夫宁寿葆对此没有二话，他非常理解和支持。因为我俩是同行，我们的共同语言比较多，常在家里探讨医学问题。我们有一个原则是：绝不干扰对方的决定。就算在讨论中观点、理解有分歧，但我们都尊重对方，这么多年来，已经成了种默契。

我和老宁一起参加过教育系统的模范佳侣度假修养活动，还作为嘉宾参加过教育工会主办的玫瑰婚典，那次的婚典给我留下了非常深刻的印象，教育工会为新婚的教师们举办集体婚礼，场面非常温馨、感人。教育工会倡导的人文关怀，与我们的教学理念巧妙地保持了一致。

我从小就学钢琴，却也谈不上有多喜欢，初三时一度不想再学了，可是钢琴老师对我说，我已经学到了这个程度，再坚持练一年，一辈子都不会忘记了。听了老师的话，我勉勉强强又坚持了一年，还真让老师说对了，直到上了大学都没有落下钢琴，肖邦的曲子，练一下就能上手。而当时没有坚持下去的同学，钢琴后来都荒废了。学钢琴给我的启示就是，哪怕遇到瓶颈口，也要咬牙坚持下去，"山重水复"之后才会有"柳暗花明"。

我是一个步行者，所走的是一条漫长的路，且经常会遇到风风雨雨、沟沟坎坎和十字路口，经常面临抉择。尽管前进的道路充满艰辛，但只要目标明确，我的脚步永远不会停止。

（采访整理/孟　莹　照片来源/本人及市教育工会提供）

冯恩洪：
一生只做一件事——当一个学生热爱的好老师

【人物简介】

冯恩洪，1945年出生，上海市建平中学原校长、当代好课堂教育发展中心理事长。冯恩洪华东师范大学毕业后即投身教育，从教至今已50多年。他先后被评为"上海市特级教师""上海市优秀教师标兵""上海市劳动模范""全国模范班主任""全国劳动模范"，2019年获得"庆祝中华人民共和国成立七十周年"纪念章。

【访谈实录】

因材施教——创造适合学生的教育

我的成长离不开上海市教育工会组织的关心和培养。年轻时，我经常参加市教育工会组织的教学技能比赛和教学理论研究。印象中，从1967年大学毕业在培光中学当一名青年老师，到后面获得优秀班主任称号，我多次参加市教育工会组织的课堂教学技能大赛并获奖，这让我成长很快，受到鼓舞，为我以后的教学实践打下了很好的基础。1985年我出任建平中学校长，提出"创造适合学生的教育"理念，创建"建平模式"，把上海城郊一所普通学校，建成了具有国际影响力的一流学校。这些成绩的获得和市教育工会对基层教师的关心和栽培无不相关。

冯恩洪参加北川中学召开的北川地震十周年纪念活动并指导该校课堂教学改革，收到学校的感谢信

如今，我虽已退休，但作为一名教育战线的劳模，我仍走遍全国，希望把"优质教育资源带入寻常百姓家"。这一路走来，我始终把每个学生的终生成长放在教育的首位，孜孜不倦地追求，探索创造着适合学生的教育方法。这是我一生的教育梦想。说起这个梦想，我深深感谢中学时代在华东模范中学背我上医院的席老师，正是这个戴着高度近视眼镜、响应国家号召主动降薪从教基层的女老师，为我树立了要做一个学生热爱的好老师的志向。我想这也是师教的力量吧。

"教育者多么伟大，多么重要，因为人的一生幸福都操控在他们手中。"俄罗斯哲学家别林斯基的这句话一直影响着我。当一个崭新的生命进入启蒙和教育阶段，当他带着好奇和求知进入校园的时候，老师温暖的情感和高尚的人格，就会给这个孩子心中播下热爱生命的种子；老师春风化雨般的教导和期待，就会给这个孩子心灵播下善待生命和希望的种子。当这些饱满的种子扎了根，在沃土茁壮生长，经历风雨，才会长成枝繁叶茂的参天大树，这是我确立一生的教育使命和担当；创造合适学生发展的教育，则是我一生的教育创新和理想。感谢教育工会在这个过程中给予我组织的支持和力量。

创建"建平模式"——"合格＋特长""规范＋选择"

市教育工会是一个学习型组织，经常会定期组织有关教育方法和理论创新学习研讨。我提出的"规范＋选择""合格＋特长""创造适合学生的教育"教育理念，也是不断在学习当中积累和创新的，这也离不开市教育工会的指导。在调到建平中学之前，我是全国优秀班主任、语文特级教师。虽说建平中学当时是黄浦区的高中，但学校属于浦东川沙地块，我又是第一次做校长，压力很大。由于建平中学合并了附近农村几所中学，生源不齐，每个孩子的情况和学科基础差别太大，和先前我所在市区相对生源整齐的培光中学非常不同。为尽快熟悉建平情况，我利用暑假大范围进行学生家访和教师走访。当初的浦东周边全是农田和坑坑洼洼的泥巴路，我好几次骑车摔倒在路上。通过家访，我了解到每个孩子的学习所长和兴趣爱好，甚至记住了每个孩子的乳名。每个孩子都自带一把成长的钥匙而来，那就是潜能。我们的教育和老师就是要帮助孩子发现自己，激发潜能，打开那把生命成长的钥匙。于是，我决定从"入心"的德育教育入手，允许学生根据自己的喜好和爱好，选修各类兴趣课，释放学生潜能，使他们各得其所，各展其长。

不断的学习和教育实践，让我认识到"教，贵有新，道无穷"的力量。我们的学校教育常常是在选择适合的学生，却没有关注创造适合学生的教育，总是用一个标准来要求学生，要求学生样样都行。事实上，全才、全面发展是不现实的。我深刻感受到，我作为校长应该接受"人皆有才，人物全才，扬长避短，个个成才"的观点，为有差异的学生创造合适的教育，这是教育的核心和教育的使命。

2003年，我离开建平中学的那年，建平以优异成绩成为上海首批示范性高中，当年高考毕业生中6名学生进入北京大学和清华大学，88名进入复旦大学，68名进入上海交通大学。"建平模式"还成为全国教育改革学习的典型。2007年英国女王特别接见我，对我代表的东方教育思想和教育方法十分肯定，并鼓励英国老师借鉴和学习。这些，也要感谢市教育工会倡导的终身学习理念和终身教育这个平台。

回到教育原点——问道方圆，建设当代好课堂

退休后的我更加勤于思考，更加忙于实践。我希望"建平模式"和优质的教育资源能够发挥最大的社会效益，辐射更多偏远地区的学校师生。这当中，我要特别感谢上海市教育工会。在鲁巧英为代表的几任工会主席的关心指导下，我苦闷找工会，有困难找工会，工会是我们的港湾。我获得了工会组织很多的正能量，牢记教育初心，不负教育使命。

如今，我回到教育的原点，致力于中国"好课堂"的教学研究和实践，并以一个教育者的使命加快了践行的脚步。多数时间，我不是站在讲台上，就是在赶往讲台的路上，足迹踏遍内蒙古、青海、贵州、广西等地，走进全国各地一千五百多所学校，免费为偏远地区的学校师生讲课、评课。迄今为止，我义务免费讲课 5 988 次，受益师生超过 300 万。

我认为学生拥有不可估量的潜力，只要老师为学生创设出展现他们才能的时间和空间，隐藏在学生头脑中的潜力，就会如埋藏在地下的能量喷涌而出。几年前，我在武汉听到一节低年级语文识字课，课堂上老师把识字当作"找朋友"。短短十五分钟，学生把十二个生字全部学完，居然没有一个生字是老师教的，全部是小朋友通过自主、合作的方式学会的。老师把传统的讲授让位于学生的自主合作，不争话语权，不替代，通过启发，让学生能做、能学的事，自己去做、去学，这就是我希望建设的好课堂。

最后我想说，没有大地哪有花儿，没有江河哪有鱼儿，我把市教育工会比作鲜花盛开的家园，比作流淌不息的河流，希望上海市教育工会引领年轻一代的教师，把教育放在学生健康、认知、能力、责任的维度上，面向明天，建功立业。

（采访整理／姜丽军　照片来源／本人提供）

陈国强：
我与教育工会共成长

【人物简介】

  陈国强，1963 年 11 月出生，肿瘤病理生理学家，中国科学院院士，上海交通大学医学院教授。曾任上海市劳动模范协会科技教育系统分会第一届和第二届理事会成员，上海市教育系统劳模协会第三届理事会会长。现任上海交通大学医学院院长，上海交通大学副校长。分别于 2004 年和 2005 年荣获"上海市劳动模范"和"全国先进工作者"称号，并带领所在学科团队分别于 2007 年和 2016 年荣获"上海市劳模集体"和"全国工人先锋号"。

【访谈实录】

  2004 年，我被评为"上海市劳动模范"；2005 年，被上海市教育工会和上海市总工会推选为"全国先进工作者"。从那时起，四十岁出头的我与教育工会结缘，并由此开始了与教育工会共成长的故事。

结　　缘

  2005 年，在上海市劳动模范协会科技教育系统分会第一届理事会成立大会上，作为理事会成员的我现场作了一席即兴发言，给在场许多劳模留下了深刻印象。比如与会劳模、中国科学院院士王恩多先生后来告诉我，她就是在那次会上第一次认识我，她说我的发言很真诚、坦率，富有激情，是个敢于讲真话的人。

这是我在教育工会的第一次"亮相"，让我与许多劳模结下不解之缘。自此之后，我经常参加教育工会组织的各种会议，每次我都会根据会议的主题作即兴发言，比如每年教师节期间举行的"劳模座谈会"，我都会以科学家和劳模的身份为教育改革和发展建言献策；在每年的"新教师入师教育"大会上，我都会以为师为学的亲身经历，鼓励新教师们要有责任感和使命感，要做学生喜欢的、让学生难以忘怀的教师……在教育工会各种活动宽松、开放、活跃的氛围中，全市科教系统的劳模们畅所欲言，老一辈教育家和年轻教师们真诚对话，年轻教师教书育人的热情与激情也会由此被点燃。

我觉得教育工会为年轻教师搭建这样的平台非常有意义，对于年轻教师而言，聆听前辈们的教育教学经历进而被感化的过程特别重要，我自己也是在这样的过程中成长起来的。

同　行

2006 年，我被任命为上海交通大学医学院副院长；2010 年，开始担任上海交通大学医学院院长并兼任上海交通大学副校长。回顾自己从一名教师和科技工作者走上领导岗位的经历，与教育工会一路同行发展的这十余年历程，让我从中汲取了许多"精神养料"，并深受其影响。

至今我仍清晰地记得，时任教育工会主席夏玲英在"教育工会建会 60 周年座谈会"上作的《继承、创新、发展——坚持走中国特色社会主义工会发展道路》主题发言："学习光荣历史、继承优良传统，这是激励我们进一步发展弥足珍贵的财富，要把握当下、走向明天，必须先要了解昨天；在继承的同时，还要与时俱进、勇于创新，不断追求工作理念、工作载体、工作机制、工作方式的创新；'共建共赢'是中国特色社会主义工会发展道路的核心内涵，'中国特色'的出路在共建，成果在共赢。"

陈国强（左三）领衔的国家自然基金委创新研究团队骨干在实验室

如果说继承是基础，创新是动力，坚持"共建共赢"则是发展道路越走越宽广的关键，我把这些理念深入地贯彻到自己的管理实践中，在医学院推行了一项又一项的"改革"。当然，只要是"改革"必然会遭遇质疑与批评，比如"76后政策"，即1976年以后出生的青年教师和医生无海外连续工作一年经历的人员不能晋升高级职称。"为什么一定是1976年""为什么要推行这样的改革"等各种声音不绝于耳，但我坚信只有秉承"共建共赢"的理念，倒逼青年人才拓展国际视野、自我加压、乐意成长，才能通过人才队伍建设夯实医学院乃至医学事业未来发展的基石。如果没有"共建共赢"的理念，就很难把小我融入大我，天天想的都是"我"怎么样，个体很难成长，学校、学科或团队也很难有发展。

正是在"共建共赢"理念的支撑下，以"把小我融入大我"的胸怀，我带领的学科团队分别于2007年和2016年荣获"上海市劳模集体"和"全国工人先锋号"；2017年，我所在实验室的黄雷教授荣幸地成为"全国五一劳动奖章"获得者。

从科学家到领导者，从劳模个人到劳模集体，身份转变、荣誉加身让我更加深知肩负的使命与责任，在愈加功利和浮躁的社会坚守初心，决不迷失自我，同时也激励着我身边的人共同前行。

铸   魂

2011年，我开始担任上海市教育系统劳模协会第三届理事会会长。在此之前，以劳模身份与教育工会相伴同行的这些年，我深切体会到教育工会营造的如同"家"一样的温暖氛围。教育工会领导要求："工会就是劳模的家，要为劳模服务好。"在我扛起劳模协会会长的重任后，总是想把劳模之"家"的氛围营造得更加浓厚。

之后，每半年左右劳模协会都会举行一次非正式的劳模活动，因为劳模是一辈子的荣誉，即使已经从工作岗位退休的老一辈劳模，我也常常请他们来参加这样的活动，以活泼轻松的方式"传经送宝"，充分发挥劳模协会"传帮带"的作用，弘扬劳模精神，彰显劳模风采。

在与劳模们"近距离"相处的过程中，我自己也深受劳模榜样作用的影响，并对劳模精神有了更深刻的理解。2017年，在上海市教育系统劳模和优秀教师座谈会上，我作为"资深劳模"曾对"劳模精神"作了一番诠释："劳模精神是舍我其谁的主人翁精神，就是爱岗敬业，在甘于奉献中追求有灵魂的、卓越的、舍我其谁的主人翁精神；劳模精神也应该是淡泊名利，在甘于寂寞中默默耕耘的'老黄牛精神'；劳模精神更是艰苦奋斗的拼搏精神；劳模精神还是与时俱进，在勇于创新中争创一流的进取精神。"

这种理解除了来自我个人经历的感悟，同时也源于老一辈劳模们的言传身教，这种影响是"润物细无声"的，已经凝练到了我的内心深处，不断地在改造我的思想，在老一辈劳模的引领下，我的心灵也得到了净化。

　　回顾这十多年来与教育工会共成长的故事，我深切体会到教育工会对我的成长的影响，这种影响在我的心中有着很重的分量，不仅让我的言行举止"扎根"了，更有一种"铸魂"的力量，让我始终坚持以"传承一种信仰、一种精神"为己任，并坚信"弘扬劳模精神，彰显劳模风采"有着永不褪色的时代印记。

（采访整理／刘　宣　照片来源／本人提供及朱水苗拍摄）

俞丽拿：
我与工会一个甲子的缘分

【人物简介】

俞丽拿，1940 年出生，我国著名小提琴演奏家，现为上海音乐学院小提琴、中提琴教研室主任，上海音乐学院学科带头人，第八、九、十届全国政协委员。曾获全国劳动模范、全国模范教师、全国三八红旗手标兵、上海市教育功臣、上海市三八红旗手标兵、全国高校"名师奖""优秀专家"等称号，2019 年获"庆祝中华人民共和国成立 70 周年"纪念章。

【访谈实录】

细数我和工会的缘分，已经历一个甲子。1960 年，我进入上海音乐学院实验乐团工作，正式加入中国教育工会，成为"沪工字第 3172476 号"会员。回首这 60 年，我的主要工作就是演出、教学、育人、服务，这些工作与工会都有着密切的联系，一路成长都离不开教育工会的关心。

改编《梁祝》：工会激励我认真做事的态度

我最早是学钢琴的，接触小提琴纯属偶然。20 世纪 50 年代，我陪着表姐去报考上音附中，结果我被录取了，入学分配专业时因为我手指较细，被安排去学小提琴，这一学就是一辈子。

1957 年 9 月，我直升进入上海音乐学院管弦系学习。那个时候，大学生经常需要下工厂、下农村锻炼，看到小提琴在基层演出不受人们喜欢，我感到很苦恼。但随着与工农兵一起生活的时间增多，我被工人们的精神面貌所感动，在他们的影响下，我树立了"为人民大众服务""做事情就要做好"的人生观。

回到学校，在党委领导的支持下，我们成立了"小提琴民族学派实验小组"，希望小提琴可以受到百姓的喜欢。我们将百姓熟悉的民歌、民俗乐曲中的经典改编为小提琴曲目，让小提琴讲中国话，演中国故事。后来，正好遇到为国庆献礼准备节目，《梁祝》便由此诞生了。

1959 年，小提琴协奏曲《梁祝》首演，我担任小提琴独奏，首演轰动全国，《梁祝》唱片发行量达 100 多万张。此后的 50 多年间，《梁祝》的琴声传遍世界各地。我因为最早担任《梁祝》小提琴独奏，受到人民的喜欢，有了点知名度，但我告诫自己，不能骄傲自满，每一次登上舞台都是第一次，都要认真对待。

1960 年上半年，上海成立女子弦乐四重奏，准备参加在柏林举行的国际弦乐比赛，由我担任第一小提琴手。那段时间除了吃饭、睡觉，其他时间我全部在练琴，因为大家都知道"四重奏"想在国际比赛中获奖是非常难的。等到比赛现场，很多评委和选手获知我们是"背谱"来参赛时，感到非常惊讶。后来我们首次在国际弦乐大赛中获得了大奖，带队团长说，"你们回去不要解散，否则中国还是没有弦乐四重奏。"因为这一句话，我们这个团队就一直坚持着，哪怕后来工作再忙，我也始终坚持在第一小提琴手的位置上。直到我们培养出来的新的弦乐四重奏已经在国际上获奖，我们才光荣退出舞台，这一坚持就是 30 年。

成功的艺术家不是全靠天分，认真的态度非常重要。1960 年 9 月，上海音乐学院实验乐团成立，随后我被安排进入乐团，边工作边学习，由此我也正式加入了中国教育工会，成为工会大家庭中的一员。在之后的 60 年里，无论做什么事情，我都坚持认真、严谨、用心地去做好它，这也是工会带给我的影响。

留校任教：工会给予我踏实前行的动力

1962 年我从上海音乐学院毕业，被组织安排留校任教，刚开始我是有点犯愁的。那时，距离《梁祝》首演成功已过去 3 年，虽然我在演奏上有了一定的积累，也经常受邀参加各类演出，但会拉琴和会教琴是两回事。

面对困惑，是工会这个大家庭的温暖，给予了我踏实前行的动力。面对工会同仁的鼓励，我告诉自己：这件事虽然艰难，那就化整为零，一个个想办法去攻克，既然做了就一定要做好。

我一方面千方百计地加强学习和研究，提升小提琴的演奏能力，掌握小提琴的教学规律；另一方面想方设法丰富自己对小提琴的认识，熟悉世界各国小提琴的演奏风格。那段时间经常是早上 6 点到校，深夜 10 点回去，分分秒秒抓紧学习、钻研；我到唱片室借来"33 转"唱片，一边听一边学，唱片机没有暂停功能，遇到一个地方需要重复放听时，我就凭感觉到什么位置，再放上去重复。

就这样，看似"笨功夫"式的踏实努力，让我对小提琴的教学规律、流行风格等有了更好的理解，也有了做好音乐教学工作的底气。

当然，要教好学生，光凭热情是远远不够的，一定要深入研究教学规律和每一个学生的个性特点，因材施教，研究掌握国际上每一位作曲家的作品风格，还要跟得上世界的专业行情。

改革开放后，国际间教育教学和交流演出的机会增多，每逢有国外专家来开公开课、做讲座，我一定是认认真真在那儿听、在那儿记，将其搞懂弄通，吸收转为自己的教学内容。后期，我担任了多项国际比赛的评委，也有外出讲学的机会，有空我就去旁听其他人的演奏、演讲，及时将最前沿的专业发展思路和艺术技巧融入我的教学，从而更好地指导学生。

对于一名教师而言，学术无止境，永远做学生，才能更好做教师，进而为中国音乐事业培养更多人才。

教书育人：工会坚定我为国育才的信心

2010 年，我开了最后一场个人音乐会，从此告别舞台，正式"封琴"，全身心投入教学工作。在教学上，我对学生要求严格，特别注重思想信念和道德品质，注重教书育人，教琴艺，更教做人，希望为祖国培养优秀、有用的音乐人才。

音乐院校培养一名演奏人才跟其他学校不同，从附小到硕士研究生毕业，带出一个学生至少需要 16 年；在教学上也是"一对一"上课，要陪伴孩子从孩童走向成熟，要找准他们成长过程中每个阶段教学的关键，帮助解决各种各样的成长问题；我会为每位学生准备一个笔记本，专门记录每一节课的内容、他们的表现和参赛的情况等，如今这样的笔记本已塞满整整一个文件柜。

我相信，一名优秀的教师不仅应具有精湛的学术造诣，还应有极强的爱心和责任心。学校有寒暑假，学乐器的学生假期停课，开学后要花很长时间来恢复状态。于是，我坚持假期为学生义务上课。为了打消学生和家长的顾虑，我一开始就说明"我给你们上课，分文不收"。所以我的学生每年都有三个学期，这样他们的进步就会更快。

教师就要爱学生，教师就像是他们的第二父母。逢年过节，我会把所有学生召集到家里，烧菜给他们吃；买来蛋糕，与大家一起分享，希望营造一种良好的师生关系和学习氛围。不仅我这么做，我也要求工作室的青年教师都能像爱自己的孩子一样来爱学生。

有一点我始终坚信，那就是，做我的学生首先人品要好，要热爱祖国。几十年来，我虽然有多次去国外发展的机会，但我的坚定信念只有一个：我的事业在中国。我也会借用各种形式，潜移默化地传递爱国精神和传统文化。

教学上的用心付出，也换来学生们更好的成长。近年来，我带过的学生不断在国际比赛中崭露头角，填补了中国在国际小提琴赛事中的多项空白，黄蒙拉、王之炅等优秀青年演奏家不断涌现。每当看到中国的小提琴事业后继有人、人才辈出，尤其是当他们纷纷选择回国发展时，我感到非常欣慰，我感到所有付出都是值得的。

学生是我艺术生命的延续，教学让我永远年轻。我深知，教书育人是我的神圣使命。虽然80岁了，但只要身体允许，我还是想奋战在教学一线，为中国音乐教育事业尽一份力量。

服务人民：工会提醒我甘于奉献的责任

这一路走来，工会为我提供了很好的学习、成长和展示的舞台，也给予了我很多荣誉，我先后荣获"上海市劳动模范""全国劳动模范""上海市三八红旗手标兵""全国三八红旗手标兵"等称号。

面对工会的厚爱，我也时常提醒自己：作为一名教师，要忠于人民的教育事业，爱岗敬业，甘于奉献，服务学生；作为一名艺术工作者，时刻不能忘记人民群众，要积极服务社会。

2018年俞丽拿在人民大会堂代表"全国三八红旗手标兵"作大会发言

为了有更多精力投入教学工作，59 岁那年我搬到郊区后考了驾照，60 岁那年买了车，每天经常 6 点出发，驱车 20 多公里来到学校，希望能多点时间准备课程；我在教室上课经常一待就是 10 多个小时，实在太累就在琴房的沙发上躺一躺；为了节省时间，自带饭菜放冰箱，等到中午拿出来微波炉里热一热就吃。

在我的计划中，上课永远排在第一位。我的学生都知道，"即便是俞老师生病躺在床上了，只要撑得住，还会给学生上课"。2020 年年初我因为腹泻多次住院，爱人患老年痴呆需要有家人照顾，虽然事情繁杂，但教学不能拖。我尝试"一对一"上网课，一边向年轻人学习新的信息技术，一边琢磨在线教学的特点和规律，远程为各地学生不间断地教学、答辩。正所谓"生命不止，教学不息"。

这些年来，作为一名艺术工作者，每当需要我参加公益演出或讲座时，只要时间允许，我都十分乐意去参加。我希望以我的一技之长，积极回报社会。

成为上海市教育系统劳模协会一员后，我与工会的缘分进一步加深。劳模协会不定期组织一些活动，我会积极发挥自己的专业特长，参与公益演出与汇报交流，为学校发展建言献策，分享教书育人经验……

不论是教学还是演出，我都会把"爱岗敬业、争创一流、艰苦奋斗、勇于创新、淡泊名利、甘于奉献"的劳模精神谨记于心、外化于行，认认真真做好每一份工作，更好地服务师生、服务社会、服务人民。

（采访整理 / 桑　翔　照片来源 / 本人提供）

吴志强：
用勤勉、创造和担当，诠释劳动意义和奋斗价值

【人物简介】

吴志强，1960 年出生。同济大学副校长，中国工程院院士，德国工程科学院院士，瑞典皇家工程科学院院士，美国建筑师协会荣誉院院师。中国 2010 年上海世博会园区总规划师，北京城市副中心城市设计综合方案总规划师。世界规划教育组织 WUPEN 召集人、国务院学位委员会委员、城乡规划专业教学指导分委员会主任委员，曾任全国城乡规划学专业指导委员会主任委员、亚洲规划院校联合会主席、世界规划院校联合会首届联席主席。获得全国先进工作者、全国五一劳动奖章、世博全国劳动模范和上海市劳动模范、全国工程勘察设计大师、全国优秀科技工作者、全国城市规划优秀科技工作者等荣誉称号。曾获多项国家级、教育部、建设部、科技部和上海市等省部级科技进步奖及国内外诸多规划设计重要奖项。享受国务院政府特殊津贴。

【访谈实录】

在劳动中获得快乐

工会系统给予了我很多荣誉，我非常感谢组织对我的信任和鼓励。其实对我来说，我更享受的是"劳动开创未来，奋斗成就梦想"的快乐。

从 2010 年 5 月 1 日开园到 10 月 31 日闭幕，上海世博会创造了多个

第一：它是中国第一次举办的综合性世界博览会，也是第一次由发展中国家主办的世博会，共有 256 个国家、地区、国际组织参展，吸引世界各地 7308 万人次参观者前往，也是历史上规模最大的世界博览会。

上海世博会创造历史的背后，是无数人的不懈奋斗。2004 年 4 月，世博规划与设计总体方案的全球竞标拉开序幕，世界各地共有 50 多家机构参与角逐，竞争十分激烈。当时我的心里只有一个念头，就是要让中国的年轻一代知道，中国人在高智力的国际竞争场上是站得起来的！

我带领团队成员们挑灯夜战，土木、交通、机械、环境等各方专家和研究生都齐聚一堂，合力为世博方案贡献智慧。那段时间，我经常忙到凌晨，不到凌晨三点不休息，大家也笑称我是"吴三点"。其实，岂止是我一个，很多同事也经常熬到凌晨四五点，但没人叫苦叫累。我想，这就是精神的感召吧。

历经 100 多个日日夜夜，我代表上海交出了"中国答卷"。"既有建筑与世博功能叠加再生"的规划方案和"和谐城市"的规划思路赢得国际专家盛赞，并成为最后入选的三个优秀方案之一。那一刻，我感到无比自豪，因为这是同济的胜利，上海的胜利，更是中国的胜利。

吴志强接受采访

有幸担任上海世博会园区总规划师，对我来说，是责任更是压力。那段时间，我经常为工作睡不着觉。园区最后的展览面积是3.28平方千米，里面要容纳最高峰时的100万参观人次和5万左右工作人员，这就意味着每平方千米要站39万人。打比方来说，假设世博园区没有围墙，全是门，每个门都有人员同时进行安检工作，才能做到让这100万人入园，并且在晚上全部出园。如此高的人流密度是前所未有的，如何合理分流确保安全、如何应对极端天气等都是非常棘手的难题。

"不出意外，不掉链子"，我不断提醒自己和团队，不敢有丝毫松懈。我和团队进行了大量的模拟，把世博会园区划分为22 525个20米×20米的小单元，对40万、60万和80万人流动态分布的特征进行大规模模拟推演，抓取可能发生拥挤事故的高危场所，并及时对场地设计进行优化。后来，不少同行跟我说："你们很早就用了虚拟现实（virtual reality），很超前。"

虽然奋战世博会的2 000多个日日夜夜充满艰辛，但我和同事们始终痛并快乐着，充满激情、斗志昂扬，因为我们是为祖国奋斗，为中国创造历史！

只争朝夕，不负韶华

习近平总书记说，"要在学生中弘扬劳动精神，教育引导学生崇尚劳动、尊重劳动，懂得劳动最光荣、劳动最崇高、劳动最伟大、劳动最美丽的道理，长大后能够辛勤劳动、诚实劳动、创造性劳动"。作为一名劳模和教育工作者，我感到自己责任重大，应该将劳动精神和可持续发展等理念融入生动的讲述，多对青少年进行宣传引导。教育系统有劳模创新工作室，也开展了"劳模精神进校园"等特色活动，这些好做法应该坚持，并形成长效化机制。

上海世博会以来，我曾在上海、西藏、云南等地区，对学生、教职工等不同群体做过讲座，讲述筹办世博会的幕后故事，就是希望让更多人理解什么是"城市让生活更美好"，什么是"劳动创造美好生活"。曾经有位中学生问我："当世博会结束之后，世博会留给了上海以及长三角其他地区什么？"我的回答是："办世博会不是为了今天，而是为了下一代利用。"还有一次进虹口区一所学校给孩子们讲世博，为了让内容更生动，我使用了"搭积木"的比喻，为孩子们诠释了世博梦想，收到了不错的反响。我想，就是要让普通的百姓、孩子们真正理解好的城市如何让生活更美好，才能真正践行这一理念。

在我成长的道路上，有幸遇到很多堪称"劳模"的师长。1977年，恢复高考的消息让我激动不已。在华东模范中学冲刺高考的7个多月，我们的数学老师兼班主任杨安澜老师竭尽所能搜集所有他能搜到的数学题，为我们精心讲解，经常忙碌到晚上九十点钟。有一次，杨老师动情地跟我们说起自己当年没有机会上大学，只能靠自学的经历，所以他说："同学们，读大学真的很重要，希望你们珍惜宝贵时间，不要留下遗憾！"说这话时，他热泪盈眶。那一刻，我们理解了杨老师的良苦用心，那是一份责任、一份期盼、一份关怀。

课堂里，学科老师为我们起早贪黑，精心辅导；考场上，监考老师用扇子帮我们散热，防暑降温。正是怀着对老师的深深感恩，在1978年高考最后一门科目结束后，我提议大家全体起立，向老师鞠躬敬礼。那一年，我们班上的60多名同学几乎都考上了知名高校。我想，杨老师用自己的言传身教诠释了劳动的美丽，而我们也用不懈奋斗诠释了"只争朝夕，不负韶华"。

美好生活需要以人为本

筹办世博会，我们始终坚持"科学规划、以人为本"。上海世博园区规划面积是6.28平方千米，所涉范围内有上万户居民，涉及不同年代的建筑。如果简单实施大范围拆迁，就会给市民生活带来极大影响。为最大限度保留规划范围内的建筑，不影响居民的生活，真正实践"城市让生活更美好"的理念，我想方设法使世博园区的围墙绕开居民区，最后"抠"出 3.28 平方千米；同时，为了不让停车空间占据居民生活空间，我们提出用轨道交通运送参观人流，此后，上海开始大力建设轨道交通，当年有 229 个地铁站同时开工。从 2004 年的 4 条地铁，到 2010 年的 12 条地铁，六年间，上海创造了世界轨交建筑史上的新纪录。截至 2020 年 1 月，上海地铁里程已达 705 千米，日均客流量超过 1 000 万人次，这就是世博、城市带给广大市民的超前于时代的美好生活。

无论是"城市让生活更美好"的世博主题，还是以职工为中心的工会工作，其核心都是坚持以人为本。正如习近平总书记所言，从群众中来、到群众中去的工作方法不能变。对此，我深有感触。2007 年年底，我的母亲因病去世。当时，我每天忙于繁重的世博筹办工作，从工地到学校马不停蹄，母亲的去世让我非常悲痛，也非常愧疚。但让我备感温暖的是，在我情绪处于最低谷的时候，工会第一时间对我进行了慰问，还组织我和家属参加了一次疗休养。虽然行程只有一周，但这次周到的安排让我得到了很好的调剂，是名副其实的"身心疗养"。在此，我要对教育工会衷心说声"谢谢"。

现在的教师队伍结构发生很大变化，青年教师越来越多，他们面临住房、收入、发论文、婚姻等多种压力，希望教育工会能给予他们更多关心。尤其要大力营造"尊重知识、尊重劳动、尊重人才、尊重创造"的浓重氛围，帮他们解决更多实际困难，让青年教师更积极、更主动、更有创造性地劳动，而不只是作为一个劳力。工会的重要价值就是统一思想、凝聚人心、化解矛盾、增进感情、激发动力，做到了这些，那就真正实现了"以人为本"。

（采访整理 / 洪卫林　照片来源 / 本人提供及何思哲拍摄）

刘宪权：
传承劳模精神，激励更多教师

【人物简介】

　　刘宪权，1955 年 12 月出生。华东政法大学刑法学教授。现任华东政法大学刑事法学研究院院长、中国刑法学研究会副会长、上海市刑法学研究会会长，兼任上海市委、纪委监察委、政法委、教卫党委、教委等法律顾问。上海市一流学科刑法学学科带头人，享受国务院政府特殊津贴。曾获"全国劳模""全国杰出专业技术人才""上海市教育功臣""国家教学名师""全国优秀教师""中国杰出人文社会科学家""上海市领军人才""上海市劳模年度人物""宝钢教育基金全国优秀教师""上海市教书育人楷模"等多项荣誉称号。连续 20 年被评为华东政法大学"我心目中的最佳教师"，并因此获全校唯一的"最佳教师终身成就奖"。

【访谈实录】

　　很多学生喜欢听我的课，称呼我为"宪哥"。有学生说，"没听过'宪哥'的刑法课，大学生活便不完整。"为了听我的课，有学生清晨 5 点就来占座；能容纳 300 人的教室爆满，有的学生从其他教室搬凳子过来；甚至还有其他专业的学生来蹭课。我觉得，这就是作为一名教师能得到的最好评价。

因为用心，所以好听

　　有人说，文科的课难教，法学课更难。但我认为，没有上不好的课，只有不会上课的人。

我的刑法课有两大特点。首先，选课要秒杀，上课要抢位；其次，上课不点名。在网络选课时，我的课总是被一抢而空，手速慢的学生根本抢不到。刑法课使用的教室是华东政法大学（以下简称"华政"）松江校区最大的教室，能容纳 300 人，但通常要挤进 500 人。学生清晨五六点就会来占座，有时他们还轮流值守，唯恐有失。

这门课之所以受学生欢迎，我想跟我的精心准备息息相关。课前备课、课中设计、课后反思，如此循环往复，这就是一个精益求精的过程。在驱车前往学校的路上，我会重温教学内容，推敲一下流程和节奏。这个知识点要先讲案例，那个知识点要分析法条、理论；用到的案例，我会精心设计，埋伏陷阱，让学生在"中招"时引发他们反思知识掌握的欠缺。我还喜欢走下讲台，到学生中间，与他们互动。所以，上我的课，睡觉是不可能的。

我连获 20 届华政"我心目中的最佳教师"，并拿到了"最佳教师终身成就奖"、首届"杰出教学贡献奖"。我相信只要继续参赛，肯定还能拿奖，不过金杯银杯，都不如学生的口碑。

与时俱进，赢得学生

一门刑法课讲了 30 多年，学生在变，我也随之改变。以前的学生腼腆，现在的孩子外向，他们更希望得到关注，发言的欲望更强烈。于是，我现在上课跑动距离更远，范围更大。我还会主动将话筒递给坐得远的学生，而不是前排积极举手的学生。通过这种方式让每个学生都能保持兴奋度。

刑法课教了几十年，每年都有调整。比如将最新最热的案例、研究成果融入课程。在课上跟学生分享金融犯罪、网络信息犯罪、人工智能犯罪的案例和研究成果，这些让他们感到新奇，学习兴趣就得到了提高。在讲述过程中，我喜欢使用一些当下的流行语，拉近与学生的距离。我很高兴学生们称

刘宪权与学生讨论问题

我为"宪哥",这代表他们感觉跟我沟通无障碍。这是一种理解和接受。

因为 2020 年突发的疫情,我的课也转到了线上,拿到了线上教学的一等奖。我在"教手加"平台上的讲座,收看率达到 25 万人次,为全国最高。网络课的授课习惯不同,无法有效跟学生互动。但形式空间的改变对我影响不大。只要课程内容好,讲得精彩,学生就爱看。有学生给我留言说,他足足回看了四遍讲座。

结缘工会,十年如一

2007 年,我获得了"上海市劳动模范"称号,2010 年获评"全国先进工作者(全国劳动模范)"。在当年获得"全国劳模"称号的 2 985 人中,我是上海文科高校、全国法学教育界中唯一获此殊荣的教育工作者。2011 年当选首届"上海市教书育人楷模",2012 年获"上海教育年度新闻人物",2013 年获得"上海市教育功臣",2014 年当选上海市总工会"劳模年度人物"。

作为劳动模范,我和市教育工会之间的感情非常深。每次工会组织大型活动,我一定会参加。无论是考察、交流,我都会抽出时间,确保不缺席。

有时在活动中，我还会应邀给其他学校的教师做普法讲座，讲解法律知识。

市教育工会对我也非常关心，逢年过节通过各种方式进行慰问。2019年工会组织我们参加庆祝新中国成立70周年座谈会，我获得了"庆祝中华人民共和国成立70周年"纪念章。

培养教师，服务社会

市教育工会关心、信任我，我更要发挥好作用，弘扬劳模精神。

2013年9月，"刘宪权法律服务创新工作室"创建，次年经市教育工会批准，"刘宪权法律服务工作室"成立。这一工作室也是上海市总工会批准创建的"劳模创新工作室"。以工作室为依托，我们开展了许多师资培训、法制宣讲和主题教育的活动。但更重要的是，通过劳模精神的传承，激励更多的教师。

每年市教育工会组织的法律援助活动，我们工作室都会参加，为广大教师提供咨询服务。我也会前往各级各类学校进行普法宣传，帮助学校了解法律法规，预防犯罪。我们工作室还会参与教师培训，为中学法制课的开设提供帮助。

除了法律咨询援助外，工作室的价值还在于弘扬劳模精神，培养新一代的青年教师，让他们会上课，上好课。

有些教师害怕别人旁听教学，唯恐看家的本领被人家学去。我则有"三不怕"，就是不怕传授、不怕示范、不怕学生打分。我每年为青年教师开设示范课，分享授课经验，包括如何写教案、讲稿，分析讲课中的具体环节，帮助青年教师纠正小问题、小毛病。更重要的是，我希望年轻教师学到我讲课的形，更要学到精髓，达到神形兼备。

（采访整理／陈　易　照片来源／本人提供）

刘京海：
工会组织助推"成功教育"不断成功

【人物简介】

刘京海，1950年出生，正高级教师，上海市闸北第八中学原校长，上海市特级教师、特级校长。上海市成功教育研究所所长，上海市田家炳中学首任校长、现任董事长，上海成功教育管理咨询中心董事长。中共十五大代表，第九、第十届上海市政协委员，上海市教育学会副会长。荣获上海市首届教育功臣、上海市教书育人楷模、全国当代教育名家、全国五一劳动奖章、国务院全国"两基"工作先进个人、全国先进工作者等荣誉，享受国务院政府特殊津贴。

【访谈实录】

"成功教育"诞生在上海闸北区（现静安区）不是偶然的，它的孕育、萌芽、出土到发展历经数十年，历史的机缘让我有幸进行了这场实验，并在上海乃至各地产生一定影响，这要归功于改革开放后上海教改的这块热土、教育部门给予的极大关心，当然，上海市教育工会的扶持我也始终铭记于心。

我是1980年来到上海市闸北第八中学担任行政领导的。这所学校地处"大洋桥"，是出名的棚户区，当时该地区居民文化水平相对低下，入学考试成绩居于全区35所中学的第33名。多年的学校教育，学生得到的怎么是这个结果？我们的教育有怎样的缺失？我开始思考教育观念、教育方法等深层次问题。鉴于我有改变现状的愿望和提升教育理论、教育管理水平的要求，区领导在 1983 年选送我去上海师范大学教育管理系深造。在高校，我静下心来系统地学习了教育管理的理论，并在"后进生"的问题上进行专项研究。几年的学习确实收益颇丰，我带着制作的上千张卡片回校后便将理论付诸实践，并在 1987 年启动"成功教育"实验。3 年后，国家教委副主任柳斌亲自到我校视察，并指出："成功教育"经过总结和完善后，很可能会帮助我们摸索出一条把基础教育由升学模式转变为素质教育模式的新道路。通过多年的探索，"成功教育"的教育理念逐步深入教师、学生、家庭，"成功教育"也逐步走向成功。

记得当时有领导对我说：小刘，你现在是名人了。听到这话，我头脑还是清醒的，这是时势造就了我，另外，没有各级领导的支持，家长的配合，社会的关心，哪有什么"成功教育"。

助推"成功教育"居功至伟

上海市教育工会对我们"成功教育"有很多支持。记得有一年，市教育工会主席夏玲英有意安排访问上海的澳大利亚教师工会主席苏珊女士一行到我校参观，让她见识一下"成功教育"。我向代表团全体成员介绍了我们学校"成功教育"的实践，内容包括实验前后的比较、学生的变化、社会的反映。代表团一行人听得津津有味，在我介绍完毕后，一些团员纷纷提问，请我作答。由于我们的实践深入、扎实，我根据实情一一相告，各位团员露出满意神态，并表示首肯。在接待行将结束时，苏珊女士突然提出邀请我去澳大利亚讲学，介绍"成功教育"的实验。我当即表示感谢，陪同的市教育工会主席夏玲英则表示将接受邀请组团去澳大利亚回访。

"成功教育"应该说是面向全体学生的教育，当时在各地已经纷纷进行实践，市教育工会则不失时机地将"成功教育"推向海外，介绍给澳大利亚等国家，居功至伟，同时对于我们的工作也是一个很大的鼓励和推动。

刘京海正在为学生讲述我国首位登月宇航员杨利伟为闸北八中学生创作的《梦想的神舟》电脑绘画亲笔签名的故事，激励孩子们放飞梦想

智力支边影响至深

由于上海市教育工会的器重，我出任普教系统劳模协会会长。我深知责任重大，也非常想做点事情。我印象比较深的是市教委、市教育工会共同发起举办的去边疆云南省的两次组团讲学。

一次是1999年暑期，我们特级教师13人去云南昭通"送教上门"，对少数民族教师进行义务讲学和培训。昭通位于云南东北部，农业人口占总人口90%以上，是个交通闭塞的贫困地区，教育水平的低下也阻碍了当地经济的发展。我们接到这个任务既感到光荣，也感到责任重大，大家都表示一定要做好这件事。记得我们去的老师都精心做了讲课准备，物理学科特级教师冯容士更是将自行设计制作的多套物理实验设备带上，尽管行囊沉重，却毫无怨言。讲座结束，冯老师将宝贵的设备无偿送给当地。

我则是事前进行了充分调研，根据老少边穷的昭通地区实际，思考如何将"成功教育"的报告尽可能适应当地的推广。我的讲座主题是"为了每一个学生的成功"，向听讲老师介绍了"成功教育"的理论，以及帮助后进学生走向成功的实例。具体说来，重点阐述了"成功教育"三个方面的内涵：一是人人可以成功，二是人的成功是多方面的，三是把成功心理等内部机制作为培养目标追求。在实践操作层面，我着重谈了通过"低起点、小步子、多活动、快反馈"的方法改进课堂教学，培养学生的成功心理；在教师层面，则要求更新教育观念，提高自身师德修养；在家长层面，老师应该做好家长工作，取得家长配合，助孩子成功。讲座得到的反馈是：听众对"成功教育"有了明晰的认识，特别是"成功教育"需要从学生、教师、家长三个方面创设氛围去进行实践。这次讲座让我感动的是，礼堂座无虚席，不少教师是翻山越岭，走了几天来听讲座的。

2007年1月，市教育工会又组织我们到云南勐海地区送教。我就"成功教育"的基本思想与课堂改革进行了教学讲座。我主要阐述了"成功教育"的研究起点是针对那些学习有困难的学生，强调教师要采用各种积极的方法，使学习困难的学生恢复对学习的信心，"帮助成功"是这一课堂教学模式的内涵。来自景洪城区各中学小学的校长、骨干教师听取了讲座。这次送教上门同样是收到很好的效果。特别巧的是，有一位赵燕老师曾被当地教育部门选拔，送到我们学校培训过，和我认识。这次听讲座她也来了。让我感动的是，她背了一麻袋普洱茶执意要送给我。我表示了谢意，但又表示不能收。赵老师说，这是她们家自己种的，只是表示一种感激之情。我被她朴素而真挚的情谊深深打动，于是收下了这份"厚礼"。

通过送教，我由衷地感谢来听课的老师们，也由衷地感激上海市教育工会为我们创设了这样的机会。

钓鱼比赛活跃生活

"成功教育"日益深入人心，而"成功教育"相当程度上仰仗广大教师。

我们中小学老师的工作很繁重，平常他们把心思都用在教学上，课余生活比较单调，长期处于紧张状态，对推动教改殊为不利。我则不然，即便工作压力再大，也要适当作点调节，放松一下，以利于工作的开展。我的放松就是钓鱼。实践下来，我感觉它的确是个愉悦身心的活动。于是，我们先行在学校教师中组织钓鱼活动，以后我又向市教育工会建议开展钓鱼比赛。这个建议得到市教育工会的认同，于是我们开始积极筹备，我还主动担任上海市教工钓鱼协会会长。在紧锣密鼓的筹备工作之后，2003 年第一届海峡两岸"宜居"杯教师钓鱼比赛开始了，有 200 多人参加。比赛丰富了教工业余生活，促进了台湾地区和大陆的相互了解。以后，这项比赛扩展到高校，上海市教委机关干部也有人参加，规模和影响越来越大，现在已经举办了十几届，并且成为上海钓鱼协会的一个比赛项目。实践证明，钓鱼活动对调节老师的紧张工作，助推教育改革都很有益处。

工会会员要有主人翁精神。我是喜欢提建议的，在市教育工会组织的会议中，我曾经多次为政府的工作以及教师的工作、生活等努力建言献策，并被采纳。我这样做的理由是，工会是我们的家，它给了我们温暖，给了我们进步的台阶，我有理由为工会所思、所想、所为。

多年来，我积极进取，为工会做了一些力所能及的事。上海市教育工会已历七十寒暑，放眼未来百年，衷心希望我们的上海市教育工会越走越好。

（采访整理/李北宏　照片来源/本人提供及朱水苗拍摄）

王如竹：
眼界教育决定人生格局

【人物简介】

王如竹，1964 年出生，上海交通大学制冷与低温工程研究所所长，"长江学者奖励计划"特聘教授，国家杰出青年科学基金获得者，国家基金委创新群体负责人，万人计划科技领军人才。以第一完成人获国家自然科学奖二等奖 1 项、国家技术发明奖二等奖 1 项；个人获国际制冷 J&E Hall 金牌、国际热科学 Nukiyama 纪念奖、亚洲制冷学术奖、国际制冷学会最高学术奖 Gustav Lorentzen 奖。25 项国家发明专利获得转化与应用，产生了显著的社会效益和经济效益。个人曾获国家教学成果奖二等奖（2009，排名第 1）。荣获国家级教学名师、全国模范教师、上海市首届教书育人楷模、全国五一劳动奖章和全国先进工作者等荣誉。个人工作室 2015 年被评选为上海市教育系统"劳模创新工作室"，2018 年被评选为上海市"劳模创新工作室"。

【访谈实录】

专项计划助力科研环境提升

1990 年，我从上海交通大学博士毕业后留校任教。当时，研究条件很落后，没有先进的设备支持高温超导、低温测量这些先进的实验。学校来实验室拍录像，说王老师你这个实验室条件太差。我也很无奈，没有资金的支持，实验设备的升级就难以实现。我只能跟着老教师，想办法通过各种工程筹措资金。后来我联系到了苏州市红十字医院，帮助他们做液氧供氧项目。工程项目完成后与带队老教师商量，从工程项目经费结余中拿出八千多元购入一台带有 IEEE 接口的数字电压表，这样可以开始利用计算机做物性测量。

工作初期，实验室里的所有事情都必须我亲力亲为。等到后来开始带研究生，有了助手之后，项目逐渐增加，规模不断扩大，我对建设一个先进实验室的需求更加强烈了。在我们的研究过程中，很多工作需要专业的工程技术人员来完成，这样我才可以更多地从科研方向进行研究，不断将技术进行提升。

上海市科委的"启明星计划"，对促进优秀青年科技人员成为学科、技术带头人起到了很重要的作用，完全是雪中送炭。1993 年，我申请成功后，获得了一笔五万元的资助经费，用于建设专业的实验台，这为我后续开展研究提供了很大的帮助。回想起来，"启明星计划"真的是给了我科研道路上的"第一桶金"，解决了当时的燃眉之急。

后来，我开始组建自己的团队，带领年轻教师，逐步走向独立，并且入选了上海市教委"曙光计划"，成为第一批"曙光学者"。上海市教委做了很多努力，扶持高校系统里优秀的青年教师进行科研，对我们"曙光学者"也非常重视，我与一些老领导因此建立起了很深厚的感情。对我个人来说，早期的一些科研项目离不开市教委、市教育工会的帮助与支持，他们组织举办各种考察活动和学术会议，促进了大家相互交流学习，让青年学者开阔了眼界，为后续的科研打下基础。

"劳模工作室"屡创科研佳绩

近年来，教育工会在全市范围内开展了"劳模工作室"的评选活动，旨在弘扬劳模精神，发挥劳模的示范带头作用，让一个劳模带动一支队伍，形成可以复制和推广的经验，对于高校来说更需要突出教书育人和科技创新。

作为 2014 年"上海市劳模年度人物",我们学校工会首先选择我成立劳模工作室,然后在 2015 年参评了上海市教育工会"劳模工作室",又于 2018 年参评了上海市总工会的"劳模工作室"。在建设和评选的过程中,我带领的劳模工作室团队也在不断学习和提高。

我的劳模工作室目前专注于节能减排创新研究和人才培养,科研成果十分丰富,主持了很多国家重大和重点项目,节能减排系列成果实现成果转化与工程应用。同时,工作室也进入了国际制冷空调与能源利用的前沿,在热泵与制冷行业、太阳能热利用行业、绿色建筑能源系统等众多领域起到了学术创新及科技引领作用,影响力不断提升的同时,也得到了国际上的认可,并斩获了很多国际大奖,比如国际制冷最高奖 IIR-Gustav Lorentzen 奖章、国际热科学大奖 Nukiyama 纪念奖。未来,工作室将继续围绕节能减排,开展节能节水和资源再生利用等涉及人类社会可持续发展的关键问题研究,为造福全人类贡献工作室的智慧,同时也会紧密服务国防和相关高新技术产业。

对于科研人员来说,眼界是很重要的。我们早就过了追求论文数量的阶段,而是要做从 0 到 1 的高水平研究,也就是完全创新的研究。想要达到这

2018 年 8 月在北京召开的第 16 届国际传热大会上,王如竹(右一)接受日本传热学会颁发的 Nukiyama 纪念奖

样的水平，要求我们站在一定的高度去看待问题。所以我很重视参加一些国际性的专业会议，带领工作室里的年轻人与本领域的顶尖专家、学者进行交流，不断拓宽自己的视野，更多地开展一些前沿性的研究。近年来，劳模工作室培养的研究生和本科生屡获国内国际多项大奖，相关学术成果也在国际顶尖期刊发表。

随着社会需求的变化，劳模工作室的科研范围逐渐扩大，技术也在不断革新。我希望每位成员都可以有一个固定的角色，在自己的岗位上做好做精。从基础研究到应用研究，再到产业化，这就好比是一条生产线，我作为劳模工作室的负责人，把他们串联起来，形成一个整体。我认为，一个人在成长过程中需要不断学习，而我们这个工作室创造了一种积极的氛围，让优秀的人集中在一起，这样大家之间也会相互影响、相互学习，从而共同进步。我想，这就是成立"劳模工作室"最重要的意义。

"第二课堂"促进学生德育培养

作为一名教师，教学与人才培养无疑是放在第一位的。当然，在基础的课堂教学之外，思想教育同样是很重要的。我认为教育学生，不仅要告诉他们应该做什么，怎么做，更重要的是在这个过程中指导他们如何进行自我评价。学习实际上是一个不断反思的过程，时不时也要停下脚步，思考这一段时间的学习和科研中有什么需要改进的地方，只有这样才能真正积累经验，得到锻炼和成长。另外，人才培养必须帮助学生找到自己的兴奋点，这样他才会有积极性，主动进行研究，学习和科研成果才能有爆发式增长。所有的学习和研究，如果没有兴趣的话，学生就不会全身心投入其中，也就出不了好的成果，这一点是很重要的。

近些年来，学校开始鼓励建设专职科研队伍，我吸收了很多博士、博士后进入我的团队，其中也有不少是我曾经带过的学生，这对他们来说也是多了一种就业选择。当然，我更加希望在各行各业，尤其是国家有重大需求的地方，看到他们的身影。所以我常常和学生们说，毕业之后选择工作，不能只看眼前的薪酬，还要考虑未来的成长空间，眼光需要放得长远一点，这样才能得到真正的进步。

现在的年轻人正面临着"百年未有之大变局"的机遇与挑战。对于学生来说，不仅要学好专业知识，也要有较高的人文修养。我们大学需要培养的是具有国际化视野的人才，只有关注国际民生大事，才能有更宽广的思想，这样的学生才会有竞争力，不仅是在国内，在国际上也能得到认可。所以在教育的过程中，我特别注重增强他们的责任意识，不仅是对于本民族的责任，更要肩负起全世界的责任，真正贯彻习近平总书记所说的建设"人类命运共同体"的理念，培育能助力中国走向世界舞台中心的人才。

（采访整理 / 王可璇　照片来源 / 本人提供及谈乐达拍摄）

杨　荣：
师者，传道育人也

【人物简介】

杨荣，1966年4月出生，上海市特级校长，正高级教师。1988年上海师范大学中文系毕业后先后任教于上海市大境中学、上海市明德中学，后调任南市区教育局小教科科长。1999年1月担任上海市实验小学校长至今。中国共产党第十八次、第十九次全国代表大会代表。全国先进工作者，曾获全国五一劳动奖章、上海市教育功臣（提名）。享受国务院颁发的政府特殊津贴。

【访谈实录】

为学校"品牌"助力，为上海教育添砖加瓦

我本平凡而简单，因从事了教育这个伟大事业，而拥有了人生的精彩。2015年，全国劳模光荣榜公示，我也成为其中的一员。作为劳模的"娘家"人，长期以来上海市教育工会给予我们学校的历代劳模们极大的宣传、支持与帮助。

回想起1999年年初，一纸写着"上海市实验小学校长"的任命通知书被送到了我的手中，让我和这所百年名校结下了不解之缘。刚到上海市实验小学（以下简称"上实小"）时，我心里是有点发怵的，突然被推到了管理的最前沿，我经历了心理断乳和职业成长的磨难。

上海市实验小学是一所百年老校、名校，所蕴含的人文精神，以及深厚的校园文化底蕴，影响、辐射了整个区域的教育。百年长河中有首任校长李廷翰心怀教育救国之志、悲天悯人之怀的"小学校，儿童幸福之起始"，有蒋卓慕校长的睿智与多思，有袁瑢校长的敬业与严谨，有刘元璋校长的大气与亲切。在不同历史时期，上实小几代劳模热爱教育事业、淡泊名利、无私奉献，他们为学校的"品牌"助力，为上海的教育添砖加瓦。

有一年八月，骄阳似火。一位老人带着孩子，硬要闯进校园拍照。门卫招架不住，向我求救。我亲自接待了他们，眼前是一位两鬓斑白的儒雅老人和一位文质彬彬的英俊少年。老人向我叙说："60 年前我是万竹 * 的学生。我的人生是从万竹起步的，后来我把儿子也送到这里，他受到优质的教育。我的孙子也是这儿毕业的。这里的一砖一瓦，一草一木，都留下我们祖孙三代童年的印记。听说母校即将拆迁重建，我们想赶在母校拆除前，把这儿的一切拍下来，留作纪念。"

校友离开后，我思绪万千。为什么一代代的人离开学校后，仍以学校为一生的骄傲？这种骄傲源自学生时代感受到的人文关怀，它打动孩子的心灵世界，产生了对学校恒久的感恩；这种骄傲源自学校人才辈出，在社会产生巨大反响，它震撼孩子的心灵，令其产生自傲之感。我也坚定了"让校园成为放飞儿童梦想的地方"的信念。

在了解全国以及全球教育发展的趋势后，我选择了应该做的事：1999 年第一所小学网校、2002 年开放课程、2010 年学校教育评价平台、2018 本土学生项目学习等都是智慧的教育再生成；1999 年海选开放式特色"小龙人"评选活动、2003 年学生行政班与选择班双轨运行、2014 年小学能量积分评价系统等，用学生喜欢的方式办学生喜欢的学校。

---

* 万竹小学是上海市实验小学的前身。

接续历史，更连接未来

"师者，人之模范也。"也是从 2015 年以后，我更深刻地理解了这句古语的内涵。在学生眼里，老师"吐辞为经、举足为法"，具有很强的示范性，一言一行都给学生以极大影响。

作为百年老校的校长，我既要顺其文脉接续历史，更要连接未来，做一位静心的学校守望者。上实小从创办伊始就以教师精良著称。秉承首任校长 1911 年提出的"小学校，儿童幸福之起始"的办学宗旨，我们建立了"开放教育，尊重生命"的治校策略，率先在办学形态、课程领导、队伍建设等方面展开突破性研究。"师资精良"是上实小历任办学者眼中的重中之重，"爱心为核心，专业为重点，学术为亮点"是学校教师队伍建设的总体目标，由此让教师更好担当起学生健康成长指导者和引路人的责任。

杨荣（左五）参加劳模先进事迹宣传表彰活动

在教育改革的过程中，我们始终走在前列，也不断得到了上海市教育工会多方位的关心和支持。学校有坚持 30 多年举办"五四"教学评比的传统，为不同职业发展阶段的教师提供学习、展示的机会；学校形成了"与文化对话，与书香同行"的师道滋养系列和以教学研修、教育科研为支持的专业提升制度；以个人规划、点对点式的个人成长支持系列，让学校在整体做强队伍的同时，不断涌现优秀教师团队。通过参加教学竞赛活动，一大批学科素养高、教学能力强、深受学生喜欢的青年教师脱颖而出，并代表学校参加上海基础教育青年教师爱岗敬业教学竞赛。

近年来，在上海市教育工会的持续推动下，上海教育系统各级工会组织积极围绕和服务上海教育综合改革，以爱岗敬业为引导，以"青春在讲台"为主题，以加强基础教育青年教师教学基本功为重点，持续组织开展青年教师教学竞赛活动，使一批有理想信念、有道德情操、有教育情怀、有仁爱之心和扎实学识潜力的青年教师脱颖而出、崭露头角。

教学竞赛活动不仅得到广大青年教师、专家名师以及教育行政部门的认可和好评，而且在教育系统乃至全社会的辐射力、影响力也越来越大。特等奖青年教师还能申报"上海市五一劳动奖章"。爱岗敬业教学比赛在弘扬先进人物的同时，举全力培养教育界未来的领军人物，精准主抓课堂教学，对青年教师的教学能力、对教材的理解、对教学单元的设计要求很高，这让更多的教师能在课堂教育的环节中深耕课堂，在青年教师中形成了强烈的反响。对于我来说，通过推选教师参赛和观摩大赛过程，我也可以回过头来"对一对表"，看看我们基层的青年教师还可以做什么，还需要补什么，还能够抓什么。

从 2012 年起，上实小成为上海市教师专业化发展学校暨见习教师规范化培训基地，从此上实小教师队伍建设进入了立足本校、联动区域的 2.0 时代。学校形成了用文化滋养职业认同，用实践提高专业能力，用榜样引领自觉专业成长，用绩效考核与评价激励保障整体发展的集制度、活动等于一体的有效方法。教师是学校的第一资源，"以爱心为核心，专业为重点，学术为亮点"的师德建设，历经了 20 多年的坚持，形成了"今天，我们如何走进课堂""与文同行"等五大经典品牌活动，引导教师与文化对话，与名师为伴，唤醒教师的职业荣誉感和责任感。学校教师发展成绩备受关注，历年培养了高级职称教师 32 人（其中正高级 1 人），3 名省部级以上"先进工作者"，培养输送校级干部（教研员）11 人，15 名教师进入上海市"双名工程"培养或名师基地，30 多位教师在区级以上教育教学活动中获奖，上海市实验小学也获"2019 年上海市教师发展专业优秀学校"称号。

我愿在传道育人中做好百年名校的接力者以及教育事业的接力者，以理想为目标，以责任为情怀，以感恩为内驱，在敬业勤勉中成长，在不断超越中发展。

（采访整理/魏　黎　照片来源/本人提供及余盈恺拍摄）

姚启明：
不忘初心，砥砺前行，每一步都伴随着爱的温度

【人物简介】

姚启明，1978年1月出生，现任同济大学建筑设计研究院汽车运动与安全研究中心主任，全国示范性劳模和工匠人才创新工作室、上海市劳模创新工作室领衔人、中国汽车摩托车运动联合会专家委员。被誉为"中国赛道设计第一人"，是中国唯一一位获得国际汽联许可的国际赛道设计师。曾获2007年全国建设系统先进工作者、2014年上海市青年五四奖章、2017年全国示范性劳模和工匠人才创新工作室（首批）、2018年全国五一劳动奖章、2020年全国劳动模范等荣誉。

【访谈实录】

我和上海市教育工会结缘于2012年。那一年，我的劳模关系刚刚从建设系统转到教育系统，我们的赛车场设计与安全研究创新工作室被评选为上海市劳模创新工作室，也是上海市教育系统第一家劳模创新工作室，从那时开始，我便得到了市教育工会的很多关注、关爱和支持。在上海这座钢筋混凝土的国际大都市里，市教育工会就像一个温馨的港湾，常常让我体会到温暖的家的感觉。都说高处不胜寒，特殊的工作让我时常与孤独为伴，而市教育工会细心的一张贺卡、一份关爱总是像寒冬里的一股暖流，让我备感温馨，也让我觉得自己有义务、有责任更好地服务社会，努力燃烧自己，散发出更多的光和热，用自己擅长的方式把这份爱与温暖传递给更多的人，传递到更远的地方。

投身公益事业，积极服务社会

上海市教育工会对我的关爱是无处不在的，这种关爱于我而言更多的是一种鞭策，让我时刻提醒自己，要坚持梦想、不忘初心，更要不断地站在新的起点上，以更高的标准要求自己。

在工作上，我带领团队勇于创新，砥砺前行，累计规划设计赛车场一百多个，推动了汽车运动行业的健康发展；取得创新成果六十余项，广泛应用于国际赛道安全、道路安全研究和公众安全驾驶培训中；创造出了三十多个"中国第一"，把我和祖国紧紧地连在了一起……当我的名字一次次和赛车场的图腾一起被写在祖国大地上时，我感觉自己就像一名安全卫士，不断颠覆过往，用技术默默承担起守卫赛道安全的责任。

无论是在工作中还是在生活中，我都始终秉持着积极承担社会责任的理念，投身公益事业，完成公益援助项目二十余个，义务提供技术咨询一千余次。我一直认为为大众提供优质的汽车运动文化服务是我们的责任，因此，我们团队会自觉地为中国大学生汽车教育体验基地建设提供公益服务，义务开展中国汽车运动与文化主题公园等专题研究，义务起草中国首部行业标准，联合青年艺术家创作"有生命的汽车雕塑"系列，通过多种方式让汽车文化走进公园、街道、社区，融入市民百姓的日常生活之中，让汽车文化变得可触、可知、可感。

近几年我和我的团队还花费了大量的时间和精力去研究世界汽车运动的历史，2019 年 6 月，《汽车运动百年史话》一书出版，这是世界上第一部系统研究汽车运动历史的科普书籍。这本书出版后，我带领我的团队通过科普讲座、国际论坛、专题展览等多种形式开展了很多场公益科普活动，从幼儿园里的小朋友，到中小学校园的开学第一课、名师大讲坛，再到高校里的大学生、研究生，我们的公益科普活动潜移默化地影

2020 年姚启明身着 Jennyao 赛车装备代表中国发起"倡导国际汽联道路安全行动"的公益科普计划

响了无数人。此外，我们开发了科普展、VR、历史长卷等多种体验展示产品，通过官网、微信公众号、问卷平台定期发布科普信息，受众覆盖不同行业。我们致力于分享汽车运动百年历史，推广和普及道路安全相关知识，肩负起时代的责任，为普及汽车运动、传播汽车文化和改善道路安全不遗余力。

2020 年的春节，让我记忆尤其深刻。面对突然袭来的疫情，除了想方设法从境外采购防疫物资捐赠以外，我想到还有亿万孩子宅在家中，于是就想通过有声读物完全公益地向孩子们科普一些疫情以外的知识，以缓解他们在疫情阴影下的心理压力，希望以文化架设跨越时空的桥梁，从精神上与孩子们一起走出疫情的阴霾。经过团队紧张的创作后，第一辑的第一话《现代汽车的诞生日》上线。第一辑共 10 话，播出后，很多听众留言，希望能继续推出第二辑。于是，讲述不同国家汽车运动的第二辑《汽车运动史上的人和事》也随之上线，跌宕起伏的曲折历史讲述了汽车运动从发源、诞生、萌芽到繁荣和沉淀的全过程，吸引了很多小朋友的关注，为他们宅在家里的日子增添了一抹别样的色彩，让他们宅居家中，也能环游世界。

发扬劳模精神，走出创新之路

回望过去，我的努力也得到了社会各界的广泛认可，很多荣誉和奖项相继而来。市教育工会总是为我的自主创新搭起了一个个展示成果的舞台，对我而言，荣誉的背后永远是沉甸甸的责任。

2017 年，我们工作室被评选为首批全国示范性劳模和工匠人才创新工作室，我就常常对团队里的年轻人强调：你们也许没有机会成为劳模，但是作为全国示范性劳模和工匠人才创新工作室的一员，你们的身上必须具备新时代劳模的基本素养，要时刻以劳模的标准要求自己，要深刻理解并大力弘扬劳动精神、劳模精神和工匠精神。

那么，什么是劳模精神？对我而言，新时代的劳模精神是在传承老一代优良传统的基础上，要有改变一个行业的梦想、坚持不断创新的激情、站在国际舞台的担当和无私传授经验的胸怀。最重要的是，当梦想变成现实以后，机会多了、选择多了，还能坚守一辈子只做一件事的工匠精神。

作为一名赛道设计师，我深知每一条赛道的设计，在国际舞台上都代表着在这一领域内中国的科技水平，在国内都在服务并引领着汽车运动领域的发展，而更重要的是，她永远与生命息息相关。这是一条永无休止的创新之路，只有不断创新技术、把握前沿、颠覆过往，才能解决伴随高速发展的汽车运动赛车场上遇到的每一个新问题，才能让一个与西方国家比起来没有汽车运动历史的国家，至少从赛道设计领域快速地从国际舞台的边缘走到舞台的中央，拥有真正的话语权。这条路充满了艰辛，因为任何微小的突破都可能带来新的风险，甚至导致车手殒命，我们需要不断地在速度和安全中寻找一个平衡点，而且因为赛车每一年都在变，这个平衡点也一直在变。这条路还充满了诱惑，为了让我们的赛道更有生命力，更有价值，我需要去研究大量的商业模式。我研究商业，但我拒绝成为一个商人。因为科技工作者坚守的是科技报国的初心，肩负的是时代赋予我们的使命，内心绝对不能有一点点杂质，所以每一个赛车场在我眼中都是一个 Baby，而不是 Business。

在这个狭小的领域内坚持创新，注定是一条孤独而漫长的路，艰难险阻会迎面而来，不理解的声音会此起彼伏，但我知道，自己所有的努力都是为了改变一个行业的发展，既然选择了远方，便只顾风雨兼程。

未来，在上海市教育工会的关心和引领下，我将在青年人才中继续传授知识，传递劳模精神和工匠精神，引领培养更多勇于创新、乐于奉献的专业技术人才；在庞大的儿童和青少年群体中广泛传播科普知识、讲述劳模故事，树立劳动光荣、科技报国的人生观和价值观；把劳模精神和工匠精神贯彻到工作和生活的方方面面，坚持科技创新，积极投身公益科普事业，在国内把汽车运动和文化传遍神州大地，在国际舞台上用智慧和技能展示中国崛起的力量。

（采访整理 / 王静宇　照片来源 / 本人提供及何思哲拍摄）

陈明青：
怀抱信念，守正创新，工会伴我一路同行

【人物简介】

陈明青，1975 年 12 月出生。1998 年至今，任华东师范大学第一附属中学政治教师、学生处副主任。全国统编教材编者、上海市德育实训基地主持人、上海市第四期"双名工程"攻关计划主持人。曾获评 2017 年上海市特级教师、2017 年虹口区园丁奖、2019 年全国模范教师、2019 上海教育年度新闻人物、2020 年全国先进工作者。

【访谈实录】

1998 年大学毕业后，我就来到华东师范大学第一附属中学任教，当了一名普通的思政课教师，至今已有 22 年。入职后，我才真正接触并慢慢了解上海市教育工会。最初，我在机缘巧合下成为宣讲优秀教师先进事迹讲师团中的一员，锻炼了自己宣讲的能力，并将优秀教师的精神和工作方法内化为自己的一部分；之后，通过参加和观摩工会组织的各类教师技能竞赛，不断拓宽视野、提升能力，推动自己的职业发展；如今，我获得了全国先进工作者称号，在获得肯定和荣誉的同时，我也更加明白自己身上的责任和使命：弘扬新时代劳模精神，发挥自己的示范作用。

理解认同，从工会中汲取温暖和力量

未接触工会之前，我对工会的认知度并不高。进入学校之后，我才真正接触到了工会，也了解到各级工会是各级党政机关联系群众的桥梁和纽带，也是为广大职工提供帮助和服务的组织。

刚入职一两年时，我就遇上了虹口区工会组织的一次活动——宣讲虹口区优秀教师的先进事迹，工会组织了一个讲师团，我在机缘巧合之下被推荐为讲师团的一员。当时我宣讲的是我校一位优秀教师的事迹。在这个过程中我受益良多。首先，这个活动锻炼了我宣讲的能力。作为一名刚入职不久的老师，给学生上课与向老师宣讲大不相同，听讲对象的转变对我来说也是一种考验和锻炼。更重要的是，我在宣讲和听他人宣讲教师的先进事迹时，会有意地将其中的精华慢慢内化为自己成长的动力。我不仅学习他们爱岗敬业、勇于奉献的精神，还借鉴他们良好的工作方法。这个活动给我留下了很深的印象，从那以后，每当工会组织各类学习，特别是有关优秀人物的学习，我都会参加，而且每次都会有收获。

上海市教育工会经常会组织各种各样的活动，这无形中增强了工会对教师的凝聚力和吸引力。现代社会，城市的工作节奏越来越快，人与人之间也不如以前那么热络，没有外界的支持和帮助，一个人单打独斗的发展越来越难。在这样的大环境中，工会为我们教师提供交流与合作的平台空间就显得十分重要。比如，在推进大中小学思政课一体化教学的过程中，要加快大中小学思政课纵向跨学段、横向跨学科贯通联动，实现思政课内涵式发展。我们几个工会小组联合起来，不同学科的老师坐在一起备课，聊一些生活化的话题，自然而然地带出目前教学中遇到的问题，从而增进对彼此学科的了解，同向同行，让学生接受全方位、多维度的教育。政策规定是硬性要求，工会活动为其增添了柔性。这种柔性对于建立稳定和谐的劳动关系也起了很大作用。很多人愿意通过工会把自己的意愿和想法表达出来，这是一个很重要的纾解渠道；遇到很难直接跟领导开口的事情，我和其他老师都愿意和工会的领导说一说，而工会也切实地帮我们解决了问题。可以说，工会是我愿意依赖的组织。

守正创新，突破专业发展的瓶颈

入职之初，我在上海市第一位思政特级教师蔡立维手把手的指导下，进入专业发展的快车道，入职一年就在虹口区说课比赛中获得了一等奖，我也凭借这个成绩获得了一次在市级公开课上展示的机会。我觉得自己的表现很不错，将书本上的知识点及其背后的逻辑体系讲得很清楚。但另一位开课老师周增为向我们展示了完全不同的一节课，给了我很大的触动：原来还有一种讲课方法是从学生的角度出发，根据他们的实际需求去搭建一节课的框架。我认识到，自己原有的授课方式需要做出一些改变。

2006 年，我成为上海市思政课研究实训基地的第一期学员。那时，我已经获得了上海市公开课一等奖、虹口区公开课一等奖、上海市论文奖等不少奖项，凭着这些奖项，我可以比别人早一年评上高级职称，只需安心带好高三即可。但我不想就此停下，我想超越自己。来到实训基地后，所有学员都必须讲公开课；上完课，还要互相评课，不说优点，只说缺点。我每次都要花好几天时间去写稿、改稿。在不断地撕扯和碰撞下，我欣喜地发现自己上课的既定模式被打破了。这段经历让我明白，原来专业发展没有天花板！2013 年，我加入了上海市"双名工程"，2017 年结业。这 5 年间，我几乎跑遍了上海所有的学校，听了数不清的报告，接触了许多老师，了解了许多区、县学校的教育特色。这种积淀对我来说非常重要。所以，结业后我并没有离开基地，而是甘愿做"留级生"。从教 22 年，在专业成长的路上，我一直上下求索，试图突破专业发展的瓶颈。我心里清楚地知道，如果仅仅做囿于书

2020 年，陈明青（左二）在和学生讲"四史"故事

房里的老师，是要落后的。

在教师的专业成长道路上，工会发挥着重要作用。工会组织的各类教师技能竞赛，引领教师的职业发展，为教师搭建了展示才能的平台。很多教师在入职后，鲜少有接受系统性培训的机会，更多是要靠自己摸索和提升，而各类技能竞赛就为教师的专业发展打开了一扇窗。在参加或观摩教师技能大赛时，我可以从参赛老师的身上学到很多东西，不仅有钻研和创新的精神，还有好的方法和策略。比如，我们可以借鉴计算机技能比赛中所展示的现代信息技术，制作小程序来统计学生做题的正确率，或制作调查问卷来统计和分析学生们对某个问题的看法；有时比赛并不分文、理组别，我看到一个立体的生物实验时心想，这个实验若是带到思政课堂上，我可以用来讲哲学中的量变与质变……高中政治教材的内容非常丰富，思政课堂也应包罗万象。当代思政教师要立足学科前沿，不断寻求有效的教育资源，在自己的专业发展之路上永不止步。

坚守初心，弘扬新时代劳模精神

在高考填报志愿的时候，我填了两个，一个是父母希望我读的外语系，另一个是我自己想读的政教专业。那时的中小学政治老师的地位并不高，亲友师长都劝阻我。但我想，当一名思政课教师，告诉学生世界的发展方向，引导学生的未来走向，也是非常有意义的。我从上海师范大学政法系政教专业毕业后，就来到了华师大一附中当起了思政老师。那时，身边的很多同学都把去外企当作最好的选择，但我对自己的选择毫不后悔：能对他人产生好的影响比我到外企拿高一点的工资更有价值。

坚定入职之初的职业信念，并且一以贯之是十分重要的。我们学校有一位第二年就要退休的老教师，那时办公自动化开始推行，他就去学。很多人都问他："你明年就要退休了，为什么还要难为自己学这个？"他是这样回答的："我还有一年的课要上呢，怎么可以不懂！"他不追求很高的职称，也不追求一官半职，他不过是最普通的老师，勤勤恳恳地埋头在自己的课堂，抬头时要求自己知道最新的动态。我从这位老教师身上看到了信念。现代社会很多人都在追求名和利，追求不到会失落。我们就更需要坚定信念，信念就是我要在这个领域做到最好，即便什么也没得到。我可能一辈子都只是一名普通的思政课老师，但这样也很好，因为我上好了自己的每一节课。我认为，在教师领域，信念比追求更重要。

我很庆幸自己可以怀抱着坚定的信念，一直奔跑在"育人"这条路上。一路走来，我有成长，有收获。我现在获得的荣誉都离不开学校、社会的支持和认可。我所能做的就是铭记初心，勇担责任和使命。去年，我担任了上海市第四期"双名工程"攻关计划（中学思想政治）的主持人，在这个平台上，我可以把自己在专业成长过程中的经验都分享给还在门外的老师；2019年3月18日，我作为全国高中思政课教师代表，在习近平总书记主持召开的学校思想政治理论课教师座谈会上作主题发言，向总书记汇报情况。会后，我奔赴全国十多个省市和地区作报告，宣传和落实习近平总书记在座谈会上的讲话精神；2020年，我获得全国先进工作者荣誉。这些荣誉对我来说是一种认可和激励，也意味着要承担更多的责任，并在工作中努力把加强学校思想政治教育落到实处。

　　劳模精神也是一种信念。工会通过开展劳模评选表彰管理服务工作，大力弘扬劳模精神，在精神层面给予了我们很多指引。新时代对于人才的要求有所变化，但劳模身上一定有一些共性的东西，他们的精神、品格、专业技能等都值得我们学习。上海市总工会和市教育工会可以为劳模的跨界交流提供更多的机会，加强劳模的队伍建设，并通过教育引导、舆论宣传和制度保障，培育和造就出更多具有劳模精神的时代新人。

　　　　　　　　　　（采访整理 / 楚静静　照片来源 / 本人提供及李立基拍摄）

仇忠海：
劳模背后的教育追求

【人物简介】

仇忠海，1949 年 3 月出生，上海市特级教师、特级校长，中学正高级教师。上海教育学会副会长。1984 年开始先后任塘湾中学、友爱实验中学和七宝中学校长。荣获全国优秀教育工作者、上海市十佳"我心目中的好校长"、上海市劳动模范、上海市教育功臣等称号，享受国务院政府特殊津贴。

【访谈实录】

校长的重要职责，是做好服务者的工作。在一个呼唤全人的时代，以实现学生的个性、全面、全员发展为宗旨的素质教育，要求我们把学生当作一个完整的生命体，而不只是认知体；把学校生活看作是学生生命历程的重要阶段，而不只是一段学习的经历。教育的终极目的是人生价值的实现，其真正意义在于使人幸福，帮助学生学会做人，学会做事，帮助他们懂得为何而生，何以为人。

实现"友爱"飞跃，办好农村教育为地方经济发展服务

1988 年，我到友爱中学做校长。当时的友爱中学是一所农村中学，孩子基本上都来自附近的村子，学生学习的氛围不浓，学校的硬件设施较差，再

加上乡村（镇）学校师资有限，整体的办学质量在上海县级 33 所初中学校中是最低的，每届二百多个学生中只有十多个能考取高中。想要改变友爱中学的面貌，需要下一番苦功夫。

针对这些问题，我们提出了"农村教育要为地方经济发展服务"的方针。我希望这些孩子们即使留在农村，在掌握了现代养殖业和现代种植业的知识后，也能很好地生存和服务于社会。因此在学校原有的基础上，我们在校园中建立了"七小园地"，由学有专长的劳技教师杨玉泉领衔，亲自教学生怎样养殖黄鳝、牛蛙、螃蟹，怎样种植金针菇、葡萄等等，还专门编写了相关教材，引进生物系毕业生当老师，将学校"劳动技术教育"特色做强做大。事实证明，这一举措很有效，劳技课程在学生中非常受欢迎。

同时，我对整届学生进行了分析，针对不同的学生推行不同学制，对部分学习困难、今后有意从事农业工作的农村学生，实行"2+2"学制，即两年完成学业，两年学习现代种植和养殖技术，提前培养劳动技能。对于城镇户籍的学生，实行"3+1"学制，保证学生参加中考。如果考试没有录取，学校还将对他们在缝纫或车钳刨等方面进行培养，为他们铺平后路。对于这样一所农村初中，我们很早就在探索"普职"渗透。孩子们出身农村，对父母的劳作耳濡目染，对农业技术很有兴趣，也通过这一过程慢慢培养起了学习的热情。而更多的孩子则通过学习农业知识，感受到学习是一件能够改变他们人生的事，因此更加积极地投入到学习中。

与此同时，我在学校管理上尝试实施目标管理、能级管理、民主管理、质量管理等先进管理理念，率先进行了教师奖金分配的改革，整个学校的面貌很快就发生了改变，渐渐在社会上有了一定的影响力。

我在友爱中学当了六年的校长，学校连续三次被评为上海市加强初中先进单位，整个学校的成绩也从上海县级 33 所初中的末位一跃成为第一名。因为在办好农村教育的同时也为地方经济发展服务方面作出了贡献，我自己也在 1990 年被评为上海市劳动模范，1991 年被评为全国优秀教育工作者。我感受到我的努力能够帮助学生在学好文化知识的基础上，还能学到一点生存的本领，这很有意义。

调任七宝，引进"研究性学习"进一步推进教改

1994 年我被调到七宝中学担任校长，当时七宝中学人心涣散，骨干教师流失严重，我到七宝中学的那天，办公桌上放了五张请调报告；学生不愿意戴校徽，看不起自己的学校。这所闵行区唯一的"市重点"当时没有校务办公室、心理咨询室、教科研室，也没有任何规章制度，连校旗校标校歌也没有。看到学校的状况这么差，作为曾经七宝中学学子的我，下决心要改变这所学校。

刚开始的三年，我提出了"内抓凝聚力，外打知名度"的办学策略，主要加强学校人际关系建设、教师学术环境建设和校园文化环境建设，建立年级备课组，统一教学要求。从来到七宝中学第一天起，我就"扎根"在了学校。虽然家就在闵行，但从周一至周六我都住在学校里，与师生们一同度过，这一住就是三年。我始终认为，做校长，先做人再做事，我的人生信条是"与人为善，成人之美，常怀感激之心"。我这个人比较宽容、谦和，从不居高临下，老师和学生都愿意找我谈话，有困难也愿意找我帮忙。

经过两年的整顿和改革，学校老师和学生的面貌都有很大的改善。这时候，我发现不少高中都在强调学生的成绩和升学率，我觉得这样的教育模式对学生的全面发展不利，应当提倡"人之为人"的教育诉求，让教育回归到"育人"的本质上，培养具有一定人文素养和较高文化品位的全面发展的学生。

1996 年我提出了"全面发展，人文见长"的办学理念。"全面发展"是

指在每个学生个性充分发展基础上群体的全面发展。人文见长是学校的办学特色，这里的"人文"是指"人之为人"的一种文化精神，核心价值是培养学生的三观，让我们的学生通过教育理解生存的价值，提升他们的道德风貌和人文素养。在学校的管理方面，鼓励人与人之间形成相互尊重的和谐氛围。人文素养的培育目标就是培养学生七个方面的素质：与人为善的品质，求真务实的精神，爱国报国的情结，自主、自律、自强的能力，与他人、与社会、与自然相处的能力，为他人、为社会甚至为整个人类承担责任的人生态度，开阔的胸怀以及健康的心理和完整的人格。

在此期间学校推出了一系列举措，例如创办阳光屋、爱心办公室，推动心理健康教育、"合作与竞争"教育、现代人格教育、感恩教育、学生自主管理，以及校园文化建设等等，改革力度很大，学生的反响也很好。

1997 年搬迁至新校址后，学校开始专心致志搞课程改革，1998 年秋开始设计和开发了"开放性主题活动课程"，1999 年 2 月在上海率先以必修课形式开展研究性学习。学校每个星期五下午拿出三节课让学生进行研究性学习，比如走出校园做社会调查，当一回访问学者等等，这一学习方式取得了非常好的效果。继而，在学校内涵建设方面，持续五年时间做了三桩大事：全体教师的校本培训；课堂教学的创新研究；制度化地设置了全年 8 个主题文化节活动，并适时提出了"平民本色，精英气质"的育人目标。经过全体师生的不懈努力，2004 年七宝中学通过了上海市实验性示范性高中的终结性评审，2005 年初挂牌成功跻身首批 28 所实验性示范性高中行列。

从一所相对薄弱的"市重点"到如今成为上海市知名的实验性示范性高中，七宝中学的发展离不开先进的办学理念、管理思想、队伍建设、课程建设、课堂教学改进、文化建设等等。办学治校没有捷径可走，关键在于学校能否呈现一种高聚合力的团队精神和持续高涨的工作热情。2015 年，我第二次被授予"上海市劳动模范"称号。

2020 年 9 月仇忠海在七宝实验中学接受采访

创办七宝中学教育集团，筹建七宝德怀特高级中学

为了提升周边学校的教学质量，切实推进义务教育优质、均衡、高位发展，2005 年 9 月 28 日，在上级行政部门支持下，我牵头成立了"七宝中学教育集团"。集团的理念是"资源共享、优势互补、和衷共济、共同发展"，推行的是"公益导向、平等互助、文化引领"。由我担任理事长，带领七宝中学、文来中学的优秀管理和教师团队，通过组建"发展督导团队"、举办"集团校长发展论坛"、建立大走访制度、成立"初中教学联合会""高中教学联合体"以及干部挂职、教师结对、学生留学、骨干教师柔性流动、资深专家驻校指导、同学段校际结对、联合教研学业诊断、智慧交流、学科竞赛、学科组年级组跨校高频次互动等一系列举措，有效推进了成员校干部管理理念的转换和教师专业的发展，每个成员校整体办学质量都得到了有效提升。2005 年 9 月以来，集团从最初四所学校发展到今天有十六所，教职工逾千人，学生逾万名，逐步形成了"教育科研优质平台、课堂教学示范基地、教育人才发展高地、文化特色核心区域"的格局，为上海市大力推进学区化、集团化办学提供了鲜活的经验。

2011 年 9 月，我们开始筹建七宝德怀特高级中学。在筹建七宝德怀特高中时我们也遇到了很多困难：如何解读国家政策，如何探索高中阶段中外合作办学的可行模式，如何开发中西融合的国际化课程体系，如何培养国际化创新型人才，都是一个个挑战。最大的困难是如何找到一个好的合作伙伴。为此我们两次赴美，最终找到了纽约德怀特高中，这所学校是有世界眼光的，在全美最早引进 IB 课程（即国际文凭组织 IBO 为全球学生开设的从幼儿园到大学预科的课程），也是美国第一所建立海外国际校区的学校，更可贵的是办学理念与我们相近。

七宝德怀特高中首先解决了办学机制创新的难题，走的是"政府支持，民办运作"的道路，政府和学校各司其职。其次解决了办学自主权的难题。我们采取的是中外合作双方自主商定的合作模式，在理事会架构、管理运营、课程设置等方面体现中方办学的自主权。坚持公益导向，不以营利为目的，办学结余主要用于教育教学活动、改善办学条件和师资待遇。七宝德怀特高中能够顺利成立并成功运转，同样离不开各级政府和教育行政部门的支持。能够放手给予校长充分的办学自主权，能够从政策、机制方面为学校提供支持，是校长办学出成绩的重要保障。

2015 年，我被上海市总工会推荐为上海市劳模年度人物。当好一名校长，办好教育，是我的职责和使命。在我看来，无论赋予教育什么样的功能，一切教育活动归根结底是要成就学生，而学生是有思想、有情感的人，因此，教育活动本质上就是一种文化浸润心灵的活动，要让教育循乎人的本性，顺乎教育规律，帮助人实现全面发展、个性发展、自由发展，引导人实现科学理性与人文精神的和谐统一，实现身、心、智的协调发展，实现真、善、美的完整结合。

（采访整理 / 金浩文　照片来源 / 本人提供及朱水苗拍摄）

唐盛昌：
教育工会似深入基层的毛细血管

【人物简介】

　　唐盛昌，1942年出生，上海市上海中学原校长、上海中学国际部创始人，上海市数学特级教师、中学特级校长、正高级教师。现任上海市基础教育国际课程比较研究所所长；上海市基础教育国际课程比较研究与咨询中心主任。曾任上海市曹杨二中校长、中国教育学会副会长、国际文凭组织（IB）校长委员会委员等职。获评全国教育系统劳动模范、人民教师奖章、上海市首届"教育功臣"，享受国务院政府特殊津贴。

【访谈实录】

　　从1989年到2013年，我担任了24年的上海中学校长。在这24年中，学校得到了较好的发展，取得了为国内国外同行认可的一些成绩，在拔尖创新人才早期培育、普通高中课程图谱、国际课程、数字化校园等方面留下了改革的印迹。

　　我觉得，教育最核心、最关键的不是让学生们得到一个好的分数，而是要让学生得到更全面而有个性的发展。从教师的角度出发，我希望有一批学生能在我的课堂中得到非常大的提升，为他们今后人生道路的发展打下坚实的基础；从校长的角度出发，我希望通过我与团队的共同努力，让学校适应社会不同层次的需求，譬如上海中学通过教育改革已经走到了上海乃至全国的前列，在国际上也产生了一定的影响力；从教育工作者的角度出发，我觉得自己能够为我国的学校教育事业作出一点贡献，是非常自豪的。

回忆我与上海市教育工会的点滴，有开诚布公的建言献策，也有关怀备至的暖心故事。在我看来，市教育工会就像是深入申城教育领域基层的毛细血管，输送着新鲜的血液，推动申城所有教育工作者凝心聚力，共同促进上海教育的全面发展。

聚焦教育发展瓶颈，建言献策

上海教育改革以来，培养了大批国家发展需要的各行各业建设人才，取得了教学教研的巨大成就，这离不开所有上海教育人的群策群力。

记得 2008 年，为促进上海教育又好又快发展，市教育工会举行座谈会，专门邀请了本市高校、普教、民办学校的全国劳模、全国模范教师、市劳模、市教育功臣等，就破解教育发展瓶颈问题献计献策，对基础教育课程改革、高校学科专业的设置等提出真知灼见。

这场座谈会主题为"聚焦教育改革难题，突破教育发展瓶颈"，来自上海市教育系统的百名劳模、优秀教师共同参会。我也有幸应邀参会，针对如何将"以学生发展为本"的要求落到实处提出了建议。以学校课程建设为例，我认为学校要注重落实"以学生发展为本"的教育理念。如果学校课程过分强调统一性，忽视选择性；过分偏重学科课程，减少综合与活动课程；过分重视基础知识，忽视知识更新与实践能力的培养，学生的发展就会受到极大制约。为了促进学生的个性发展，我们在学校课程建设中，不能只局限于传统的智能领域，应从学生的多样性与差异性出发，创设有利于学生德智体美劳全面发展、个性化发展、可持续发展的多个载体。

市科教党委、市教委领导在座谈会上表示，将研究采纳劳模、优秀教师提出的意见和建议。开诚布公，不破不立，正是这种集思广益的方式，才让我们的教育事业不断前行。

搭建师风展示舞台，引领示范

在我印象中，市教育工会一直以来非常注重发挥劳模的引领示范作用，为教师发展成长搭建舞台。

市教育工会大力发挥教育系统劳动模范的群体优势，多次举办各类劳模座谈会、事迹宣讲活动，安排众多媒体对先进人物进行专题专版报道，并使劳模成为期刊的封面人物等。除了我之外，有很多教育系统的劳动模范都通过教育工会的平台进行了各式各样的宣传，劳模精神的引领示范，在教师中不断树立爱生敬业的新风。

2007 年，为展示当代教师师德风范、专业知识、文化底蕴和个性风采，上海市教育工会、上海教育电视台等单位主办了"魅力教师"主题活动。活动启动之后，在申城广大普教系统教师中引起了积极的反响，在各个区县教育工会积极组织动员下，600 多名中小学教师踊跃报名。各区县纷纷组织专场，为教师展示学术魅力、人格魅力搭建舞台。经过选拔，近 400 多名教师参加了市"魅力教师"竞赛。

"魅力教师"的内涵是什么？在市教育工会和教育电视台的邀请下，我与当时的市教育工会主席夏玲英、全国模范教师于漪、向阳小学校长洪雨露一起，与 60 位在"魅力教师"展示活动中获优胜奖的教师，就"我心中的魅力教师"话题举办论坛。大家围绕"魅力教师"应具备的学识、责任心、教学、人格、影响力等条件，互动交流。参加这次"魅力教师"主题活动的，最年长的 50 多岁，最年轻的 20 岁出头。他们结合平常的教学教研工作，展示了教书育人方面的高超技能。如有一位地理教师数分钟内就在黑板上画出一幅中国地图，令人惊叹不已。

在我看来，市教育工会搭建展示本市中小学广大教师"魅力"的舞台，使人民教师高尚的师德、出色的专业能力和众多的才艺得到弘扬，引导人民教师崇尚"身正为师，学高为范"，必将对上海普教系统教学、教研质量的提高起到积极推进作用。

关爱教师实际生活，凝心聚力

作为校长，我觉得市教育工会能够通过基层组织渗透到每一个学校、每一个基层单位，就像毛细血管一般遍布申城教育领域的每个角落，切实关怀教师实际生活，缓解教师的精神压力，对上海教育的融合发展起到了巨大的推动作用。

上海中学（以下简称"上中"）的学生是上中的骄傲，上中的教师是上中的财富。但不能否认的是，上中的教师压力很大。上中的教师整体水平较高，不仅基本功过硬，而且还随着学生水平的提高而不断地进行自我提升，这就会产生很大的工作压力。与上中教师一样，众多的教育工作者作为特殊的知识分子群体，事业心责任心普遍较强，工作压力大，亚健康状况多。因此，市教育工会特别关注教师的身心健康，通过组织高质量的体检、因地制宜的文体活动，提高他们的健康水平。

比如上中设有一个特别的医务室，这个医务室配有执业医师，具有处方权，这给教师和学生看病开药提供了非常大的便利。上中的教师常常因为工作紧张，无暇看病，因此不少人患了小病宁愿忍着。而这个可以直接开处方药的医务室，让他们有了极大的安全感和归属感。此外，学校还根据教师工作年限、贡献大小设置了一定的备用药补贴，这更让广大教师感到暖心。

为丰富广大教职工的业余生活，增强教职工的体质，缓解教职工的工作压力，上中工会还组建了教工俱乐部，开设瑜伽、西点、国画、尊巴等课程，丰富教职工的业余生活。工会俱乐部课程动静相宜，大大提升了教职工在上海中学工作的幸福指数。

唐盛昌出席 2006 年在上海中学举办的世界中学生乒乓球锦标赛

　　除此之外，每年生日时的祝福、节日时对退休教职工的慰问等一点一滴细小的关爱，让广大教师时时刻刻能感受到工会给予的温暖，教育人的心也因此聚在一起，从而更好地为教育事业贡献力量。

（采访整理 / 白　羽　照片来源 / 本人提供）

左 飚:
在爱的氛围中教书育人

【人物简介】

左飚，1942 年出生，上海海事大学教授，曾任上海海事大学外语系主任，主要研究方向为中西文化比较与英汉翻译，2005 年退休。曾获得全国教师电视演讲大赛一等奖、上海市教书育人奖一等奖、上海市高教精英提名奖、香港招商基金会优秀教学奖一等奖等奖项，并获得全国五一劳动奖章、全国"三育人"先进个人、上海市劳动模范等荣誉称号，享受国务院颁发的政府特殊津贴。

【访谈实录】

学生都叫我"飚哥"

我在上海海事大学时，学校里流传着这句话：你可能不认识校长，但你肯定认识飚哥。

大家都说我的英语说得很好，第一次去英国时碰到牛津大学的一个教授，他称赞我的英语发音地道，甚至不相信我之前从来没出过国，说我是 Received Pronunciation*。这一点也深受学生们的认可。我上课也不是照本宣科，而是会把教材中的文段结合人生道理教给学生。因此我的课特别受

---

* 英格兰南方地区的标准口音。

学生的欢迎，很多没选我的课的同学都会跑来蹭课。

课余时间，我也和学生玩得很好。当时，我每天下午四点半都会去篮球场上打篮球。因为同学们都是三对三，他们一看到我，都要拉我进队，这样再叫一个同学，就能打四对四。他们跟我说："左老师，球场无父子，我们可不会让你的哦。"就这样，我跟同学们结下了兄弟般的情谊。后来，他们都亲切地叫我"飚哥"。

除了平常跟同学们一起打篮球，在生活中，我还经常跟同学聊天、谈心。我觉得教书育人，教书当然很重要，可育人也很重要，要将两者融为一体。因为有时候老师的引导，会改变一个学生的一生。

20 世纪 80 年代，我的一个学生大学毕业后参了军，被派往老山边防前线，在一次军事冲突中不幸身负重伤，因不甘被俘而跳下了悬崖，后奇迹般地被我方士兵救了回来。在边界冲突结束后，他将获得的军功章寄给了我，因为他认为我是他人生道路上的引路人。我非常感动，也因此深刻认识到，老师教书育人的责任之重大。

教育工会发掘了我

当时我虽然有名，可还只限于在上海海运学院（现上海海事大学）里。1990 年，上海海运学院工会组织了一场"教书育人"比赛，把我推上了上海市教育工会这个平台，推荐我去校外参加各种活动。就这样，我慢慢走出海运学院，走向更大的舞台。

教育工会觉得我在教书育人方面很有自己的独特之处，也鼓励我将这些方法梳理总结，于是我将自己多年的心得写成了文章《在爱的氛围中教书育人》，发表在 1992 年的《中国教工》杂志上。

这也是我首次提出"在爱的氛围中教书育人"这个理念。我认为在教书育人的工作中，最核心的是"爱"，这种爱不只局限于小情小爱，而是大爱，是对祖国、对从事的职业、对学生等等的深厚的感情。只有心怀大爱，才能真正把教师的工作做好。

每年，我都会收到很多学生的来信，从海港、边防站、研究所、开发区……他们在信中诉说自己的成就，表达师恩难忘的深情，我在感动之余，也肯定了自己的选择，看到了自己的价值，也越发坚定了自己的信念。

而"在爱的氛围中教书育人"这个理念也得到了教育工会的大力支持和推广，让我在实践中加深思考，在思考中促进实践。

将爱的种子撒进青年教师的心间

我的教书育人理念受到学生的认可，因此学校让我参加海运学院里的新教师座谈会，给他们讲讲我的心得体会。新教师听了我的分享都很有触动和启发，反响很好。后来逐渐影响加大，学校便把我推上教育工会的大平台，我开始走出校园，给更多的新教师作报告讲座。

从 1993 年开始，在教育工会的推荐下，我开始为上海市的青年教师作报

2020 年 10 月，左飚为上海浦东双语学校的中外教师作讲座

告讲座，影响越来越广。影响最大的一次是 2004 年，我参加教育工会组织的"忠诚人民的教育事业"的入师教育活动，在教育会堂为近 200 名当年走上教育工作岗位新教师作辅导报告"在爱的氛围中教书育人"。

爱是双向的，教师爱学生，必然会激发学生爱的回应。学生的成长，使我体会到爱的伟大力量，寻觅到成功育人的奥秘。爱能产生巨大的教育力量。关心学生，动之以情；严格要求，晓之以理，这两者应互为支点，互作补充。真正的教师之爱，应该寓教书育人于情理交融之中。

我的学生中固然有很多优秀人才，但也有一些或学业不精或学习困难者，我在与他们的交往中注意及时捕捉"闪光点"，加以肯定，使"光点"扩展成"光环"。不少学生在走出校门后回忆说，老师讲过的一句勉励的话成了自己一生奋斗向上的力量。我收到了学生真挚的爱的反馈，而这些让我更加认识到"爱"的力量之强大。

在为青年教师作报告时，我将我的切身感受和亲身经验告诉他们，希望他们的心中也充满爱。青年教师们在听完讲座后都反响热烈。

教师岗位上的劳模是这样"炼"成的

1993 年开始，我获得了很多荣誉。1993 年 12 月，在教育工会的推荐下，我获全国"三育人"先进个人称号。1994 年 9 月 7 日，当时的教育工会主席江晨清亲自陪同我参加了在北京举行的表彰大会。1994 年获 1993 年度上海市劳动模范称号。1995 年 10 月，教育工会摄制的《在爱的氛围中教书育人——上海海运学院左飙副教授教书育人事迹》电视短片，在中国教育电视台播放。该片荣获全国教育工会"为国育人"演讲活动一等奖。1996 年，我又获得了全国五一劳动奖章。

我至今仍记得教育工会张渭明老师曾多次到上海海事大学召开师生座谈会，了解情况。当时，教育工会正在开展"三育人"工作，提出了"教书育人"的重要性，给我们教师很多引导。

当时，教师中普遍重科研、重教研，评职称时，主要看论文、科研项目，而教育工会提出的"三育人"，其中特别强调，"教书育人"是教师的核心工作，评定职称除了看科研这些硬指标，也要看"教书育人"这个软指标。这样的导向对于我们普通的一线教师来说是很有意义的，让我们能坚持把"育人"作为自己教师工作的首要任务。

1997年，我当时担任学校的外语系主任，学校特别重视"教书育人"工作，探讨将育人融入教学工作中。为此，我辞去了外语系主任的职务，站在了全校唯一的"教书育人岗"上，当时，我们海运学院也是全上海第一家设立这个岗位的大学。这也跟教育工会的教师工作推进有很大的关系。

教育的全部奥秘就在于爱。教师用自己的爱教会学生懂得爱。教师之爱源于对祖国之爱，又归于对祖国之爱。为祖国培育新人永远是教师之爱的主旋律。

（采访整理/夏　月　照片来源/本人提供及何思哲拍摄）

吉永华：
以劳模的担当，夯实工会工作

【人物简介】

吉永华，1955 年出生，现为上海大学生命科学院教授，享受国务院政府特殊津贴。先后担任上海市总工会第十届、第十一届和第十二届委员会委员，中华全国总工会第十四届和第十五届执委。先后兼任中国科学院上海生理研究所工会主席，中国科学院上海生命科学研究院工会副主席和经审委主任，上海大学工会委员。曾获上海市劳动模范称号。

【访谈实录】

劳模精神是科研精神的坚实基石

记得是在 1997 年，中科院上海生理研究所进行工会换届选举，我被选举为工会主席，开始和工会工作结下不解之缘。2000 年中科院新组建了中科院上海生命科学研究院，我当选为工会副主席兼经审委主任。这些工作经历给我最大的感受是，无论是为员工服务的工会工作，还是造福于社会的科研工作，都需要"执着、坚韧、无私、奉献、精业、敬业"等基本元素，这就是我理解的"劳模精神"，也是科学精神最重要最基础的那一部分。我作为一名科研人员，一直用实际行动诠释着"劳模精神"。

1986 年我首次陪同导师徐科先生出访日本，在归国候机时，徐老师含泪感慨道："日本是战败国，我们是战胜国，为什么几十年之后，两个国家的差距会如此之大呢！"此情此景至今铭刻在我心中，强烈的使命感油然而生，从那一刻起我便立志：如果日本人是百分之百的工作投入狂，那我今后必须百分之一百二十地加倍拼命，为我国科研事业穷尽微薄之力！20世纪90年代初，我两次受邀前往日本进行项目合作研究，每天都工作12小时以上，以数篇积累的专业科研成果，半年便申请获得了日本静冈县立大学的药学论文博士学位。

30多年来，为了抢占专业学术制高点，我起早贪黑，与硕、博研究生一起攻坚克难，取得了一系列科研成果。我被同事和学生称为"拼命三郎"，我也被单位推举当选为上海市劳动模范，随后我还连续担任了三届上海市劳模协会副会长。在担任中华全国总工会第十四、十五届执委期间，《工会理论研究》杂志2012年第3期刊登了我撰写的《以科学精神引领工人阶级先进性发展方向》一文。印象最深的还有一件事：上海代表团审议中央书记处已认可的《工会法》草案中有关知识分子的一段文字没有了。随着社会的不断发展，各行各业向高精尖知识化进军是大势所趋，广义的工人阶级，不仅包括用现

2009年3月吉永华受邀出席在美国纽约召开的国际疼痛研讨会

代知识和技能武装的体力劳动者，还包括勇攀科技高峰、锐意创新的脑力劳动者，我觉得取消这段文字是不合适的，工会更应该加强和体现对知识分子队伍的关爱。为此，我写了一份提案，中华全国总工会最终采纳了我的提议，并吸收在相应的文件中。

爱与真诚是科学研究者人文情怀的具体体现

在法国和日本的研修经历，我常常得到埃尔韦·罗沙特（Herve Rochat）、矢内原升等业内大咖的言传身教，受益颇深：进入实验室的每个学生都会有梦，不要轻易地踩碎他们心中的梦，要形成合力，潜心钻研，共同打拼，实现每个人的梦想。多年来，我以此作为构筑实验室文化、指导培养学生的座右铭。

我习惯把带过的学生称为"孩子们""后生们"。实验室就像个大家庭，我待每个学生就如自己的孩子般，转岗到了上海大学，我对硕士生的要求是"四实"，即"做人诚实、作风务实、工作踏实和成果殷实"。我常告诫学生：搞科研一定要具有国际视野，学术不分国界，以严谨的治学风范投身学科的良性发展，推进本土科研成果进入国际竞争行列，是我们义不容辞的使命。面对高素质人才的培养要求，我对学生提出了"四加二定式"——高尚的思想境界、规范的行为准则、完整的知识结构、综合的能力体现，加上阳光的心态和健壮的体魄。也许是我多年参与工会工作的原因，我在"后生们"眼里贴近"严父慈母"的形象，实验室大家庭因爱和使命而形成合力，各自潜心钻研、共同打拼。

社会履职是知识分子的神圣职责

就我从事的生命科学领域来说，大家都知道，21世纪是生命科学的时代，许多学科都在向生命科学靠拢，美国和欧洲相继推出"脑的十年"，邻国日本紧随着提出了"脑科学时代计划"。我国的神经科学研究在诸多方面与发达国家相比，尽管还存在巨大差距，但是仍有着良好的基础和特色传统，正处在厚积薄发的当口，跨越式地跻身国际前沿不是不可能，但这需要上升到国家层面，形成国家力量，要有总体规划并促进团结协作。为此，在 2010 年的全国两会上，我作为全国政协委员，向大会提交了《建议提升神经科学的国家战略地位》的提案，并在科技界委员联组会上第一个发言，得到了国家相关部门领导的积极互动响应。2011 年的全国两会，我精心准备的提案是《关于坚守国际学术话语权自主地位、扶持国内学术期刊发展的建议》，呼吁对国内一批有影响力、代表学术前沿的刊物，从财力、人员配置和政策上给予大力扶持……我几乎每年都有提案。中科院院士杨福愉教授曾鼓励说："吉永华教授为国家科教事业的发展建言献策，对科技界存在的各种不健康现象坦率地提出改进意见，深受委员和代表们的欢迎。"

15 年来，我以连续三届全国政协委员的身份参加每年 3 月份召开的全国两会。会后回沪，每次都要进行至少 20 多场的两会精神传达报告会，包括工会、退休老干部、教育系统、民盟基层单位等。每次报告会，我顾不得舟车劳顿，精心梳理会议精神，力求用鲜活、真切的语言进行表述。我觉得这是贯彻落实党的执政理念、回应社会聚焦、民众关切的热点内容的好机会，我不能有丝毫懈怠。中科院院士、复旦大学脑科学研究院杨雄里教授在我的文集《神经毒素与隐动靶标》序言里这样写道："在政协、工会和学术的各种会议上，他的发言语言生动，激情四溢。"这话既是对我的鼓励，也是对我的鞭策。

科学研究带给我的奇妙之处在于：爱与信念的力量会给人不畏艰难的勇气，使人变得坚强。科学研究离不开团队的协作，爱和真诚有助于营造融洽的研究氛围。爱分大小，小爱是爱自己与身边的人，大爱则是胸有格局，投身社会发展，以悲悯之心关爱生命、关爱世界。

（采访整理／石达平　照片来源／本人提供）

陈佩杰：
探索"体医融合"之路，践行劳模精神

【人物简介】

陈佩杰，1962年10月出生，教授。现任上海体育学院院长、全国高校体育教学指导委员会副主任委员、中国体育科学学会副理事长。曾获"国家级有突出贡献中青年专家"和"上海市劳动模范"称号，带领所在学科团队获国家教学成果一等奖、国家科技进步二等奖、"黄大年式教师团队"等荣誉。

【访谈实录】

从临床医学转型到运动医学之初，同事们都觉得我"不务正业"，但在我看来这却是"正业"。30年的努力和探索，证明了自己的转型和选择是成功的，因为我关心的"健康群体"更加"健康"了。

服务社会，走上"体医融合"之路

1983年，我从温州医学院临床医学本科专业毕业。在基层做了4年助教和住院医师后，我的内心萌发了一个新的念头：由临床医学转型到运动医学，服务更多的健康人群。碰巧当时上海体育学院开设了运动生理学硕士专业，我也顺利考取了这个专业，没想到这个选择成了我职业生涯和人生发展的重要拐点。从此，我与运动医学结下了不解之缘。1990年从上海体育学院硕士毕业后，我留在学校运动科学学院任教，开始倾情投入到运动科学健康的教学与研究，后来又担任校长从事管理工作，但不论身份如何转变，我始终关注着体育人才的培养问题。因为在长期从业中我认识到，体育本身具有丰富内涵，除了提升专业运动技能，还与促进健康、科技创新等紧密相关，对我们国家和广大群众而言具有重要价值。

一项事业的发展最需要的是人才，而人才的培养是一个长期系统的工程。从事了多年的教学科研和管理工作，我发现国内高校的运动康复人才培养方案存在诸多问题："体医结合"课程设置不合理、教学模式单一、"教学—科研—康复临床"结合型教师匮乏、实习和实践投入不足等。因此，尽快建立一个可推广的运动专业复合型人才培养模式是体育教育事业发展的重要任务。体育类高校应当担当起推动中国体育高等教育模式创新发展的使命责任。

2007年我开始担任上海体育学院副院长，结合国家健康事业的发展需求，发扬开拓创新精神，我带领团队进行了大刀阔斧的探索改革。在国内率先开设体适能评定理论与方法课程；整合教学、科研、社会实践的教育资源，让学生上讲台、走进研究室、进入社区，拓宽学习半径，丰富学习内容；教研

陈佩杰在2017年重阳节期间看望我国篮球元老"金哨"王长安

结合，积极倡导研究性教学，让教师走进康复医疗机构顶岗实践，保证教学内容与社会需求同步……多年的探索成效显著，2014 年，我领衔的项目"结合国家重大需求：建立运动康复专业复合型人才培养模式"获得了国家教学成果一等奖。目前全国已有 45 所高校引入或参考我校运动康复专业复合型人才培养模式，受益人数近 2 万，应用效果非常显著。

打造团队，注重复合型人才培养

2002 年，我开始担任上海体育学院运动科学学院系主任；2007 年担任副院长；2013 年担任院长。回顾自己从一名教育和科研工作者走上领导岗位的经历，我觉得最有成就感的事情就是打造了一支优秀的运动健康科学教师团队。

2008 年奥运会举办后，我们国家逐步提出了全民健康、体育强国的发展战略，体育领域不断拓宽，与经济、文化、健康、传媒等领域有了更多的结合，所以我们上海体育学院的师资队伍建设一开始就对标社会发展需求。

为了打造符合复合型人才培养需求的师资队伍，我从教师人才的引进和培养两方面入手。在学校多方支持下，我们为优秀人才提供优厚的待遇、深厚的关怀。在我们"黄大年式教师团队"中，有一位教师是从我国台湾引进的。我记得当时他还在台湾读博士后，我就跟他进行了多次沟通，并提前安顿他家人的住宿问题，解决孩子的上学问题，让他感受到我们对人才的重视与渴望。在他加入我们团队后，我又在他的科研项目资金、人力方面提供配合。事实证明，我们的选择没有错，他凭借着科研成果还获得了"长江学者"的荣誉称号。

单单找到人才还不够，在学校的支持下，我推动建立了运动康复专业"教学、科研、临床"三结合教师队伍培养模式。教学与临床结合，我和团队同事一起，一家家联系走访校外单位，安排专业教师到康复医疗机构顶岗实践，不断积累临床康复工作经历，保证教学内容与社会需求同步；以研促教，研究成果及时转化为教学内容，保证教学内容与社会需求同步；每年定期派送教师到国外知名高校进行访学，提高教师国际化视野。

经过多年的努力，我们的师资队伍建设取得了丰硕成果。2018年，我带领的运动健康科学教师团队获得了"黄大年式教师团队"荣誉称号。目前，这一团队共有17位成员，团队有28项科研成果已转化为教学成果，累计发表重量级论文超过百篇。团队还创办了中国第一本英文版体育学术期刊《运动与健康科学》，并于2017年进入SCI和SSCI双"Q1"区域，成为公认的国际体育科学一流学术期刊，为中国在世界体育科学学界树立话语权作出了重要贡献。

对标一流，夯实科研创新力量

2017年，我非常荣幸成为国际兴奋剂检测机构理事会独立理事，开启了一项新的任务：反兴奋剂研究。能够参与运动员公共健康事业的发展，不仅仅是我的个人努力，也是我们团队多年来坚持不懈的成果。

在组建复合型体育师资队伍的过程中，我带领团队依托国际体育科研大背景，紧密结合竞技体育实际，开展了多项国家奥运科技攻关服务项目的课题研究，并取得了丰硕的科研成果：成功开发了具有自主知识产权的用于诊断训练过程中运动员免疫失衡症的试剂盒，申报的5项发明专利全部获得授权，应用于国家排球队、举重队员备战北京奥运的运动训练实践。

除了在科研创新方面我们积极响应国家的需求外，在社会服务领域，我们也不断发挥自身的专业技能优势，为国内重要体育赛事贡献力量。学校教师和学生组建志愿者团队，承担了历年上海马拉松、网球大师赛等重大国际赛事的康复医疗志愿者工作，将我们的教学成果转化为实践成果。

正是坚持这种教研与实践结合的发展路径，致力于中国体育健康事业发展的信念，我带领全体教职工及学生在创设一流特色高校的发展中迈出了重要一步。在上海市政府、国家体育总局支持下，位于新江湾的国家兴奋剂检测实验室在 2020 年 2 月顺利开工，年底前能投入使用，并将在东京奥运会和北京冬奥会期间承担重任。值得一提的是，这个实验室是国内第二家经过世界反兴奋剂机构认证的实验室，也是全国高校系统唯一的一家。

关注民生，推动公共卫生事业新发展

2020 年的新冠肺炎疫情给我们的生活造成了重大影响，疫情防控进程表明，重大公共卫生事件对人民生命健康的影响是多维度的，涉及生理、心理、伦理和社会环境等诸多因素，公共卫生体系的优化必须要树立起大健康的理念；同时也暴露出我国公共卫生与健康人才培养方面亟待解决的问题——公共卫生与健康人才培养投入不足、培养理念有待更新、社会效益有待提升。

贯彻体医融合部署要求，推动公共卫生事业创新发展，大学应当作出更多贡献。我牵头团队成功申报国家社科基金重大项目"健康中国与体育强国建设的体医融合协同创新研究"，希望通过学术创新、知识创新和技术创新探索"运动促进公共健康"的新路。依据长期在公共卫生与健康方面的研究成果，在疫情暴发之初，我与上海交通大学医学院院长陈国强院士联合撰文《新冠疫情下加快构建"体医融合"的卫生健康治理体系建议》，发挥专业力量，为构建体系完整、紧密协作、科学精准、运行高效的"体医融合"的卫生健康治理体系建言献策。

学校是政府大健康治理体系的重要一环，作为学校教职工团队的带头人，我将紧跟"体医融合"发展新需求，申请开设公共卫生与健康结合度高的相关专业，引导教师团队持续在公共卫生与健康的科研领域持续发力，探索复合应用型公共卫生与健康人才的"中国模式"，为推动国家公共卫生与健康事业起到示范作用。

30 年前，当我从临床医学转型到运动医学，同事们觉得我"不务正业"；30 年后，付出的努力和不懈的探索证明我的转型是成功的。回首过往，我满心激动。面对"体医融合"的未来发展道路，我依旧秉持"体育要为健康服务，要让健康人群更健康、更幸福"的信念，倾尽全力为国家体育健康事业的发展贡献自己的智慧与心血。

（采访整理 / 刘时玉　照片来源 / 本人提供及李立基拍摄）

傅 欣：
"站高一步"，加速教育援建的引擎

【 人物简介 】

　　傅欣，1980 年 8 月出生，副研究员，上海师范大学教育学博士，现任上海市教卫党委统战处处长，上海市学生事务中心党总支书记、主任。2016 年 6 月，傅欣以干部身份参与了第八批上海援藏工作，担任上海首批"组团式"教育人才援藏工作队队长、日喀则市教育局副局长、日喀则市上海实验学校校长。曾获 2016 年上海教育年度新闻人物、日喀则市民族团结进步模范个人、日喀则市优秀援藏教师、2018 年全国脱贫攻坚奖创新奖、2019 年最美支边人物、2019 年全国教育系统先进工作者、上海市五一劳动奖章等荣誉。

【 访谈实录 】

　　2016 年，上海首次选派大规模教师队伍采用"定点组团"的方式援藏。我当时是上海师范大学附属中学副校长，接到组织任务担任西藏日喀则市教育局副局长、日喀则市上海实验学校校长，并作为队长带领 40 位上海教师赴日喀则市开展为期三年的教育援藏工作。

　　和许多初到高原的人一样，很长一段时间的高原反应都让我每天处于重感冒般不适的状态。晚上失眠，早上心慌气短，三楼的办公室中途要歇一下才上得去。

　　水土不服、离愁别绪、亲情牵绊，如果说这些异乡生活上的种种困难我都有思想准备，那么两地教师教育、管理方式的差别才是我们更需面对的挑战。每一位援藏教师都带着极大的热情参与到扶贫攻坚的战斗中，每一颗热忱激荡的赤子心都不想留下遗憾。

从千里外来，向群众中去

一次谈话冲突给了我一个不怎么完美的开局。当我满怀信心和激情地找本地教研组组长交流时，她却对我提出的区域教研、远程教学、教师培养等丝毫不感兴趣，只留下一句"我觉得这不太会有用"就结束了交谈。

援建过程中的理念冲突很难避免，除了援建一方自身要做出成绩，用事实说话，我们当时还通过工会运作发挥了协调作用。当地的工会从成立开始未组织过教代会，我们引入了上海的经验做法，比如一年开两次调研会，通过工会展开调研，将大量在援建的民生项目议题收集上来。教师食堂、餐厅这些原来没有的设施，也是经由工会提出建设。依托工会的调剂和沟通作用，我们有了了解基层诉求的渠道。

教学理念的推行也是一样。教育质量监管体系会有奖惩，涉及劳资协调，也就是广大教职工关心的根本利益问题。这个时候就需要工会充分听取意见，不断出台完善若干项政策。

其实在援藏学校，用领导干部的身份去指导工作和通过工会以征询和听取广大教师意见的方式汇总意见，再出台相关政策，两者的效果是不一样的。尤其在少数民族地区和援建地区，行政意识处于高位，领导怎么要求教师怎么做，学校管理常常被忽视，个体参与的意识也比较淡薄。现在通过工会建立友好协商的氛围，用接地气的方式让教师参与依法建校、民主建校的过程，这对当地教师来说是非常新鲜的。

比起单向的灌输，工会是我们开展工作非常有效的组织平台。它融合了支援者和受援单位两批人，磨合了彼此的关系，也表达了上海教师尊重当地教师的态度。这种尊重不仅仅对教师，也扩展到学生，我们常常邀请学生代

傅欣和援藏教师利用周末时间陪伴日喀则福利院的孩子

表出席会议，融合师生情。

　　工会也是我们关心福利院工作和精神文明建设的主体抓手。每当日喀则第二福利院有"老师妈妈"这类活动，工会女会员便积极参与，给孩子们洗澡洗头。不单是福利院，我们的一年级学生几乎都来自农牧区，每次妇女节，女会员们带着他们一起刷牙洗脸，养成卫生习惯。后来我们在校内建了浴室，有需要的学生还能带父母来使用，潜移默化地影响家庭的精神文明。

"盐"溶于水，吹起教改的春风

　　我一直认为，教育扶贫不是带出一两个教师顶岗上课，而是以点带面，用一个个示范基地带动一个区域的全面提高。两地的教师彼此走近，教育理念的触角"蜻蜓点水"只是开始，我们不争论不推诿，用事实做出成绩。

　　"组团式"援藏作为一项全新举措，没有直接的经验借鉴。两地的学情不同，教材迥异，文化传统不一，基本的语言交流也可能存在隔阂。我带领大家，一次次深入基层调研考察，海拔 4 700 米的仲巴县、中印边境的亚东县、人迹罕至的珠峰脚下的定日县，都留下了我们或豪迈或踉跄的身影。

没有教材，我主导编写校本教程、教师培训课程。在学校教学辅助材料较少、学生学习资源有限的现状下，我们自主研发编印了 28 本校本教材，涉及学科教学指导、学科教学材料、学生作业练习、学生拓展性学习、文化艺术等方面。

后来，我又引入上海的校本培训课程模式，带领工作队实施"有效激发学生兴趣、有效启迪学生思维、有效落实教育目标"系列教研活动，构建了"新任教师—成熟教师—骨干教师—学科带头人—名师"梯队培养体系。

教师也从一开始不知道教科研为何物、对教科研有强烈抵触情绪，变成每周都自觉地开展教研活动、备课组活动，每学期都主动提交教科研论文、教学案例。

第一学年，实验学校实现了三个学段的教学质量跨越式提升。六年级的学业水平考试名次，由全市第 36 名，跃居到第 5 名，提升了 31 个名次；小考达到内地西藏班分数的人数，由 5 人增加到 9 人。

之前那位教研组长，在事实面前很快转变了对区域教研、远程教学的态度，如今她已经是地区汉语言教学的学科带头人，她主持编写的汉语言中考复习用书，成为地区炙手可热的紧俏货，拉萨的家长、山南的教师纷纷到我们学校来取经。两年时间，日喀则市级名师工作室、教育联盟、骨干教师都成长起来了。

精准扶贫是复杂的系统工程，教育是其中一环，却不是孤立的一环。如何融入而非介入，如何将上海的经验做法本土化推广，如何从教学到生活、从行动到精神全方位地与他们共成长等问题贯穿教育援建的始终，只有"站高一步"才能加速教育援建的引擎。

再好的"盐"只有溶入水中才能吸收，我们教育扶贫的"盐"溶入了当地学情、社情和文化的"汤"中，每个人心中自然会厚植生根，栽木成林。

阻断贫困代际传递，扶起生活的希望与向往

成绩固然重要，但我更在乎"一个都不能少"。在藏区高原，不是每户人家都意识到学习的重要性，有些家庭确实是因为贫困，而有些是认为读书不如放牛和打工。我身兼日喀则市教育局副局长，经常听到有学生读着读着就不来了。

我挨家挨户家访了解情况，有时一天会坐近 10 小时的车。18 岁的白玛是家访的学生之一。她的家在海拔 4 800 米的昂仁乡梅朵村，我在牦牛群里找到放牧的白玛时，她提出了退学的想法。

白玛就读的日喀则第二中等职业技术学校距家有 200 多公里。日喀则地区职业教育起步晚，仅有的两所职校都面临师资短缺、专业水平低的问题。二中职校的教师来自周边学校，50 个教师教文化课，只有一个是专业课教师。来职校的孩子大多是抱着来学一技之长谋生路的目的，看书不是他们的强项，何况还无专业可上，没有实训基地，于是更提不起兴趣。

我时常会想，如果就这样让学生从眼前离开，不让她再试一试、闯一闯，她的未来，她的子女，是否也就从此错过了追逐梦想、过另一种人生的机会呢？我们能否扶起他们生活的希望与向往，为他们找到一条路？

我想到了上海的"万人计划"。我向援藏联络组、教育部、上海市教委、日喀则教育局提出了"积极发展西藏的职业教育"的工作思路，申请在西藏建了唯一一所援建职业技术学校。

2018 年 9 月，从牦牛群里回来的白玛在学校里看到了 15 位来自上海的职业技术援藏教师。作为"万名教师支教计划"选派的优秀教师、全国"万人援藏援疆计划"中唯一一个针对职业开展对口支援的团队，他们不远万里，来为日喀则的职业教育发展添砖加瓦。

我们对职校所有专业重新进行了梳理，根据学生需求增设了农业园林专业，还开了农技班。2017届农技班学生尼玛旦增在《学会一门技术比啥都强》里说："没能考上高中时觉得自己的求学路终结了，农村小孩既定的命运无法得到改变。然而日喀则第二中等职校让我的人生有了出彩的机会。"

去年，日喀则第二中等职业技术学校有十位老师在上海的四所职校参加职业技能培训，并取得了职业技能资格证书。学校的电子实训室、电工实训室、DIY社团工作室、美术设计室、喷绘制作室、建筑工程实训室等实训基地也在上海各方的资助下建成。

教育扶贫虽不像很多扶贫工程能够立刻看到数据增长，但扶贫是从根本上解决贫困的百年大计。通过教育实现阻断贫困的代际传递，才能让扶贫开发效果可持续，让贫困地区和贫困群众彻底脱贫。

每一个中国梦的薪火传承，每一个拾柴人和筑梦者的接力，教育都不会缺位。

（采访整理/潘晨聪　照片来源/本人提供及李立基拍摄）

朱美芳：
问道求真，顶天立地

【人物简介】

朱美芳，1965 年 8 月出生，现任东华大学材料科学与工程学院院长、纤维材料改性国家重点实验室主任。国家杰出青年基金获得者、教育部长江学者特聘教授，2019 年当选为中国科学院院士。她始终把教书育人和为师授业放在第一位，获得国家教学成果奖二等奖、上海市"四有"好教师，入选全国高校"黄大年式教师团队"，曾先后被评为全国"巾帼建功"标兵、上海市新长征突击手、上海市"三八红旗手"标兵、上海市先进工作者等。她带领学院获全国工人先锋号、上海市模范集体并获评材料领域"优秀类国家重点实验室"。

【访谈实录】

我的三个十年

从我 1989 年正式入职算起，到今年已经工作三十一年了。如果将这三十年分成三个阶段，那么第一个十年对我来说，是人生的挑战期，不但挑战科学的难题，也挑战着自我。当时科学的难题是如何把不能穿的纤维品种，比如从前用作麻袋、窗帘、地毯的很粗的材料，做成人们可以穿的、适用于衣物的材料，这就面临着一系列需要攻克的技术难题。

为了做研究，我跟着我们当时的系主任陈彦模老师一起创立了"蒙泰"课题组。这个名字来源于我们制备出来的"蒙泰丝",它是一种细旦聚丙烯纤维。在我心里,"蒙泰丝"就仿佛是我们自己的孩子一样。差不多在 1992～1993 的时候,我们以"蒙泰丝"为原材料研制的高档内衣终于问世了,一开始定价 30 块钱,但是根本无人问津,后来我们把定价变成 300 块,果然就有人感兴趣了。有时,人们不相信新的东西,但是总愿意相信贵的东西。

1993 年我第一次出国去日本参加展览会推介我们的"蒙泰丝"。当时是教育部组织的高科技代表团,租借了青岛海洋大学(现中国海洋大学)的轮船,一行 70 多人的团队,一起乘轮船前往日本。其中还有一段小插曲,我们在海上经历了一次大的风浪,整艘轮船在海上颠簸起来,所有人被晃得头晕目眩,大家都以为情况很不好,工作人员甚至让我们写了遗书。很庆幸后来平安渡过了风浪,到了日本以后我们的产品非常受欢迎,成了当时展会上唯一出售的展品。

在科研生涯中,生死考验并没有被放大过,在这十年中,更重要的是我对自己的挑战。在青年教师的岗位上,我既是学生的老师,也是老教师的学生。我一直坚信,大学是培养人的地方,而科研是培养人的手段,当年老师培养我,现在我培养学生,这就是薪火相传。我们做科研,最终的成果不是

2019 年朱美芳在东华大学材料表征实验室

一件衣服、一种材料，而是人才。

科学研究是一个传帮带的过程，第二个十年里，老教师们陆续退休，我们这些年轻教师开始走到前面挑起大梁，学会在团队中发挥领头作用。

在21世纪的前十年里，我们团队的科研目标是将纳米技术应用在纤维上，开拓纳米复合功能纤维新领域，这是前所未有的挑战。那些年里我经常赴德国的德累斯顿工业大学进修和参与合作研究，每次去几天到几个月不等，差不多去了二十六次。纳米跟纤维有什么关系呢？这是当时很多人的疑问，甚至纺织工业协会会长也问我这种研究有没有安全性问题，我说有，但是我们会克服它。

最近的十年里我们的研究有了新的方向，希望通过纤维与纳米、化学、物理、生物、仿生等学科的交叉融合，将杂化材料用在更广泛的领域，比如植入人体，或者用于太空中的极端环境。在整个世界范围内，这是最新的研究方向。这些年我们将课题组的"蒙泰"两个字作为字头，赋予它文化内涵——"蒙学善问，泰定求真"，这也是我们团队对于科学的追求。

做科研要先下车间

所谓"接地气的科研"，我叫它"顶天立地"中的立地科研。"顶天"是要求学生们要有超前的思维和国际化的视野，"立地"是要有实践能力。毛主席说过"没有调查就没有发言权"，我非常认同这句话。

我们学工科，工科的老师不到车间、一线了解现实中的工厂，要做好材料是很难的。如果一个人想知道梨子的味道，就得亲口尝一尝，这是非常朴实的道理。做科研者，首先要做好一名工人。我这样要求学生，也这样要求自己。我当老师的前十年每年用一个月时间下工厂，有时我们甚至会睡在车间，因为实验是连续的，必须随时观测随时记录。我非常享受在车间一线从事生产研究的过程，尽管遭遇高温等困境，但是带学生观察，随时讲解，这种直观的感受与课堂中上课的效果是完全不同的。

问题从实践中提出，而不是从文章中得来。我带学生到工厂实训，是为了在生产一线找到研究的方向，如果只是坐在教室里研读文献或者只是在实验室做实验，确实能在一定程度上理清思路，但是找不到最终答案。

与工会共同成长

在我的成长经历里，我特别感激上海市教育工会。我父亲是一名教师，他告诉我他有一个教育工会的会员证，这是我跟教育工会最早的一点渊源。工会是代表工人的团体，从上海市教育工会到我们学校工会、学院工会，是代表我们全体教职工的权益。我们学院的工会主席都由教授担任，同时进学院党政领导班子。夏送清凉冬送暖，虽然我没有在工会任职，但是作为学院院长，我看到工会对学院发展的付出，并且感触深刻。我们学院很多从国外回来的青年教师，可能在思想、生活等方面还没有完全适应国内的环境，我们工会也从各方面关心这些青年教师，让他们尽快融入新的工作生活。在工会的帮助下，我们学院的确形成了一种家庭般的氛围。我们党的宗旨是为人民服务，我们工会也在服务群众方面起到很大的作用。对于我们科研工作者来说，如果没有一个和谐、稳定的环境，怎么能做好实验、做好研究呢？从这点来说，我非常感谢工会的付出。在市教育工会的推荐下，我们学院获得过"上海市劳模集体""全国工人先锋号"等荣誉。这些荣誉是市教育工会对我们的认可，也激励着我们这些教师在教学道路上砥砺前行。

十九大以来，我们的教育一直聚焦"三全育人"，今年又恰逢上海市教育工会成立70周年，我自己常思考，市教育工会的发展与我们教师教书育人工作的开展，如何更好地结合起来。科研育人与服务育人息息相关，这些年上海市教育工会树立了一批教书育人楷模，宣传优秀师德师风，当我看到他们的报道事迹时非常感动，不管是市教育工会也好，还是其他各级工会，都应该多做这方面的宣传，让我们的青年教师感受到更多的榜样精神。

我们作为教师，教学生做研究，解决的是科研道路上的难题，但是面对人生态度的塑造，很多时候都需要工会的协助与鼓励。回到我们做科研的初心，"蒙学善问，泰定求真"，我希望上海市教育工会今后的发展也一如既往，秉承真理，服务教育。

（采访整理／李沁笛　　照片来源／本人提供）

黄丽华:
用真诚的心对待女教授联谊会的每一件事

【 人物简介 】

黄丽华，1965 年出生。复旦大学管理学院信息管理与信息系统系教授。曾任复旦大学管理学院信息管理与信息系统系首任系主任、管理学院副院长、管理学院党委书记等职。现兼任大数据流通与交易技术国家工程实验室常务副主任、中国管理科学与工程学会常务副理事长、中国管理现代化研究会副理事长、国际信息系统学会中国分会副理事长、上海市推进信息化与工业化融合研究中心主任、上海市女教授联谊会会长等职务。荣获"国家精品课程""全国三八红旗手""上海市教学名师奖"等奖项。

【 访谈实录 】

切实经历过才知道女教师们真正的需要

上海市优秀女青年科教工作者联谊会是 2005 年成立的，2009 年联谊会改名为上海市优秀青年女教师联谊会。第一届我们有 61 名会员，年龄都在 29 到 40 岁之间，很年轻而且都很优秀。

我是联谊会的第一任会长，我印象很深，联谊会刚成立的时候，我们的第一次活动就是"共话师能——上海优秀青年女教师主题沙龙"，我作为会长跟大家分享了怎么上好一节课，如何提升自己的职业能力。

每个教师都是从青涩开始的，像我们最开始做教师的时候没有很系统地经历过在高校开展教学的培训，我们真切感受到职业能力提升方面的内容对青年教师成长的重要性。

我分享上课的心得，不是去讲专业课怎么教，而是从教育理念和课堂的一些技巧出发，围绕大家如何认识教师岗位、如何认识课堂教学、如何认识教学对象、如何认识自己这样一系列的问题去分享和讨论。

对于教师来讲，上好课是一个良心活，这些分享都是为了我们女教师自身整体素质的发展，为教师的成长服务。在联谊会那次是我第一次给大家分享怎么上课，对我自己的影响也很大，后来我在学院里也做了很多跟教师培训相关的工作。

除了职业能力，我们还要考虑到青年女教师联谊会的教师都是四十岁以下，孩子比较小，所以我们每年都会做"科学母爱论坛"，大家都很喜欢这个活动，我自己也是从学着做妈妈过来的，这方面的东西对女教师们还是很实用。具体的论坛内容涉及从婴幼儿到中学生的不同阶段，我们也会请心理学、教育学、医学等很多专业领域的教师来做有针对性的分享。

另外，联谊会应该要给人家一些帮助、支持。但是首先要知道女教师们需要什么支持。我们开展了女科教工作者发展状况及需求的调研，了解青年女教师的真实情况和大家的需求，然后根据调研的反馈给大家一些支持。

我们的组织算是个群众组织，做会长不是行政上有什么要求，也不是图私利，我就是觉得要多做一些有意义的事。我自己是专业教师，有自己的科研项目，我亲身经历过，知道在学校上课、做科研的教师最缺什么、最苦恼什么，这样就更能体会女教师们的需求，也能真正从教师的角度来考虑联谊会的工作，所以很多教师都能感受到我们联谊会对大家的帮助都是真诚的。

发展事业的同时也要做快乐的女教授

我自己是 1999 年评上教授的，当时我 34 岁，曾经是复旦大学最年轻的

2019 年 5 月黄丽华（左五）主持第二届上海市女教授联谊会工作研讨会

女教授、女博导。

上海市女教授联谊会当时由上海交通大学党委书记马德秀牵头。马书记把很多女校长、女教授都聚集起来，我跟当时在联谊会认识的很多教师都成了很好的朋友。

我刚加入的时候便有幸成为联谊会的一名主要会员。上海市教育工会主席夏玲英老师很支持我，每次联谊会有活动都找我，基本上每次活动我都会去参加、去演讲，从 2005 年到 2012 年很多活动的演讲稿我至今都保存着。2012 年以后，女教授联谊会的活动逐渐减少了，还一度中断过。

2018 年上半年，市教育工会女工部部长彭超波老师来找我，她问我对女教授联谊会还有没有印象，我一听就说有印象，而且我觉得这个群体还是很有代表性。

彭老师当时去参加一个活动，有很多女性的团体、组织，女律师、女工程师、女医师……她很纳闷为什么没有女教授的组织。后来她翻阅了材料才知道我们原来就有女教授的联谊会，于是就找到我，希望我来做继任的会长，继续组织女教授联谊会的活动。

原本我有些犹豫，相比很多很能干的校长、书记，我只是普通的教授，但是后来觉得既然彭老师这么信任我，我在学校也做妇女工作，那就做吧。于是我们在几个月的时间里就把女教授联谊会恢复了。

2018年10月，我们举办了一个很隆重的换届仪式。换届仪式之前，我们一些女教授聚在一起聊换届的事，一个很重要的问题是：我们女教授应该以一种什么样的形象亮相？

我们不想让大家觉得我们女教授好像苦大仇深似的，总是很严肃。大家七嘴八舌一讨论，然后一致觉得，最能代表上海女人韵味的装扮就是旗袍。然后我们就自己出钱在一家店一起订制了旗袍，大家都觉得很好看。那次换届之后，好多教师还会穿着旗袍参加联谊会其他的活动。

穿旗袍还要有旗袍的味道，我们的秘书长于朝晖教授请来他们上海外国语大学体教部的一位教师，来教我们穿旗袍的仪态、走路，这也是对女教授风采的一种展示。我一直觉得我们女教授的风采不只是在事业上、岗位上，也在我们的生活里。我们是多姿多彩的，是一群有涵养、有素养、有追求、有理想、有专业精神的教育人。

除了亮相，我们换届仪式的报告会也策划了很多有意思的内容，大家最感动的是闻玉梅院士的分享。

当时是我去邀请的闻先生，我们原本就认识，我去拜访她的时候把我们的邀请函递上去，然后跟她解释了我们是一个什么样的组织，活动有哪些意义。闻先生是一个特别好的人，听完我的解释，她也觉得要为上海女教师、女教授的成长出一份力。她当时已经84岁了，专程来参加活动，跟我们分享了她的人生，回顾她是怎么成长的，还有她学医、去农村、做病毒学研究的经历，闻玉梅院士还做了我们第二届女教授联谊会的名誉会长。

每个女性都肩负了很多角色，如何在不同的角色中取得平衡是每个女性都面对的问题，闻玉梅教授和很多其他女教授让大家看到，我们女教授在事业上取得进步的同时，也可以过得很快乐，这也是女教授联谊会成立的重要背景之一。

联谊会的工作对我来说是锦上添花

第二届上海市女教授联谊会一共有35个会员单位、4 600多名会员，涉及高校和区域的教育系统。

我们这么多女教授很难得地聚在了一起，可是这个联谊会到底要做什么事、关注什么问题？这是我们2018年重启女教授联谊会的时候首先思考的，围绕这个问题我们讨论了很久。

我觉得第一要做的是引导，我们是知识分子女性的代表，我们要能引导更多的教育工作者立足于自己的岗位为国家教育事业的发展作贡献。现在上海市高校的教师中有50%是女性，如果我们这个群体的力量能发挥好，那一定能对高校的教育起很大的积极作用。我们现在虽然没有评优评奖的活动，但是我们也在努力通过论坛和各种活动发出声音，体现女性对教育的理解，引导优秀的女教师不断进步。第二是促进女教授的成长，要给优秀的女性一些交流的机会。第三是希望能对上海市的教育建言献策。第四个是展示我们女教授的风采，展示上海市高校优秀女性的风采，这不是说我们要炫耀什么，更重要的是让大家看到我们的精神风貌。

去年女教授联谊会的活动上，我们还把基础教育系统的女教授们（正高级教师）吸引到了联谊会。以前女教授联谊会的成员主要是高校的，近几年上海的中小学也评了正高级教师，我们换届前，中小学已有四十几位正高级教师是女性，我们也要把她们组织起来。为此，我们专门成立了女教授联谊会的普教分会，这个在上海是第一次。

普教分会的设立对我们来说有很重要的意义，她们代表了教育领域里基础教育的力量，她们的加入也有利于以后高教和基教进一步的联动、合作。

从 2018 年换届、恢复活动以来，女教授联谊会每两个月开一次会，每年都有明确的工作计划，一般我们上半年会做女教授创新论坛，下半年有女性国际论坛，还有一些其他研讨、展示的活动，年末有理事会的工作讨论会。

其实工作也不少，但是对我来说这都是锦上添花的事，是让人开心的工作。我们一群女教授把开心的事严肃地做，就是要认真把大家都喜欢的事做好。我们策划每一个活动都是很真诚的，讨论主题、嘉宾，包括怎么去邀请都很重要，还要做好邀请不到嘉宾的预案。

也是因为联谊会的这些事，我们联谊会的伙伴之间都建立了很深的感情。原本我们可能很难有交集，但通过联谊会，我们在生活中也成了很好的朋友。

（采访整理 / 王蕴玮　照片来源 / 本人提供）

吴燕华：
在教育教学中寻找到自己的位置

【人物简介】

吴燕华，1982年10月出生。复旦大学生物科学实验教学中心正高级讲师，曾主持国家自然科学青年基金、上海市教委"晨光"计划。复旦大学"卓学计划"学者，复旦大学仲英青年学者。曾获上海市五一劳动奖章、第二届全国高校青年教师教学竞赛一等奖（理科组）、复旦大学"钟扬式"好老师、复旦大学本（专）科毕业生"我心目中的好老师"、宝钢优秀教师奖等荣誉。

【访谈实录】

作为一名身处高校的青年教师，我时常会有这样的疑惑：科研和教学，孰轻孰重？但经历了一次全国高校青年教师教学竞赛，在上海市教育工会所搭建的青年教师成长平台的帮助下，我找到了自己的答案。作为一名高校教师，无论是侧重科研还是教学，只要愿意坚持和努力，都能寻找到自己的位置。

传承复旦大学遗传学教学之志

成为一名教师是我自小就有的愿望。学生时代，我就很喜欢把学到的知识吃透，再转换成自己的语言，分享给其他人听。那时候，同学间开玩笑，都说我"好为人师"，还有同学预言，说我十年后一定在复旦大学教书。刚听到的时候还觉得有些不可能，没想到还真被言中。2009 年博士毕业后，我得到了宝贵的留校机会，成为复旦大学的一名青年教师，科研教学双肩挑，主讲遗传学课程。

刚成为复旦大学遗传学教学科研团队一员的时候，我感觉自己身上的担子很重。因为作为一名青年教师，你不仅要把科研做好，还要传承复旦大学遗传学的教学传统，把书教好。

说起复旦大学遗传学，就不得不提到遗传学的老师们。1961 年，谈家桢先生在复旦设立了全国第一个遗传学研究所。此后，他在复旦大学又创造了很多个中国遗传学上的"第一"：1979 年创办第一个全国性的遗传学培训班，1984 年建立国内第一批国家重点实验室，1986 年创办全国第一个生命科学学院，等等。

在谈家桢先生开创了复旦大学遗传学学科之后，刘祖洞先生开启了遗传学教学传承，之后是江绍慧老师、赵寿元老师，再是乔守怡老师。这些老师有着深厚的学术功底，在教书育人上也取得了突出成就。刘祖洞先生编写了"文革"后中国第一本遗传学教材。当时，这本教材是生物学研究的入门教材，只要是做生物研究的，几乎人手一本。乔守怡老师是国家级的教学名师。他接手复旦遗传学教学之后，2004 年推出了国家精品课，2005 获得了国家级教学成果奖，2008 年入选国家级教学名师。

从这些前辈的身上，我学到了很多为人师表应有的品德，这种品德是复旦大学遗传学教师们一脉相承的。谈家桢先生说过"教而不报"，而刘祖洞先生编写的教材里既循循善诱而又灵活多变，乔守怡老师的课则旁征博引，趣味盎然。初入教职那几年，乔老师每次上课我都会去旁听。可以说，正是在观察他们教学实践的过程中，我完成了从学生向教师的转变，迅速地成长起来。

2012 年，我获得了复旦大学"本（专）科生心目中的好老师"的荣誉，对那时候的我来说，这是一个意外的收获，也是极大的鼓励。虽然在当时，

2018 年吴燕华（前排坐者）和学生庆祝实验室论文发表

上海高校对侧重教学岗的老师普遍缺乏制度上的倾斜，但通过这个奖，我能看到复旦大学对教书育人的重视。而且我意识到，当教师能够全心全意投入教学的时候，学生会给予我们意想不到的认可。

为上海取得全国高校青教赛一等奖

参加第二届全国高校青年教师竞赛（以下简称"青教赛"）并拿到理工科一等奖，是我教师职业生涯中的一次重要转折，这次比赛让我对教育教学的理解上了新的台阶。

2014 年 4 月，学校教务处的老师来问我愿不愿意参加上海青年教师教学竞赛。这是上海市教育工会第一次举办的教学竞赛，目的是为了给上海高校青年教师提供一个教学交流的平台，同时，也是想通过比赛为第二届全国青教赛选拔人才。

最开始接到通知的时候，我是犹豫的。因为当时，我正面临着工作、生活的双重压力。一方面，作为一名高校教师，我自身面临着极大的科研压力。虽然是以教学科研并重留校的，但在实际的工作中，教学占据了我工作的绝大多数时间，科研自然就落下了。但在当时学校的评聘体系中，主要还是看科研成果。另一方面，当时我女儿才一岁多，我也希望能多花时间陪伴她成长。但仔细回首自己五年的教学时光，我发现自己还是割舍不下教学。抱着试一试的心态，我报名参加了比赛。经过一轮轮的筛选，最终幸运地拿到了比赛的一等奖。

当年6月底，上海市教育工会最终确定了参加全国青教赛的候选名单，其中就有我。之后的7月、8月，我与其他老师一起参与了市教育工会安排的集训，为国赛做准备。市教育工会为我们聘请了相关学科专业的资深权威专家教授（包括我的导师乔守怡教授，复旦大学生命科学学院赵世民教授、吴超群教授），组成指导团队，帮我们打磨课件和教学内容。印象最深刻的是为期一周的封闭式备赛培训。培训中，来自华东理工大学的黑恩成教授和来自上海师范大学的从玉豪教授全程陪伴指导，逐字逐句地帮我们优化讲课内容，大到教学内容的安排，小到PPT里的图片文字，每一处都仔细推敲，力求做到在课堂上无一字无内容，每一处衔接都自然恰当。那是我第一次获得如此专业细致的教学培训，也让我受益终身。

因为机会难得，也因为想给上海争一个全国一等奖，最后入选国赛的三位参赛老师都非常努力。在两个月的时间里，我们几乎每天只睡三四个小时，全身心地扑在优化教学资料上。这期间，市教育工会的老师是我们坚强的后盾。他们不仅经常关心我们的身体健康，更时常来为我们做心理疏导，并主动提出，如果家里有困难，他们来想办法帮忙解决。

比赛那几天，十几位老师围着我们三个年轻人转，帮我们处理除了比赛之外所有的事情，让我们安心备赛。比赛当日，时任上海市教卫工作党委副书记的虞丽娟老师也专程从上海赶到武汉为我们加油鼓劲。

幸运的是，我们没有辜负团队老师的期望和付出，收获了三个奖项，我自己以第四名的成绩拿到了理科组一等奖。我们不仅为自己的优异表现感到高兴，也为能够代表上海市的全体青年教师展示上海高水准的高校教学水平感到自豪。

在教学中寻找到自己的位置

第二届全国高校青年教师竞赛理科组一等奖对我而言，不仅是一个奖项，更多的是让我寻找到了自己的位置。比赛之前，除了跟着老教授上课，多数时间是自己一个人备课，缺乏专业系统的教学方法的培训，只能摸着石头过河，时常有孤军奋战的感觉。但比赛后，我看到了如此多优秀的教学团队，遇到了如此多同龄的优秀教学老师，突然就有种找到组织的感觉，原来身边有那么多一直以来不断在教学上努力和坚持的人，然后自己整个人就豁然开朗了起来。

全国青教赛结束，回归学校教学岗位后，我和其他两位老师都明显感觉到了自己的变化。我们会重新去思考怎样的课堂，什么样的教学方式，哪种课件才是真正对学生有益的。秋季学期开始给学生上课前，我们都不约而同地做了一件事——重新打磨课件。没有比赛要求也没有人逼迫我们，但我们三个都自发地把所有的课件按照国赛标准重新打磨了一遍。这样一学期课上下来，学生反馈特别好。当时就有学生提出，可以把课堂内容做成在线课程放在网上，让更多的人看到。于是，我又开启了教学的新尝试——在线课程。在学生和老师们的努力下，如今，复旦大学遗传学课程慕课已经运行了三年。今年疫情期间，仅一个学期的校外选修学生人数就超过了六千人。但是在线课程也有弊端，碎片化、单调的学习活动也让我的很多学生无法达到理想的学习效果，为了加以改进，我在2018年又加入了复旦大学教师教学发展中心的在线课程质量标准建设项目，以"建构一致性"为核心理念系统设计线上线下的混合式教学，并在课堂内积极推广，取得了良好的效果。

除了个人在教学方式教学理念上的提升，上海市教育工会、上海市教委也为我们的职业生涯创造了更多发展的机会。获得上海高校青教赛特等奖的六位老师被授予"上海市五一劳动奖章"，参加国赛的三位老师还获得了市教委的教改项目资助。面向广大上海青年教师的骨干教师成长计划，为青年教师的职业发展做了很多设计，帮助青年教师更好地成长。这些行动给了上海的高校青年教师一个信号，那就是在教学上有所成就的青年教师同样是值得学习的榜样，是能够引领高校青年教师发展的。

对我而言，从教十一年，最开心的是一路走来，通过青教赛，通过教学实践，不断坚定了自己的梦想，找到了自己前进的方向。参加国赛的时候，华东师范大学的蔡老师曾和我分享过这样一段话："改变世界不是一句空话，对一名教师来说，当他改变他的课堂时，就在现实地改变着这个世界。"我想这是每一位大学教师的心声和梦想！

（采访整理 / 范昕茹　照片来源 / 本人提供及郑逸洁拍摄）

三、大学担当

1950 ······ 2020

杨德广：
人生的意义在有为，人生的价值在奉献

【人物简介】

杨德广，1940 年出生，教授。当代教育名家、第十届中华慈善楷模、上海慈善之星。曾任上海市高等教育局副局长、上海大学校长、合并后的上海大学常务副校长、上海师范大学校长，曾兼任中国高等教育学会副会长、全国高等教育学研究会理事长、上海市高等教育学会常务副会长、中国民办教育研究院副院长等。享受国务院政府特殊津贴。

【访谈实录】

1996 年 6 月，我被调任上海师范大学（以下简称"上师大"）校长，当时已经 56 岁了。我深知，作为一名校长，要办好学校，必须紧紧依靠广大教职工，依靠广大学生。依靠群众，就必须取得群众的支持和拥护，工会是校领导与群众沟通的不可缺少的桥梁。

我深深感受到工会在教育改革中的重要作用：工会是为了关心教职工生活，为教职工服务而专门建立的组织机构。同时，工会也可以为学校领导分担重任，代表党和国家来关爱职工。我在上师大当校长期间，无论是教育改革还是解决关系群众切身利益的问题，始终离不开工会的支持。

依靠群众，为群众办事

我到上师大的前两个月，主要着手调查研究，听取意见，寻找工作突破口。我去每个学院、每个部门召开了座谈会，听取了离退休干部、民主党派、教代会代表等方面的意见。

当时，教职工反映最多的问题就是住房困难。工会及时向校领导反映这个关系到教职工切身利益的问题，校工会常务副主席万庆华告诉我，上师大教职工人均住房仅 6.8 平方米，低于上海市人均住房 7.4 平方米标准。三个月内，我走访了 30 多户住房困难的教职工，我感到很震惊。上师大原来的集体宿舍每间仅 13 平方米，有的新结婚的教职工没有住房，只能一间房子轮流住，或者将 13 平方米的房子一隔为二，两对结婚户住在里面。好几次讲到上师大教师住房时，我眼睛湿润了。

我下定决心，要千方百计解决教师住房困难。有句成语叫"安居乐业"，没有安居，何谈乐业？

当时是 20 世纪 90 年代，上师大还是靠福利分房，每年仅分到七八套房子，按困难程度排队分房，这对于 2 000 多名教职工来说无异于杯水车薪。

为了从根本上解决教职工住房困难问题，必须走改革之路——取消福利分房。我提出要自己做大蛋糕，争取政府贴一点、学校拿一点、个人出一点。市教委也支持上师大的改革，提出 1∶1 的优惠政策，即学校拿多少钱帮教师解决住房困难，市教委就补多少钱。

两年我们就筹集了近 5 000 万元用于购房。到了 1999 年年底，全校已有 1 000 多户教职工分到了新房，解决了住房之忧。本来我骑着自行车在学校里"不敢见人"，因为经常碰到老师来问我要房子，三年以后，我推着自行车在学校里，主动问教师要不要住房。当时还剩 10 多套房子无人问津，我到处动员，有几个老师是我"逼"着他们买的，后来他们都很感激我。

前不久，在校门口碰到两位女教师，她们特意过来跟我说："杨校长谢谢侬，谢谢侬送我们一个皮夹子哦。"我开始愣了一下，而后反应过来，原来当初她们买的房子，那时花了1万多元，现在的市值已经几百万元。

当时的上师大，除了住房困难，校园环境也是大问题。长期以来由于办学经费困难，学校地下水管堵塞，水电设备陈旧，一下大雨就积水成潭，教学大楼、学生宿舍常常要"抗洪救灾"。

大学校园是师生员工共同生活、学习、工作的地方，是育人的地方，环境的好坏直接关系到每个师生的生活质量、学习质量、工作质量。于是，我下定决心抓校园整治和绿化工作，以改变校园面貌促进改变人的精神面貌。

建设绿色校园必须解决两个实际问题：第一，钱从哪里来？第二，劳动力从哪里来？

整个暑假我都在为钱发愁。开学后不久，有一天几个青年教师在路上遇到我开玩笑说："杨校长，考验你的时候到了。"我问："什么考验？"他们说："今年教师节，你准备发多少钱给我们？"后来我了解了一下，上一年教师节每人发了100元，他们说考验我，是指今年增加多少。后来，学校党政班子开会时，我建议增加50%，每人发150元。消息传出去后，老师们并不买账，有人甚至说："杨校长很小气的，就发150元，把我们当250算了。"这让我明白一个道理：发多发少总会有人不满意，不能靠发钱来满足大家的要求。

我想，学校绿化不是缺钱吗，今年教师节的钱总共30万，干脆作为大家的集体捐款，用于校园绿化建设。于是，我专门召开座谈会征求大家的意见，包括听取了一部分离退休老同志的意见，他们一致赞成，说这个主意太好了。这样1996年绿化建设的启动经费就有了。

后来，我还提议发动教职员工自愿捐款但不攀比，我带头捐出一个月的工资。我还发动各院院长捐款，很多教职工和学院院长都很支持，积极参与。上师大师生捐款搞绿化的举动感动了市教委、市绿化委员会、徐汇区政府，他们用各种方式支持上师大绿化。

经费有了，劳动力哪里来？我建议开展双休日义务劳动，师生员工自愿报名参加。从校领导、机关干部、广大教师职工、学生，报名参加义务劳动的人很多，双休日四个上下午排得满满的。校园内生机勃勃、人声鼎沸。来访的记者们说，多少年没有看到的生动活泼的场面在上师大看到了。

从1997年到1999年连续三年，我们利用每周双休日时间，发动全校师生员工参加绿化义务劳动，大多数人只参加一两次，我参加了十多次。经过三年的努力，上师大校园面貌发生了很大变化，实现了"土不见天、绿树成荫、花不间断、四季飘香"的目标。广大教职工都很高兴，原先不理解的也理解了，原来不支持的也支持了。

坚持"对多数人有利、对全局有利、对长远有利"

作为一名校长，心中必须装着全校师生员工，一切为了师生员工；绝不能只装着自己，必须舍小我为大我，舍小家为大家。

当校长就是要为学校的发展、为师生员工的发展服务。我提出每年办10件实事，每年都超额完成了；我自己带头捐款、带头参加义务劳动搞绿化，改变了校园的面貌；我经常参加学生的文明修身活动，和他们一起劳动、清扫马路；每年元旦、春节，我都要骑着自行车去慰问教职工，听取意见；为了解决教职工的住房，我多次跑市教委、房产公司、住宅区，筹集资金，看房选房。

当时我取消福利分房，立即遭到了一部分教职工的反对，尤其是排队等了好几年即将拿到福利房的教师，他们写告状信，说我取消福利分房时不顾教师死活，不符合学校实际。但我知道，改革总是要得罪人的，当一部分人的利益受到损害时，必然会有人出来反对。我认为只要是对多数人有利、对全局有利、对长远有利，我就要坚持下去。

我刚开始抓绿化时，非议很多，压力很大，有人说我不务正业，有人说我乱折腾，还有人说我在为自己捞好处，为自己树碑立传，更有人说我干脆到园林局当局长算了。

有一次一个中年教师到我办公室来，说要对我提意见，我很欣赏这样的教师，有意见当面提。他说："你没有经过我们同意，就擅自把教师节的钱没收掉去搞绿化，还要大家捐款。"我解释说："捐款是自愿的，不捐也可以，教师节的钱拿来搞绿化是事实，我们开过座谈会听取了大家意见，最后由校长办公室定的，没有征求到每个人的意见，肯定也没有征求过你的意见，你如果不同意，我把 100 元还给你。"我当场拿出 100 元给他，他没有要。我又让他回去查查，教师节没发的钱已经从冷饮费里补发给大家了。他说："我们怎么不知道？"我说："不便说，也没必要说。"

有趣的是，三年以后这位老师的观点完全变了。2002 年电视台来上师大采访绿化事迹时，他主动跑到记者面前，把我夸奖了一番，说我们这个"绿化校长"好啊，我们在这个校园里工作，非常舒畅，到我们学校的考生也多了，既有经济效益又有社会效益。

作为校长，我认为首先自己要做到"没有私心，不谋私利"。做任何一件事、一项决策，绝不能从个人利益、领导班子利益出发，而要从广大师生员工利益出发，"为官一任，造福一方"。

我到上师大后，给自己制定了"约法十章"作为当校长的准则，包括"不要学校住房""不公车私用""不拿兼职费""出差不坐软卧""不要他人代写发言稿""不以权谋私"等。

做一个有益于社会和人民的人

2020 年 1 月 2 日，是新年后第一个上班日。上午 9 点我到上师大教育发展基金会捐赠 2 020 元。能为上师大的发展做点微薄贡献，我感到非常开心。然后我又去校工会向上师大爱心基金捐赠 2 020 元，校党委副书记、校工会主

杨德广（左）2018年向上师大教育发展基金会负责人捐款2018元

席裴小倩代表学校接受捐赠并给我颁发捐赠证书。能够为需要帮助的人做点善事，花费点余钱，是最有价值的。

送人玫瑰手有余香，帮助了别人，阳光了自己。从2004年起，我就开始了新年第一捐，这"第一捐"给我带来了一年的快乐幸福、身心健康。我要永远做个有益于社会和人民的人，践行共产党员"全心全意为人民服务"的宗旨。

我是农民的儿子，一辈子都是。50多年前，我考入华东师范大学，只身来沪，身背一个旧麻袋，全身上下只揣着3元钱，比起那时候，现在的生活富足多了。苦难的童年和艰辛的青年，让我更珍惜现在的生活。

80年来，我经历了苦难的童年、艰难的青年、磨难的十年、奋起的中年、幸福的晚年，从一个走出农村的寒门子弟成为大学教授，从一个贫苦农民的儿子成为大学校长，从一个面黄肌瘦的体弱少年成为身体健康的强壮老人。我目睹和经历了中国人民站起来的毛泽东时代、中国人民富起来的邓小平时代、中国人民强起来的习近平时代。

有人问我，你已年逾八十，为啥还不休息，仍然干得那么起劲？我说有四个因素：一是我身体状况很好，不释放出来是资源浪费，用于吃喝玩乐也是资源浪费，应该为社会、为教育事业作点贡献。二是我认为把多余的精力、能力用于为社会发展、为教育发展服务最有价值。三是我要积蓄资金，创造财富，将更多的钱投入慈善公益事业。十年来，我每年要拿出 10 万元现金给小学、中学两所母校，再加上其他方面的慈善捐赠，共需 15 万元左右，超出了我一年的工资收入。每年的讲课费和书稿费弥补了我做慈善所需资金的不足。四是充实了自己的生活，实现了自我价值，给自己带来了快乐和幸福，促进了身心健康。身体健康了，又可以继续工作，继续做慈善，做了慈善，感到很开心、很快乐，感到活得很有价值，心情愉快了，烦心事少了，又促进了身体健康。所以我一直认为，做慈善是对健康的最好投资。

有人问我为什么卖房搞慈善，现在又把自己一半退休金拿出来搞慈善？因为我是一个共产党员，一名教育工作者。我要坚守"全心全意为人民服务"的宗旨，永远做一个有益于社会和人民的人。还有人问我为什么不把房子和钱留给子女？我的想法很简单，把多余的钱帮助最需要的人是雪中送炭，如果送给子女则是锦上添花，当然是雪中送炭更有价值。我留给子女的是"助人为乐"的精神财产，而不是金钱房子等物质财产。他们已经有了稳定的工作，要想生活得更好应靠自己努力奋斗，而不能靠家长。我的女儿、儿子不仅支持卖房，而且还参加了我的阳光慈善公益活动。

（采访整理 / 徐　倩　照片来源 / 本人提供及郑逸洁拍摄）

张民选：
让教师成为一份值得追求的事业

【人物简介】

张民选，1953年出生，教授。现任教育部国际教育研究与咨询中心主任、"上海高校智库"上海师范大学国际与比较教育研究院院长、联合国教科文组织教师教育中心负责人。他曾先后担任上海市教委副主任、上海市教科院院长、上海师范大学校长、联合国教科文组织顾问、联合国儿童基金会顾问。

【访谈实录】

2009年，上海学生代表中国首度参加经济合作与发展组织（OECD）的国际学生评估项目（PISA），包揽了数学、阅读和科学三个冠军。2013年，上海学生以数学613分、阅读570分和科学580分的总平均成绩在65个国家（地区）中位居第一，再次夺魁。一时间，上海教育成为世界教育的焦点。"上海为什么能？""上海教育优质的秘密是什么？"这样的问题被不断提出。

中国自古就强调"尊师重教"，当今世界教育公认的是，除了家庭之外，对孩子影响最深的人就是老师。习近平总书记曾说："一个人遇到好老师是人生的幸运，一个学校拥有好老师是学校的光荣，一个民族源源不断涌现出一批又一批好老师则是民族的希望。"

在这样相通的理念之下，经济合作与发展组织在我们PISA测试连年获得第一的情况下邀请我们参加教师教学国际调查报告（TALIS），通过对教师和校长的问卷调查，了解他们的工作条件、专业发展和学校环境，为各国提供可靠、及时和可比的信息，为各国教师发展提供政策改进依据和建议。从 2013 年到现在，我们参加的两轮教师教学国际调查报告显示，上海地区的成绩仍是十分"亮眼"。例如，上海教师把教师作为首选职业的比例远高于 OECD 均值，上海是教师课堂时间利用效率最高的国家（地区）之一。此外，上海教师参加过正式入职培训的比例，也为所有国家（地区）中最高。

2020 年是上海市教育工会成立 70 周年，作为工会事业的参与者与见证者，我可以自豪地说，上海教育的成绩在世界教育中如此"亮眼"，教育工会在其中作出的贡献功不可没。

教育工会和教师发展都在世界前端

上海市人民政府和上海市教育工会一直关注着教师的发展。早在 1989 年颁布的《上海市中小学教师进修规定》中就要求参加职务培训的教师，其进修时间每五年累计应不少于 240 学时，其中具有中学高级职称的教师每五年应有 540 学时的进修时间。根据学时还计入相应的学分，这发展成后来上海市教师"学分银行"制度。而 240 学时也成为教育部构建的教师终身学习体系中教师在职培训的标准。在 2011 年《上海市"十二五"中小学、幼儿园教师培训工作实施意见（试行）》中，已要求在职教师五年内须修满 360 学时。

高质量的教师队伍是保持上海基础教育水平与活力的主要支撑，政府和工会目标一致，为教师的专业发展提供了有力的支撑。一方面，政府为教师提供进修机会，为在职教师达到统一的基本发展要求，同时也为实现教师个性化的自主发展提供必要的支持；另一方面，鼓励教师通过参加各种竞赛提高自身水平，并为教师提供专业发展的阶梯，建立包括初级教师、中级教师、高级教师、特级教师、正高级教师等在内的完整的教师职业发展体系。

工会工作也是如此。保障教职工的基本权利，维护教职工的合法权益是教育工会的基本职能。同时，工会工作怎样才能更贴合教师们的需求？在解决教职工的生活、工作困境，丰富教职工的业余生活等之外，还有哪些工作能发挥工会的作用，促进一支高质量的教师队伍不断发展？

教育工会历来重视教职工思想素质，长期以来，一直深入开展师德教育，致力于加强教职工队伍建设。按照全面发展的思路，教育工会也关心着教师们自我发展的需求。新教师度过了职初的适应期后，就进入了热情发展阶段，作为青年人，他们愿意付出更多的时间、精力和勇气去试验新的方法、新的工具，实践新的理念。正如老教师们说的，青年有时间、无（家庭）负担、身体健，当然能够做得更出色。既然如此，我们为什么不百倍珍惜他们的热情和精力，让他们在这一个时期更深地认识教育专业、更深地认识他们自己，帮助他们建构起他们自己的教育教学风格，获得更多的教育智慧？

在这样的思考下，2014年4月，首届上海高校青年教师教学竞赛（以下简称"青教赛"）的大幕拉开了，迄今为止已经举办到第四届。这个比赛不仅为全国高校青年教师教学竞赛输送了选手，各组别特等奖的优秀选手还被授予上海市五一劳动奖章。近年来，这一竞赛的导向作用已经凸显，很多高校将青教赛获奖纪录列入青年教师职称评定指标中，也引发了一系列青年教师安心教学、钻研教学的联动效应。"重科研、轻教学"的时代已经一去不返了！

教育探索的脚步永不停歇

首届上海高校青年教师教学竞赛举行的第二年，面向基础教育领域的上海基础教育青年教师爱岗敬业教学技能竞赛也紧随其后开展。和高教赛一样，这一竞赛拿出了颇具分量的上海市五一劳动奖章作为嘉奖。基础教育青年教师教学技能竞赛不仅包括了全市中小学青年教师，更覆盖到全市学前教育与中等职业教育。这其中，工会发挥了强大的组织和动员力量。一大批学科素养高、教学能力强、深受学生爱戴的青年才俊脱颖而出，成为推进上海教育发展的中坚

2016 年 9 月张民选在庆祝教师节暨第三届全国高校青年教师教学竞赛总结会作点评发言

力量。在大赛的带动下，各中小学掀起了层层选拔、教学评比的热潮，而一批在青年教师队伍建设上长期耕耘、卓有成效的学校也涌现了出来。

2017 年 8 月，由中国教科文卫体工会全国委员会主办的第一届全国中小学青年教师教学竞赛决赛在昆明理工大学举行。组织发起基础教育领域的青年教师教学竞赛，我们可以自豪地说，上海教育工会的脚步更早。

在赛事组织中，教育工会也关心民办学校教师专业发展，无论是高校青年教师教学大奖赛，还是基础教育爱岗敬业青年教师教学技能竞赛，都对民办学校开放。同时，还对非系统内教师开放。因为青年教师的专业发展是否覆盖到所有领域，决定了所有孩子能否得到个性发展、充分发展、健康发展。

让教师成为一份值得追求的事业

现在已经过了担心锅里是否有米的时代，在行业内得到发展，获得社会尊重的个人需求推动着工会不断深化工作内涵。在周全的职业发展体系的建构下，让所有教师有表现才能、发展才能的机会，促进教师的发展，让教师获得社会尊重，教育工会任重而道远。工会不仅致力于让青年教师站稳讲台，更激励青年教师爱岗敬业、追求卓越，在讲台上发挥光和热。

关心教师的专业发展，不仅要锦上添花，让已成熟的教师成为名师，更要努力发展出一大批教育家，这个希望在于青年教师的成长。教师这个职业，靠的是薪火相传。一批批更懂得学生的人，更懂得学生学习的人成为教师，用更新的理念、更新的技术投入教育，教师的队伍才能兴旺发达。

OECD 文件中有一句话："留住、发展有才能的教师。"能不能招到乐于学习、善于教学的教师？能不能留住人才？留住人才后又如何促进他们发展？在这些问题上，教育工会交出了优秀的答卷，上海教育也在 PISA 与 TALIS 等项目中交出了亮眼的成绩单。

让教师成为一份值得终身追求的事业，也是上海教育工会永远的追求。

（采访整理／刘文婷　照片来源／市教育工会提供及朱水苗拍摄）

李 进:
教育工会教会我运用"交底"的力量

【人物简介】

李进，1949 年 3 月生。教授，享受国务院政府特殊津贴。上海市第十届、第十一届政协委员，上海市社会科学界联合会副主席。1992 年 2 月起，历任上海市高等教育局教学处副处长，上海市教育委员会高等教育办公室副主任、主任。2000 年 10 月起，历任上海东沪职业技术学院院长，上海第二工业大学主持工作副校长、党委书记，上海师范大学校长，上海杉达学院党委书记、校长，上海外国语大学贤达经济人文学院执行董事长。

【访谈实录】

"优青培训班"激活了我的"情感性因素"

我与上海市教育工会的最初交集要追溯到 20 世纪 80 年代中期，当时我是上海师范学院（现上海师范大学）政教系的一名青年教师。青年教师普遍关注自己的专业发展问题，希望能站稳讲台，多发论文，早点评上职称；同时有强烈的生活上的诉求，期待能提高薪酬待遇，早些分到住房。所以，听说市教育工会要来学校开座谈会，心里的确很激动。为什么说很激动呢，因为"娘家人"来了，可以吐露自己的心声，同时希望工会把我们青年教师的诉求反馈上去，落实下去，实实在在解决一两个具体问题。不久市教育工会就组织了一个"优青培训班",还组织我们开展社会考察,我去的是井冈山。参加这个"优青培训班"我最大的体会是,青年教师的活动平台非常重要,在这个平台上,其"情感性因素"一旦被激活,就会自觉地把这种"情感性因素"迁移到爱岗爱校上来,进而上升到爱党爱国。

参加"优青培训班"另外一个收获,就是把我们不同专业背景的青年教师聚集在一起。我们就自发地组织了一个读书会,一个月一次,轮流做东,深度阅读,每次由一名主讲人介绍一本书,然后大家头脑风暴,进行思想交流甚至观点交锋。我记得潘世伟讲解政治学绘声绘色,马德邻解读《道德经》头头是道,吾敬东梳理思想史条理清晰,严法善介绍经济史观点鲜明,黄维德阐述舒马赫的《小的是美好的》可圈可点。读书会给我们最大的启示是,"有两样东西值得我们仰望终身,一是我们头顶上璀璨的星空,二是人们心中高尚的道德律令",即敬畏规律、敬畏理论、敬畏伟人、敬畏德性,教书要教真货,育人要育根本。所以说,教育工会从组织"优青培训班"到现在的"青教赛",不仅提升了教师的教学技能,而且在青年教师中形成了钻研学问的风气,更为重要的是,培养了青年教师正确的"三观"。

推进校务公开是维护教职工合法权益的有效途径

推进校务公开是社会主义大学基本属性的必然体现,是维护教职工合法权益的有效途径,也是密切党群关系的客观需要。我在上海师范大学担任校长时,曾邀请师生员工对机关作风进行民主评议,了解他们最关心哪些问题。评议结果排在第一位的是"办事缺乏透明度",其次是"不深入基层"和"服务意识差"。这一结果引起了我们班子成员的高度警觉。群众民主评议中呼声最高的"办事缺乏透明度",实际上反映了一个知情权的问题。民主管理、民主监督要体现在教职员工的参政议政上,而参政议政的前提就是要有知情权。学校工作要让群众知情、参与和监督,知情才有信心,参与才会用心,监督才能放心，获得才可称心。这是学校的软实力，直接关系到学校的社会美誉度与内部感召力，学校要把软实力当成硬任务来抓。

校务公开必须提升到政治高度和理论高度来看待，同时必须具有可操作性和群众认可度。校务公开的实质是权力行使公开，这是公共权力的基本属性；权力既然是人民授予的，权力的行使自然应当向师生员工公开，而不是搞神秘化、特殊化。校务公开最重要最根本的是让权力体制透明，让权力运行透明，而落脚点是渠道畅通，信息对称，由方便群众办事导向权力运用。我们的基本做法是"先规则、广告知、再操作"，而教职工代表大会是学校实行民主管理和民主监督的基本形式和制度，是依法治校、校务公开的基本载体，必须坚持以教职工代表大会为校务公开的基本形式和主要途径，通过教职工代表大会公开学校重大事务。为此，我们出台了《上海师范大学关于全面推进校务公开工作的实施意见》《上海师范大学校务公开指南》《上海师范大学教职工代表大会提案工作暂行规定》等相关规章，并通过各种专题会

2010 年时任上海师范大学校长李进为优秀女教工代表颁奖

议、教职工代表大会代表座谈会、民主党派双月座谈会、听证会、教职工大会、离退休职工（代表）会、学生代表大会等形式进行校务公开。同时，学校通过校报、广播、校园网、公告栏、意见箱和各种宣传橱窗等信息公开形式，落实教职工代表大会闭会期间的民主管理和民主监督。

民主管理的出发点和落脚点都是让师生学习工作更有获得感

民主管理是民办高校建设发展的法宝。我在上海杉达学院时提出了"与众不同、追求品质、塑造未来"的发展思路，推进民办非营利性示范校建设，持续推进民主管理制度化、规范化、法治化建设。我们形成了董事会决策、校长负责、党委政治核心保障、教授治学、民主管理的"五位一体"的内部治理结构，并以"构建和谐劳动关系"为民主管理的主线，充分发挥其在学校发展中的基础性推进作用。

民主管理的出发点和落脚点都是让师生学习工作更有获得感。怎样才能有获得感？理念认同就有获得感，关系和谐就有获得感，能力提升就有获得感，权益保障就有获得感，共享成果就有获得感，共担责任就有获得感。要让师生有获得感，作为校长就要向教职员工"交底"，做"主心骨""挡风墙""老娘舅"甚至"出气筒"。为此，我们建立了教职工代表大会提案制度，充分调动师生员工民主管理的积极性和创造性。写提案不是简单地向管理者提意见，更不是发牢骚，而是要有问题的由来、解决的路径、可行性的建议等，经过不断地磨合实践，最终使师生对提案的办结满意率几乎达100%。如组建青年教师联谊会，关于辅导员住房补贴待遇问题，关于修订校基础部任课教师实行课时补贴的暂行办法，关于按较高标准为教师缴纳补充养老金，关于建设两校区"大学生素质教育中心"等提案，学校都一一落实解决，真正做到"提案有督办，建议有落实，意见有回应，理念有沟通；劲道有处使，牢骚有处发，委屈有处诉，绩效有回报；优劳有优得，功劳有奖励，苦劳有表扬，疲劳有抚慰"。

这几年，上海杉达学院先后荣获全国先进民间组织、上海市文明单位、上海市依法治校示范校、"上海市五一劳动奖状"、上海市厂务公开民主管理工作十佳单位、全国厂务公开民主管理示范单位等称号。其实，行政管理往往不是命令的力量，而是说服的力量，更是"交底"的力量。在民主管理的践行过程中，我也深刻体会到了民主管理对于民办高校的价值，深切地懂得了"交底"的力量。

在我的成长经历中，作为青年教师，教育工会给予了我发展平台和价值信念；作为教育管理者，教育工会给予了我管理根基和管理智慧；作为教育研究者，教育工会给予了我思想视野和逻辑起点。教育工会的服务工作，积聚了我成长的底气，教会了我运用"交底"的力量。

（采访整理 / 唐洪平　照片来源 / 本人提供及何思哲拍摄）

毛杏云：
常讲不忘、常抓不放，让教书育人蔚然成风

【人物简介】

　　毛杏云，1940 年出生，研究员。先后任上海交通大学（以下简称"上海交大"）船舶制造系学生政治指导员、团总支书记、党总支副书记，上海交大数学系党总支副书记、党总支代理书记、党总支书记，上海交大二部党委副书记，上海交大校长助理。1993 年调任上海科技大学（后合并至上海大学）党委副书记。1994 年任上海大学党委副书记。1999 年兼任上海大学老年大学校长。2001 年退休后，先后担任上海杉达大学党总支副书记、上海交大校史编纂委员会秘书长。曾获"上海市三八红旗手""全国教育系统关心下一代工作先进个人""上海市教卫党委系统优秀党务工作者""上海市老年教育工作先进个人"等荣誉。

【访谈实录】

两大特点为开展教书育人工作奠定基础

　　我是 1964 年从上海交通大学船舶制造系毕业的，毕业后留校参加工作。从 1964 年到 1981 年，一直在船舶制造系，1981 年被调任至上海交大数学系，当时称应用数学系，先后担任总支副书记、总支代理书记、总支书记。1987 年去闵行的交大二部，也就是现在的闵行校区，担任二部党委副书记，1989 年任校长助理。所以，我在数学系开展教书育人工作的时间，主要就是在

1981 年到 1987 年期间。

那时数学系共有 133 名教职工，其中教师 120 人，包括 5 名教授、27 名副教授、42 名讲师、46 名助教，其他干部职工有 8 人，实验室有 5 人。当时数学系人手紧，教学任务很重。全校一、二年级的高等数学、工程数学课，都由数学系教师承担，此外还有研究生、夜大、各种短训班的数学课也需数学系教师教授，再加上本系学生的教学任务，教学覆盖面有五千余名学生，本科生四年中约有 20% 的时间要接触数学教学。这为数学系开展教书育人工作提供了十分有利的条件。

当时的数学系还有个特点，即属于缺编单位，全系一半以上的教师都是超负荷工作。经历了 1949 年后的院系调整，数学系由系变为教研室；又经历了 1956 年的交大西迁，虽然力量削弱不少，但 1978 年后学校重建应用数学系，全系建立了一支比较成熟的教师队伍，他们实际上在日常教学中已自觉不自觉地进行教书育人工作，这为开展之后的工作奠定了坚实的基础。

一件偶然之事让教书育人工作正式启动

提出开展教书育人工作的要求，既与当时的社会大背景相关，也与那时偶然发生的一件事有关。1982 年 9 月，党的十二大召开，我们意识到，各级各类教育工作者要在建设社会主义精神文明中担负起特别重要的责任。

就在我们用心学习十二大精神期间，1982 年 9 月 30 日，数学系内发生了一件令人惊讶的事。当晚，保卫处巡查时发现有男女学生在宿舍熄灯后跳舞，举止不雅。后经调查确认，是位已被学校宣布退学的学生未及时离校，他召集了一些社会上的闲杂人员进入宿舍，还把系内的在读学生卷入这一事件当中。这件事对数学系的震撼非常大。数学系老师一贯都比较严肃、严谨，数学系的学生也比较刻苦、好学，居然会在数学系发生这种事情！老师们意识到，数学系绝不是"世外桃源"，学生的思想工作绝不能单靠几个政工干部，一定要依靠全体教师。教师不仅是知识的传授者，更是精神文明的传播者。

于是，我们针对这一问题进行了深入讨论，明确要把教师队伍作为开展教书育人工作的主力军。但刚开始时，还是有一些障碍和难度。例如，大家感到开展教书育人工作与教师"不搭界"，应是政工干部做的；又如，对"教书"和"育人"的辩证关系没搞清楚，有教师认为"教书"就是"育人"；此外，当时重科研、轻教学、争创收的大气候也不太有利于教书育人工作的开展，"教书育人"只是停留在口号上，流于一般号召。此外，"育人"和职称、分房、奖惩也不直接挂钩，政策不兑现。

22 个字助教书育人工作成为系统工程

在这种情况下，我们认为必须把"教书育人"进行科学管理，作为系统工程来抓，于是提出 22 个字要求：思想引导、齐抓共管、常讲不忘、常抓不放、制度化、规范化。另外，还提出要"软件硬化"，而不仅仅是"喊口号"。

在思想引导和发动上，我们召开座谈会、讨论会，使大家认识到开展教书育人是党对老师们的信任，是老师们应担负的责任和使命，师者就应"传道、授业、解惑"。有的老师讲："文革"时期"左"倾严重，老师们被贴大字报，被骂"臭老九"，尊严受到极大冲击。现在，党把教书育人的任务交给我们，这是对我们的极大信任与尊重，大家都表示要全心全意为学生付出。

有位杨老师结婚很晚，一心把精力扑在教学上，经常很晚回家，有时甚至啃着硬馒头与学生交流，"文革"中她被贴大字报，扣上"智育第一"的帽子。回忆那段往事，她说："那时不要说是育人，我连教书的权利都被剥夺了，祖国之大，九百六十万平方公里，居然安放不下一张能够让我潜心看书的桌子。今天党把教书育人的责任交给我，老骥伏枥、志在千里，我拼着命也要把工作做好。"后来她提交了入党申请书。当她用颤抖的手把申请书交给我时，只说了一句话："向党表表我的心意。"但不幸的是，她被诊断出患上了肺癌。去世前，她实现了加入中国共产党的愿望。另一位程教授，虽然年逾花甲，他说："'文革'十年夺去了我最好的年华，我要把我的年龄倒退十年，加倍努力，把十年的损失夺回来。"他亲自指导20多位研究生，常常在节假日骑着自行车去家访，最远还到过崇明、奉贤。可见，教书育人工作唤起了教师的责任意识，让教师们心甘情愿地把自己的所有精力都奉献给教育事业。

在组织保证上，我们成立领导小组，党、政、工三位一体，齐抓共管。全国教育工会、市教育工会、学校教育工会对我们的帮助、支持和指导都很大。在系里，则是党、政、工三块力量集中在一起，各司其职、发挥所长，拧成一股绳。

在运用制度和规范使教书育人常态化方面，我们做了四件事：一是制定《教书育人守则》，一开始是9大条24小条，执行一年后再次讨论、修改、定稿；二是每学年对教师和干部进行教书育人考核，还组织在小组会上交流，并填写考核表；三是交流，每年举办教书育人交流会，通过典型发言，发扬先进，互相学习；四是对新教师进行师德教育，起到"传帮带"作用。

毛杏云手执《教书育人》小册子，介绍数学系中优秀教师的典型事迹

教书育人工作激发了凝聚力

教师们的积极投入，让教书育人工作在数学系内蔚然成风，不仅帮助数学系渐渐走出低谷，更是激发了全系师生的凝聚力，成功处理好了"四对关系"。

首先，处理好"教书"与"育人"的关系。老师们意识到，作为教师，第一要务是教好书，寓"育人"于"教书"之中，在"教书"之中体现"育人"。有位王嘉善老师，是数学系的"台柱"，在全校非常有名。他已教了几十年书，却仍坚持认真备课，把每堂课都当作第一堂课来教，要求自己一定做到"常教常新"。王老师的课有两大特点，一是"见数见人"，二是"借数喻人"。例如，有些学生觉得学数学很苦，他就在讲授欧拉定理时讲数学家欧拉的故事。他讲欧拉一生发表 800 多篇论文著作，但他人生最后的 7 年却双目失明，800 多篇论文著作中的一半是失明后撰写、发表的。可见，做学问是一个很艰苦的过程，即使是大数学家也要直面困难、勇于坚持。还有一次，王老师看到学生在学校里为"抄近路"而踩踏草坪，就借数学教育学生。他从"曲线积分"讲起，说："虽然两点间的距离直线最近，但有时却不是最佳路线，走直角才不会违规。"这让学生们感叹于王老师精妙的思想，他自身的言行举止和道德观念也令学生折服。不少学生讲，听王老师的课，是一种享受。

其次，处理好"育人"与"育己"的关系。受教育者是教育者的一面镜子，因此教师在教育学生时，首先自己要为人师表，做学生的榜样。数学系有位中年教师，每天骑自行车来上课，有一天在上班路上，突然下起瓢泼大雨，他不得不在商店里躲雨，但眼看着上课时间要到了，为了不迟到，他冒雨骑车来校，冲入教室时上课铃正好响起来，而他早已浑身湿透。这位老师严于律己、守约有信的行为，使全班响起了掌声，从此再也没人在数学课上迟到了。

再次，处理好"严师"与"益友"的关系。通过开展教书育人工作，老师们开始思考何为"严"、何为"爱"，"严"与"宽"的关系要如何处理，逐渐意识到讲台上要做到"三严"，即严格要求、严格训练、严格管理；而在平时的生活中，则要与学生成为朋友。

最后，处理好"提高学生素质"和"提高教师素质"的关系。为让教师不断提高教书育人的水平，数学系经常组织教师学习、参观、听报告，使教师的综合素养及全系的教学质量都有了显著提高。上海交大举办教工广播操比赛，数学系连续四年得了冠军；全市开展高校数学统考及工科院校研究生入学考试统考，上海交大学生成绩经常名列前茅。1987 年在上海市教育工会和高教局联合举办的上海市高校教书育人授奖大会上，上海交大应用数学系荣获教书育人优秀集体奖，王嘉善老师荣获教书育人成果奖一等奖。

（采访整理 / 臧　莺　照片来源 / 曾昕拍摄）

贾金平:
不忘初心，做好教职工的"贴心人"

【人物简介】

贾金平，1961 年出生，教授，现任上海交通大学化学化工学院党委书记，曾任上海交通大学环境科学与工程学院党总支书记、上海交通大学工会主席、上海市教育工会兼职副主席、全国教科文卫体工会委员会委员。2009 年起，连续两届担任上海市教育工会兼职副主席，2011 年当选为中国教科文卫体工会第三届全国委员会委员，2013 年 10 月作为全市高校工会主席代表参加中国工会第十六次代表大会。曾荣获"全国优秀工会工作者"、上海市"五一劳动奖章"、上海市"优秀工会工作者标兵"等称号。

【访谈实录】

2007 年，我开始担任上海交通大学的工会主席，从 2009 年开始，我又兼任了上海市教育工会副主席。近十年在工会任职的工作经历让我对教职工代表大会（以下简称"教代会"）的职能认识得非常清楚。2017 年，我又开始担任上海交通大学化学与化工学院党委书记一职，至今，我们通过党政联席会、学术委员会、教代会确立了三十多项制度，让学院的每个教职工都有一种当家做主的感觉。上海交通大学（以下简称"上海交大"）常务副校长丁奎岭曾在数个场合说："如果说近几年来，在全国高校里，上海交大是发展最快的学校之一；那么在上海交大，化学化工学院是学校里发展最快的院系，没有之一。"我觉得这和我们执行了党政联席会、学术委员会和教代会等制度有关，所有的教职工都齐心协力，每个在这里工作的人都感到很舒心、很有干劲！

提出"五个之家"，丰富"教工之家"的内涵

习近平总书记强调："要努力把工作做到所有职工群众中去，使工会工作更贴近基层、贴近职工群众，更符合职工群众的意愿。"2007年，我担任上海交大工会主席的时候，上海交大已经获得了"全国模范教工之家"的称号，但是我一直在想，这个"家"到底意味着什么呢？当年，在与上海体育学院交流的过程中，我看到他们学校的工会办公室门前写了一个大大的"聚"字，这对我有很大的启发。在这个基础上，我提出了要建设"五个之家"的想法，即"民主之家""学习之家""快乐之家""温暖之家"和"和谐之家"。

一所学校或者院系想要快速发展，离不开和谐的校园氛围。你看"和谐"这两个字，其中，"和谐"的"和"就是要"口"边有"禾"，意思就是大家都要有吃的；"谐"就是要"皆言"，就是让大家都能发表意见。很多学校人才流失不仅仅是因为教职工的收入不高，还因为学校不给他们建言献策的机会，特别是"杰出青年"和"长江学者"这些高层次人才，如果他们在院系管理中没有发言权，他们就会缺少存在感。这就是要建设"民主之家"的意思。高校里基本上都是高层次人才，根据马斯洛的需求层次原理，人到了一定的层次需要让他感到有存在感。因此，建设"民主之家"就是让他们在和谐的工作氛围里，感觉到自己说话是有用的，能为学院或者学校发展建言献策。

"学习之家"，就是鼓励教职工通过学习提升职业技能和个人素质。我们把职业水平和职业发展与教职工的收入挂钩，这样他们就有了"干劲"。"快乐之家"，就是举办丰富多彩的文娱体育活动，比如我们设立了唱歌、打乒乓球、瑜伽、插画等30多个协会供教职工选择。此外，每个协会都有活动章

2013 年 10 月 18 日，贾金平在中国工会第十六次全国代表大会上留影

程，并聘请一名教授担任会长。所以，我们的教职工都觉得自己的生活很充实。除了上课、科研之外，每天中午都有项目、有场地让他们选择自己喜欢的活动来参与，极大地丰富了他们的业余生活。"温暖之家"，就是全心全意为教职工谋福利、提供优质服务。学校制定了"十必访"的规定，教职工生老病死、婚丧嫁娶，包括他们的直系亲属过世，还有新入职与将要退休的人员，学校都有专职工作人员上门慰问。此外，还有针对新入职员工的"认家"活动，让他们对工作单位有归属感，感受到学校的温暖，最终目的就是让整个学校形成和谐的氛围。

教代会制度是学校开展民主管理的主渠道

现在，我们经常提关于国家治理能力和治理体系的建设以及学校内部治理和外部建设的问题，我认为内部治理最应重视的就是教代会制度作用的发挥。教代会是学校民主管理和民主监督的基本制度，是校务公开的基本形式和主要载体。

1983 年，上海交通大学建立并实行了教代会制度，学校党委对此也非常重视，始终将教代会视为加强学校政治民主建设的一项基础工程，将其作为加快学校改革发展、深化内涵建设、反腐倡廉、增强凝聚力的有效渠道和重要保证。为了充分发挥教代会的长效作用，学校根据工作实际增设了闭会期间的联席会议制度，2012 年将决策机构由常设主席团扩大到联席会议，人数由 45 名增加到 101 名。同时，进一步加强了校情通报会、教代会代表巡视等工作机制。2013 年，学校一名教职工在下班路上遭遇车祸身亡，在学校里引起较大反响。学校就组织代表开展相关巡视了解情况。原来，发生车祸的地方是学校教职工公寓所在地，每天来往穿梭的人非常多。由于这个地方没有红绿灯，机动车和非机动车行驶速度都很快，有很大的安全隐患。因此，教代会代表建议在这一区域安装红绿灯。最后，代表们在和闵行区建设交通委员会多次沟通协调之后，终于促使相关区域安装了红绿灯，保证了教职工的出行安全，得到了大家的普遍认可。

除了关系教职工切身利益的事情之外，教代会也在校园管理方面发挥积极作用。上海交大闵行校区校园非常大，刚开始，很多社会车辆在校园里停车，有的还把校园当作上高速公路的捷径，不但影响校园环境，还干扰了正常的教学秩序。教代会代表们发现这一问题之后，马上采取措施。经过多次讨论之后，他们认为需要设立停车收费制度，但是收多少费用又引起了争议。最终，这一问题在教代会上得到了圆满解决。

依法依规，保障广大教师的合法权益

2009 年至 2017 年，我担任上海市教育工会兼职副主席，曾在教育工会常委会上提出高校教代会职能发挥相对充分，但是在民主评议校领导方面明显不足，主张"校领导在教代会上进行述职"。当时，刚提出来这个想法的时候，很多学校领导都不能接受，一些校长认为"我可以对组织部门述职，可以对上级部门述职，没有必要向员工述职"。但是，经过上海市教育工会领导与教卫工作党委多次研究，这一做法最终在上海市属高校全部推行开来。

在上海市教育工会，我主要负责工会的理论与研究工作。我曾经写的一篇文章获得了全国教科文卫体工会优秀调研论文一等奖，由此推动并成立了教育工会理论研究会，其间还主导设立了三项重点课题：一是"教代会评价指标体系的建立"，二是"工会工作运行有效性评估体系的构建"，三是"新形势下工会经审职能优化与运行绩效研究"。工会经审方面的研究重新梳理了现行的经审制度，要求各单位工会组织该活动的时候相关的经费必须要依规使用，必要而缺失的规定要根据新的形势与新的依据尽快制定出台新的制度规范。这项研究得到了很多业内同行的认可。当时，上海市总工会的相关负责人还特意到上海交大来调研。

中央"八项规定"发布之后，全国很多地方的教职工疗休养都取消了。但《中华人民共和国教师法》和《中华人民共和国高等教育法》都明确规定了"教师拥有疗休养的权利"，并且这一规定已经执行了二十余年，把它简单地"砍掉"就是没有保障教师的合法权利。我认为"八项规定"不是不让"你"做，而是让"你"规范地做。这一主张得到了上级领导和工会同仁的一致支持，我们对涉及疗休养的各项规定进行了重新梳理、规范，既将这一涉及教师权利的规定保留了下来，保障了广大教师的权益，又更好地落实了中央的精神。

（采访整理／魏小潭　照片来源／本人提供）

薛志良：
信仰与荣耀同在，光荣与责任同行

【人物简介】

薛志良，1952 年出生。1975 年上海科技大学毕业后留校任教，后历任上海大学工学院宣传部部长兼团委书记、学工部（处）长、党委副书记；上海大学徐汇校区负责人；上海大学美术学院党委副书记（主持）、书记；上海大学党委常委、工会主席；上海大学东区建设指挥部总指挥等职务。曾当选中国教育工会上海市第八届委员会委员、常委。

被评为 2012 年度教育系统基层优秀工会主席、2007—2009 年度上海市教育系统优秀工会工作者、上海市高校优秀思想政治工作者等。

【访谈实录】

我于 2007 年至 2014 年，担任了上海大学工会主席。工会是党联系职工群众的桥梁和纽带，在我看来，工会工作有三个关键词：一是全员，工会的服务对象是全体职工；二是基层，工会工作要深入基层，为基层职工群众排忧解难；三是本质，工会工作的着力点是解决职工群众最关心、最直接、最现实的利益问题。这段工作经历于我而言是极其难忘的，因为它生动体现并诠释了党的宗旨——"全心全意为人民服务"，让我体会到信仰与荣耀同在，光荣与责任同行。

工会工作大有可为

我担任工会主席期间，高校的办学宗旨是"党委领导、校长负责、教授治学、民主管理"。其中"民主管理"四个字，给了工会工作巨大的发挥空间。在这样的背景下，我充分发挥学校教职工代表大会（以下简称"教代会"）的作用，让教职工积极参与高校民主政治建设，取得了比较好的成效。我主要做了以下几件事：

第一是狠抓学校二级教代会建设。当时我们学校有二十多个二级学院，学校工会工作不能仅依靠校级教代会来推进，必须让工会工作重心下移，发挥好各二级学院的作用。事实上，二级教代会的建立对于基层"老大难"问题的解决很有帮助，原本学院分配制度、分配方案等群众关心的事项，在基层容易引发矛盾，二级教代会建立以后，学院的发展愿景、人事安排、职称评定、评优评先、重要制度改革和制定，以及学院分配制度和分配方案等群众关心的事项，都在教代会上讨论通过，得到了职工群众的拥护。毛主席曾经说过，"政治就是把支持我们的人搞得多多的，把反对我们的人搞得少少的。"二级教代会建设就对我校民主政治建设起到了积极的促进作用。

第二是推进网上教代会提案工作。我们于 2007 年就着手实施让教代会提案"上网"，从征集提案、列入提案、代表附议、审批立案，到各部门提案办理过程、提案落实情况、代表评价等，整个流程通通上网、全部透明。推进网上教代会提案工作，不仅方便代表积极履职，还进一步提高了提案工作质量。

第三是在教代会闭会期间，建立教代会代表对校内各项工作的巡视制度。教代会召开期间，代表们可以畅所欲言，那么教代会闭幕后，如何继续发挥代表们的作用呢？代表巡视制度就是很好的抓手。我还记得在第一次巡视工作中，来自学校食品科学与工程专业的代表团队前往学校 5 个食堂，对食堂提供的肉丸、大排、红烧肉等代表性肉制品的质量进行检测，并提出专业建议，这在校内引起了很大反响，对提升学校食堂伙食质量也有促进作用。此外，教代会代表还从专业角度，对教室里的麦克风、投影仪等教学设备的使用情况进行检查，这对于提升教学效果也很有帮助。

薛志良（左三）在市教育工会与新老同仁交流

　　我可以很自豪地说，为了促进上海大学更好地发展，我们工会出了不少力。在学校制定《上海大学章程》的过程中，我们以工会的名义，邀请校内最好的社会学老师、历史老师、法学老师等一同参加起草工作，推动学校科学发展；我们还积极组织民主管理恳谈会和各类座谈会，参会代表与校领导及有关职能部门面对面沟通，达到了了解校情、上下齐心、形成共识的目的。这些点点滴滴都让我感受到：工会工作大有可为，只有想不到，没有做不到。

"实事工程"温暖人心

　　在我任职的 7 年内，我们工会共实施了 22 项"实事工程"，平均每年实施 3 项。这些"实事工程"从教代会代表提案中产生，反映了职工群众最关心、最直接、最现实的利益问题。这项工作的开展，进一步扩大了工会工作的影响力，调动了广大教职工群众的积极性、主动性和创造性，促进了学校的发展。

教学楼内缺少教师休息室曾是我校教职工突出反映的一个问题。我校学生多、教室少，教室利用情况非常紧张，因此教学楼内没有设置教师休息室，教师在课间无法得到很好的休息。学校要提高办学质量，靠的就是教师，教师休息不好，教学效果也会受到影响。但面对硬件条件不足的情况，我们该怎么办呢？对此，我们工会积极行动起来，在教学楼内进行了细致的调研考察，提出了可行的方案——我们决定每两层楼面，设置一个教师休息室；每个休息室的地点，我们都进行了充分的论证。最终，这项工作被列为"实事工程"加以推进，得到了各部门的积极支持和配合，教师们的课间休息环境得到了改善。

随着学校青年教师人数增长，教职工子女入学难问题逐渐突出，教代会上有多个提案提出希望能解决这一问题，消除青年教师的后顾之忧。对此，我们工会积极响应教职工的需求，与宝山区大场镇政府协商合作，共建上海大学附小、上海大学附幼，打造以上海大学为核心区域的优质教育园。此举不仅有利于一个地区的发展，也很好地解决了教职工子女入学难问题。这项"实事工程"的实施，得到了广大教职工的好评。

在工作中我有个很深切的体会：随着经济体制深刻变革，社会结构深刻变动，利益格局深刻调整，思想观念深刻变化，经济关系、劳动关系更加复杂多变，群众的利益诉求更加直接、更加明确、更加具体，对自身的权益也更加看重。学校工会必须密切关注教职工的工作、生活、健康、住房、福利待遇、子女就读、沟通交流等方面的迫切需求，切实帮助教职工解决最关心、最直接、最现实的利益问题。因此，我们一定要以当仁不让、舍我其谁的担当，不断提高服务科学发展、服务社会和谐、服务职工群众的水平，这样才能真正做好工会工作。

（采访整理／范仲毅　　照片来源／本人提供及李宜之拍摄）

葛 朗：
我与教师节文艺晚会的不解之缘

【人物简介】

葛朗，1949年8月出生，华东师范大学哲学系硕士研究生毕业，教授。1976年至2011年任职于上海戏剧学院，先后担任学院工会主席、纪委书记、党委副书记、副院长等职。1994年起参与由上海市教卫工作党委和市教育工会主办的上海市庆祝教师节主题活动。曾被上海市教育工会评为"2007—2009年度上海市教育系统心系教职工的好领导"。

【访谈实录】

1993年7月，我开始在上海戏剧学院（以下简称"上戏"）担任党委副书记，当时上海戏剧学院的院长是余秋雨，不久之后的1994年，我开始担任工会主席和纪委书记，其中工会主席的职务我一直到2011年年底退休才卸任下。在上戏做了18年工会主席，这在上海各高校中还是属于担任时间比较长的。也因为这个原因，我参与了从1994年开始到2011年的所有18届上海市教师节主题活动文艺晚会的筹办。上海戏剧学院和上海音乐学院作为艺术院校，参与力度最大，我作为上戏方面的负责人和上戏的表演、导演、舞台美术、编剧创作、电视艺术、戏曲舞蹈等各专业的专家和师生一起参与了这18届的庆祝教师节文艺晚会的工作，作出了自己的贡献。

一年一度的"教师春晚",上海教育事业的表演舞台

在上海,教师节文艺晚会已经成了教师节最主要的庆祝活动。每年,无论工作多么繁忙,上海市委、市人大、市政府、市政协的主要领导和分管领导都会亲临现场,观看教师节文艺晚会,与教师们共度佳节。不仅如此,有的领导还亲自指导文艺晚会文本和节目形式的创作。参与过教师节的师生们曾感叹,文艺晚会对他们的影响很大,以至于守在电视机前观看文艺晚会已像过年看春晚一样,成了教师们每年庆祝自己节日的必备节目。这场由教育系统这支非专业团队打造的教师节文艺晚会更以其不断攀升的收视率,令社会各界领首称道。对于每一个亲身参与其中的人来说,一年一度的教师节不仅是一场活动、一次演出、一次节日的庆祝,更是大家共同的记忆和精神的家园。

上海为什么要办这样一个晚会?举行庆祝活动可以有多种形式,为什么教师节主题活动不选择简单的表彰、报告会、座谈会的形式,而是选择复杂的舞台艺术表现形式呢?

首先是因为我们对教师节作用的重视。从 1985 年我国将 9 月 10 日确立为教师节后,在上海,教师节从来就不是个普通的节日。当人们发现,教育在历史上的作用,从未像今天这样重要;当人们发现,在快速发展的社会中,教师所从事的育人工作承载着日益深远的现实意义和长远价值;当人们发现,急剧发展变革的社会需要思想引领,更需要文明的滋润;当人们发现,那些平凡、普通的教师所展现出的超越寻常道德标准的精神风范令人深深感动,教师节以及教师节的文艺晚会便应运而生。

其次是因为新的活动形式能体现庆祝教师节新的内涵。1994 年之前,教师节更多的是慰问教师,对教师进行一些表彰。我记得在 1994 年,上海市教卫党委决定,准备采用文艺晚会的形式来举办一个庆祝教师节的活动。当时

正逢第十届教师节，这场晚会使庆祝教师节的活动在形式、内容和主题上都有了一个升华。教师节晚会有几方面区别于其他晚会：一是主题鲜明、富有时代感；二是内涵深刻、富有创新性；三是格调高雅，富有感染力；四是影响深远，富有传承性。

首届教师节文艺晚会之所以选在我们学校，除了我们老师在专业上出力很多之外，还有一个重要的因素，是因为当时上戏刚刚建成了实验剧院，它由同济大学设计，有999个座位，音响效果出众，在20世纪90年代属于上海条件最好的演出场所，由此，前两届晚会都在这个剧场举行。

以"真人、真事、真心、真情"，塑造高尚师德

师德是教师节文艺晚会永恒的主题，也是教师节文化最根本的思想来源。上海市庆祝教师节文艺晚会是极具特色的营造教师节文化的方式，所有的题材和节目都是从发生在我们身边的千千万万个教书育人的动人故事中提炼和挖掘的。教师节文艺晚会的源头活水来自广大教师教书育人的生动实践。舞台上，这些真人、真事、真心、真情的碰撞与浓缩让人们更真切地感受到了师德的可贵内涵。

教师节文艺晚会最大的特色在于"真"。我们在第一届晚会时就提出了"真人、真事、真心、真情"的要求，演出晚会的演员都是老师和学生，舞台上讲述的都是真实的故事。这么多年来在晚会上有很多感人的瞬间：为了能亲身参与教师活动，身患绝症的谢希德院士强撑着从轮椅上站起，走上台，将她人生中最后一次演讲永远地定格在教师节的舞台上；耄耋之年的谈家桢教授不顾医生反对坚持走出病房，并特地换上整洁的衣服登上舞台，表达对教育最深切的情感；90岁高龄的周小燕教授坚持前来为新教师们领誓，哪怕只是说一句："我宣誓！"真人真事不在远处而在近处，不在高处而在低处，它不是静止的而是发展的，它不是孤立的而是深厚积淀所成的，它看不见摸

不着却能震撼每个人的心灵。

教师节文艺晚会塑造的不仅是个体典型，而且还是教师队伍的群像，它所弘扬的不是一个行业的精神而是整个社会的核心价值。这些由教育工作者自己创作、自己编导、自己制作、自己表演的"真人、真事、真心、真情"，通过精湛的艺术加工和表达，并借助电视等大众传媒的广泛传播，彰显了模范教师可歌可泣的动人事迹和与时俱进、魅力无穷的崭新人格，打动了无数人的心弦。

全情的投入，精神的洗礼

教师节文艺晚会汇集了大家的智慧，形成了一支具有凝聚力的团队。记得晚会总策划、时任科教党委副书记翁铁慧经常参与每晚 10 点的晚会排练，已经成为晚会保留项目的大朗诵乃至很多台词也是来自她的创意。上海中医药大学的王美意老师从晚会的编舞成为舞台导演再成为导演，当时他们彩排时的活动文本都超过 30 稿，以至于工作人员在彩排时不用看稿，直接就能背出演员的台词。由于参与晚会的老师和学生基本上都是非专业的，加之少量专业老师的参与，所以上海的两所艺术院校——上海戏剧学院和上海音乐学院的参与力度就自然是最大的。为了能亲身参与其间，指挥家曹鹏每次排演都是最早来、最晚走；配音演员丁建华会将历次教师节的所有演出服装都悉心收藏；话剧演员宋怀强即便在外地领奖，也不忘询问教师节的演出情况。艺术院校在营造教师节文化方面是可以大有作为的。按照上级领导的要求，上海戏剧学院每年都积极参与了有关的协办工作，表演、导演、舞台美术、编剧创作、电视艺术、戏曲舞蹈等各专业的专家和师生参与了每一届的庆祝教师节文艺晚会的工作，作出了重要的贡献。上戏有专业的老师，专业的人才，他们参与编写晚会故事；导演系师生也参与晚会编导、舞台装置与呈现、灯光、服装、化妆等工作。我记得第一届晚会由我校导演系最有名的教师任

2010 年 2 月，葛朗（右五）陪同翁铁慧（右六）慰问参与全国第三届中小学艺术展演开幕式的上戏导演、舞美、灯光设计制作教师团队

导演，由后来担任北京奥运会总化妆师的老师负责服装和化妆。2000 年以后，上戏新增了戏曲和舞蹈专业，舞台呈现的方式就更为丰富多彩了。在每年最炎热的几个月中，总有这样一群人为了能亲身参与其间，心甘情愿地放弃休息，全身心投入地走到一起。

让全国教师的盛大节日体现出巨大的文化力量，大力营造教师节文化，是一项极其重要的工作。上海自 1994 年开始以富有感染力的舞台艺术形式庆祝这一节日之后，上海教师节庆祝活动逐渐形成了以主题活动为中心，多种师德师风建设活动相辅相成的发展格局。能为这项大力营造教师节文化的极有意义的活动作贡献，我感到光荣和自豪。

（采访整理 / 赵玉成　　照片来源 / 本人提供及李立基拍摄）

司徒琪蕙：
工会是一所"大学校"，也是一个温馨的家

【人物简介】

　　司徒琪蕙，1961年10月出生，副教授。复旦大学法学硕士毕业。1984年7月参加工作，1997年起历任复旦大学工会委员会委员、常委、兼职副主席。2007年起，历任复旦大学工会专职副主席、常务副主席兼妇委会常务副主任，上海市教育工会第九届、第十届委员会常委、兼职副主席，上海市教育妇工委委员、兼职副主任，中国教科文卫体工会第四届委员会委员，杨浦区政协第十三、十四届委员，上海市第十三、十四次工代会代表。现任复旦大学党委巡察工作办公室主任。

【访谈实录】

　　2007年年初至2012年上半年，我担任复旦大学工会专职副主席。其间，我跟随当时的复旦大学工会常务副主席袁继鼎，尽心尽力建设教育工会，为全校教工谋划更好的服务。从由老教师带教青年教师的"拜师结对"活动到延续至今的为教师提供免费法律咨询，我在"常做常新"中不断学习与成长，积累工作经验。

　　2012年下半年，我正式从袁继鼎老师的手中接过"交接棒"，担任复旦大学工会常务副主席。新的头衔意味着新的使命，我的职责又重了一分。工会的工作又杂又碎，既要脚踏实地、勤勤恳恳，又要积极动脑、抓住机遇，更要用心做事、真心待人。如何在传承使命的基础上不忘初心、继往开来，将教工活动中心打造成一所服务于全校教职工的"大学校"，让他们在这里拥有家一般的归属感，是我和我的团队一直在思考、在尝试的事。

2020 年下半年，因为工作变动，我离开了我深爱的、耕耘多年的岗位，虽心存遗憾，但更多的是心怀感恩。即便如此，我也会常"回家"看看，期待它绽放出新的姿态与光芒。

把握时机，拓展、修缮"教工之家"

2013 年，毗邻复旦大学邯郸校区工会俱乐部的"南区一条街"面临拆迁，当时工会俱乐部正处于设施陈旧、场地简陋的窘况，为了丰富教职工的业余文化生活，在这关键时刻，我和我的团队经过商议，向学校提出了"收回原出租场地，规划原步行街空置房，并对原有活动空间进行修缮"的建议，并得到了上海市教育工会的资金支持。

在两年的修缮和改造后，2015 年 5 月校庆前夕，原本的"南区一条街"悄然转型为复旦教职工活动中心，成为复旦 7 500 名在职工会会员和所有退休教职工健身、休闲娱乐的好去处。

乒乓房、阅览室、棋牌室、多功能厅、健身房、教室、法律咨询中心、展览室……本着简洁实用的原则，新建成的教工活动中心较之原有的"工会俱乐部"，功能更为齐全，活动室的种类更为多样，能够更好地满足广大教职工的需求，并且在细节之处尽量为会员们提供更周到的服务。

为了防止打球时的光线干扰，乒乓房的墙面以深色涂料粉刷，窗口也设置了挡光的窗帘，以确保体验感。为了方便教职工在体育锻炼后能够继续进行科研、教学和行政工作，活动中心设置了淋浴房，可供数名会员同时使用，换衣间还安装了空调以便冬季保暖。为了照顾年长教职工，路面上轻微落差之处都砌成了斜坡，防止摔倒。不仅如此，我和我的团队在监工时，就让工人将所有的地面都铺设防滑地砖，防止雨天路滑；我们还专门为中老年会员购置了运动方式较为温和的健身器材……

除了拓展邯郸校区工会的活动空间，我们也挖掘潜力，将工会服务范围延伸至各个校区。我们修缮了枫林校区工会活动场地，增配健身器材，新增阅读区域；更新了张江校区教工活动中心卡拉 OK 音响设备，装修瑜伽房并投入使用；设立了江湾社区工会、妇委会办公室。

工会的环境设施变好了，管理制度当然也要优化。我们根据教职工的"生物钟"重新调整了教工活动中心的开放时间：周一至周六全天，寒暑假则为每周的一、三、五。我们变收费控流为预约管理，凡是工会会员和退休教职工，只要凭借一卡通或其他有效证件，就能免费进入活动中心使用设施。此外，我们还主动对接"三全育人"综合改革任务要求，在向全校基层工会实行免费开放的基础上，从周一至周日全天候为学生免费提供活动场地与服务，为丰富师生的文化生活出一份力。

其实在我心里，我更愿意把教工活动中心称为"教工之家"，因为它是工会服务群众、凝聚教职工、传播社会主义核心价值观和复旦精神的家园，同时也是教职工们集体智慧的结晶。

工会对所有场馆的功能设置都经过了细致的教职工需求调查，整个建设和完善的过程也离不开教职工们的群策群力：教室的桌椅是总务处从光华楼闲置物品的仓库里调来的、健身器材的选购离不开体教部老师的指点和帮助、法律咨询室则归功于法学院老师的义务奉献、前文提到的乒乓房装修细节也都来自教职工的建议……

我曾和我的团队说过，"这个家主要是为大家服务，给大家带来便利，这样大家对这个家才会更有认同感，也会愿意投入时间和精力一起建设它。"未来，活动中心建设将有二期工程，或将为女性教职工设立专门的活动场所，为全校教职工提供一个更温馨、更美好的家园。

建设文化，工会也是一所"大学校"

我知道，工会只图"金玉其外"是不行的，自我接任的第一天起，我就十分注重工会的内在建设，希望工会能成为一所提升教职工修养，为他们带去文化、艺术、知识与思想的"大学校"。这些年来，我和我的团队积极参与校园文化建设，围绕年度主题，以活动为载体，多层次、多角度地把思政工作融入活动的各个环节，多平台、多渠道搭建育人工作的文化阵地。

工会成立了书画篆刻研究会、戏曲社团、集邮协会、摄影协会等文化社团，结合国庆、校庆、纪念原上海医科大学创建 90 周年等年度重要时间节点，举办了书画展、集邮展、摄影展和沪剧、越剧、京剧、评弹专场演出等一系列文化活动，以诗文、歌曲来歌颂党和伟大祖国的光辉成就，以笔墨、篆刻来描绘祖国大好河山的瑰丽壮美，以画笔、镜头来记录校园内教书育人的生动场景。

为减轻教职工的压力，根据教职工所需所求，我们外聘教师，开设瑜伽、舞蹈、尊巴舞等适合不同群体教职工的培训课程。每年"六一"前夕，我们组织专场亲子活动，让教职工及其子女共同度过欢乐的亲子时光。我们还为单身青年教师搭建交友平台，与杨浦区工会、杨浦教育工会联合组织了线上线下相融合的"交友大作战"活动。

近几年，工会的教职工群体活动辐射面扩展至校外，也办得有声有色。我们联合各个平台，开展了飞镖、跳长绳、乒乓球和羽毛球团体赛等传统赛事，以及健美操比赛、校园定向赛、不同主题的健走活动等。

我们在"走出去"的同时，也将文化"请进来"。其中，每年的"高雅艺术进校园"活动备受欢迎，沪上文艺团体受邀为教职工献演了多场文艺演出。上海京剧院、国家级非遗项目"海门山歌"先后来到复旦演出；上海越剧院红楼剧团、上海戏剧学院、上海青年京昆剧团等为复旦师生献演"中国梦·复旦情"沪剧折子戏、京剧《乾坤福寿镜》全本、京剧程派经典《锁麟囊》、越剧《梁祝》等，为复旦师生员工献上了文化大餐，让大家在享受视听盛宴的同时提升了文化素养。

司徒琪蕙（左六）为 2019 年复旦大学教工五人制足球比赛获奖运动队颁奖

润物无声，从"微课堂"到"云微课"

2017 年，我和我的团队做了一个重要的决定，那就是开办"微课堂"。如今，"微课堂"已是复旦大学工会的特色群众性文化项目，每周二中午举办一期。通过"复旦教工活动微课堂"预约平台，我们做到了每月有讲座、每周有活动。"微课堂"内容简洁实用、富含文化特色，自 2017 年 5 月开办以来，已举办线下活动六十多期，吸引了近三千人次教职工现场参与，场场爆满，反响热烈。

2020 年受新冠肺炎疫情影响，"微课堂"暂时停摆，但广大教职工的精神文化需求变得更加迫切。2 月，我和我的团队迎难而上，在家开视频会议策划方案，及时调整工作思路，利用复旦大学工会微信公众号"复旦教工"平台，采用"视频直播 + 回看 + 互动"的形式，将"微课堂"从线下搬到线上，以"云微课"的形式再次与教职工相见。除原来每周二中午的课程外，"云微课"还增加了每周五中午的课程。自3月上线以来，"云微课"共举办三十多期，吸引了6 000人次教职工在线观看，参与人数成倍增长，也有效解决了线下课程抢课难的问题。

疫情期间，作为"教职工之家"的工会也在大后方服务和守护全体复旦教职工。在与教职工的交流中，我留意到卫生防疫、网络教学等都是他们迫切关注的问题，于是我们以教职工需求为导向，围绕防疫和网课设置"云微课"内容，从"个人、学校、家庭、国家"四个维度出发，设计了"教学辅助""传统艺术手作""健康保健""生活妙招"四类课程，在及时帮助教职工增加防疫知识、学习课技能的同时，提升教职工德智体美劳综合素养。

"云微课"是战"疫"特殊时期的特殊形式，也是工会在信息时代的新实践。在我看来，无论是"微课堂"还是"云微课"，这都只是载体，其灵魂则是贯穿课程内容的人文关怀和情感温度。工会工作只有围绕中心、服务大局才有作为；只有在党政所需、教职工所盼、工会所能的领域找准服务着力点，服务育人，才能为学校"三全育人"工作添砖加瓦。

（采访整理／王亦斐　　照片来源／本人提供及郑逸洁拍摄）

于朝阳：
甘当"快递小哥"，不舍昼夜"在路上"

【人物简介】

于朝阳，1971年出生，副教授，现任上海交通大学工会主席、上海市教育工会兼职副主席、上海交通大学基础教育办公室主任、上海交通大学老年大学校长。曾获"上海市教育系统优秀工会工作者""上海交通大学优秀党务工作者"等荣誉称号。

【访谈实录】

在上海交通大学（以下简称"上海交大"），有很多老师亲切地称工会为"快递小哥"。我与同事非常欣赏一个理念——"我们不生产水，我们是大自然的搬运工"。我们工会就是这样一个"快递小哥"，365天把学校党委的温暖送到每个教职工的心中。

2017年5月20日，我从贵州扶贫回来，正式就任上海交大工会主席。转眼三年多过去了，这期间我一直在探索：高校的工会工作究竟有多大的发挥空间，有多少可能性，又能创造多大的能量？这几年来，通过不断创新理念和工作方式，拓展工会工作的内涵和外延，上海交大工会工作越来越出彩，稳稳地走在高校工会前列。

解读"工会"：巩固、攻坚、建功、贡献

在很多人眼里，工会工作常常处于"边缘地带"，拓展空间也极为有限。事实上，在正式接触工会工作之前，我自己也一直认为这份工作算是个"闲差"，就像大家调侃的——"唱唱跳跳，打球拍照"。不过，随着走上工会主席的岗位，我很快就修正了自己的这个印象。

习近平总书记指出：工会是党联系职工群众的桥梁和纽带，工会工作是党的群团工作、群众工作的重要组成部分，是党治国理政的一项经常性、基础性工作。新形势下，工会工作只能加强，不能削弱；只能改进提高，不能停滞不前。

这些年的工会工作中，我一直在对照总书记的这段话，不断地理解、学习、探索。高校工会，在学校的发展建设中到底扮演着什么样的角色？面对工会工作被矮化、被弱化的现状，我们应该怎么做出改变？我想，高校工会工作同样可以说是现代大学治理体系和治理能力的一项经常性、基础性工作。我们必须主动跨前，去担当工会应有的职责。

我对工会的"工"字有个解读："工"字，两横一竖，写在纸上再简单不过。但把它加上了几笔后，就有了新的含义——它意味着"巩固"，意味着"攻坚"，意味着"建功"，也意味着"贡献"等等。通过"巩固"，我们给教工的幸福不断"做加法"；通过"攻坚"，我们最大限度地释放工会工作的"弹性"；我们致力于为教职工成长发展护航，鼓励教职工在岗位"建功"；我们365日时刻"在线"，在学校创建世界"双一流"的征途上彰显工会的"贡献"。

在这样一种理念的引导下，上海交大工会近几年的"成绩单"也越来越亮眼。以2019年为例，我们开展了十大特色工作：连续开展思想政治引领专项活动，吸引全校教职工广泛参与，主题活动溢出效果明显；持续打造"交

大系列"教职工文化品牌，出版《诗文交大》《匠心交大》等 4 本文化书籍；购买教职工补充医疗保险，新发大病最高理赔可达 24 万元，极大提高医疗健康保障力度；提高教职工暑期疗休养标准，首创对口帮扶与疗休养相结合消费扶贫新模式；实现年节实物慰问全员覆盖，下放二级工会采购自主权；率先在全国高校中实践工会内控体系建设，加强对工会经费的规范使用和风险防控管理；创造性进行"教工之家分家"建设，东西南北中的布局已经形成……这些事情写出来也就是一页 PPT，但桩桩件件背后都凝结着整个上海交大工会不舍昼夜的奋战。

不怕"找麻烦"：金杯银杯不如教职工的口碑

经常有其他高校的工会主席跟我开玩笑说，这几年来，在各大高校工会中，上海交大工会的工作一直以"事多"走在前面；还有人说我是工会战线上的"白加黑"和"007"。我是一个不怕给自己"找麻烦"的人，因为工会要真正地维护好、服务好教职工，要做的事情太多了，工会工作要不断地往深处挖、往细里做，永远也没有止境。

我经常讲，要以教职工心为心，才能真正把工会工作做实、做好。在我看来，工会工作是个良心活儿，弹性很大，空间也很大，事情永远也做不完。有时候，啃"硬骨头"就要面临巨大的压力，甚至也会承受"委屈"。但我相信，心有多大，舞台就有多大，金杯银杯都不如教职工的口碑。

从这个立足点出发，这几年上海交大工会确实做过很多"大工程"，比如解决教职工子女就读附属学校问题，就是"点赞数"最高的一件实事工程。这件事的起因是，我发现在每年教代会提案中，教职工子女入学问题都是热点之一。其缘由在于，随着近几年上海交大附属学校的办学质量和声誉的持续提升，教职工和社会对其的认同度也不断加强。但难点在于十多年前，7 所附属学校都纳入属地化管理。

于朝阳在上海交大工会党支部主题教育活动上作交流发言

这件事很难，工会毕竟不是职能部门，而这一系列工作又牵涉颇多，一开始确实有顾虑。但教职工迫切的愿望摆在眼前，再难也要想办法去推动。

经过充分的调研、论证，学校开始着手做大做强附属基础教育，以增强人才吸引力，解决教职工需求，为建设世界一流大学提供有力保障。"一流大学需要一流的基础教育"上升至学校战略，并明确这项工作由校工会牵头。

支持附属学校改扩建、区校共建新校，都需要协调各种大大小小的难题。比如在协助推进上海交大闵行幼儿园改扩建这个项目上，原本项目已停滞了三年，政府要收回改扩建资金。为此，八个月的时间中，我们与政府、街道及学生家长协调会就开了三十多次，最终顺利实现了改扩建，一所原来只能容纳 8 个班，现在可容纳 18 个班的崭新幼儿园校舍落成，可满足所有用工形式的教工子女入园。

如今，在校工会的有力推动下，2019 年年底，"环交大闵行校区基础教育生态区"正式成立，一所新的十二年一贯制的"未来学校"也呼之欲出，两年后将实现对外招生。这将会大大改善教职工子女的入学问题，减少教职工为孩子择校的焦虑。

除此之外，解决教职工子女暑期"托管难"的问题，也要顶着压力一个个地破解难题：没有办学力量，就引进第三方；没有开办场所，就协调教育局落实；没有工作人员，就招募志愿者，在假期带着全体工会人员做好保障，一干就是一个月。最终"交小苗"暑期成长营在 2018 年 7 月首次开营，至今已成功举办 2 届，共计解决了 400 余名交大教职工子女夏季学期托管难题。该项目还入选了上海市总工会"职工亲子工作室"示范点，并于 2019 年获得"全国爱心暑托班"。

最近，为了解决好交大港澳台及外籍教工子女入学的问题，我们还主动与华师大二附中国际部（紫竹校区）对接，举办了校园开放日交大专场活动。很多老师说，工会能考虑到他们的"小众"需求，并积极寻找解决路径，令人感到非常贴心。

解决好教职工最关心的事，才能称得上是真正的"娘家人""贴心人"。作为"快递小哥"，交大工会这些年收到的教职工给的"好评"越来越多，这是对我们最好的鼓励。同时，这也体现出交大工会围绕学校的发展战略和中心工作，创造性地作出自己的贡献。

让工会"保鲜"：在新时代浪潮中保持生机

新时代要有新作为。我一直在推动工会工作的创新性，比如近两年我们全力推动的"智慧工会"建设，就是一个例子。

我很多年前也曾做过互联网的工作，但那时候怎么也没想到互联网信息技术会发展到如今这个程度，已经深刻融入社会，与我们工作生活的方方面面密不可分。然而，上海交大工会的信息化建设却严重滞后于学校的发展水平。这也给教职工办事带来很多的不方便，比如报销材料多、整理起来麻烦，有时资料不全还要跑很多趟；比如缺乏会员的数据库，不能实时掌握会员数量、人员比例等等。

本着"让信息多跑腿，让职工少跑路"的目的，我们想为工会工作插上信息化的翅膀，使工会工作变得更智能。所以从 2018 年开始，我们全面推动"智慧工会"建设。在建设之初，我们也前往很多高校进行调研。我发现，很多现有的所谓"智慧工会"，是比较简单地把工会工作和信息化叠加起来，系统构成比较分散，缺乏一个"智慧"的内核。

在交大"智慧工会"建设的过程中，我们摸着石头过河，先后推进网站改版工作，开发会员数据系统、投稿系统、财务系统、活动报名系统等网上办公平台。对接一门式服务，推进数据资源共通共享，解决教职工信息化需求。虽然中间也走了一些弯路，好在也及时纠正了思路。今年的补充医疗保险、文体培训班、"一日捐"等报名和支付都搭上了"智慧工会"的快车，在线高效进行。但不可否认的是，还有一些不完善的地方，也提醒我们在今后的建设中考虑得更加全面、仔细。

我把"智慧工会"看作一个孩子，从婴儿时的 1.0、2.0，到幼儿时的 3.0、4.0……它从刚刚出生，到大脑开始发育，再到以后会慢慢地具有越来越好的思考能力，它的成长会与交大的工会工作"融"在一起，在新时代背景下持续创新，保持生机。

当然，技术的革新只是让工会工作"保鲜"的一个方面，更重要的是我们的理念要与时代发展同频，要与教职工同心。2020 年是我在工会的第四个年头，这几年我们做成了很多事，也有很多事"在路上"，更多的愿景还要在未来实现。我们将继续保持"快递小哥"的毅力和坚韧，不懈努力，期待着在上海交通大学"双一流"建设征途上，时刻彰显工会的作用，不断提升教职工的幸福感、获得感与安全感。

（采访整理 / 郭翼飞　照片来源 / 上海交大工会提供）

王　苏：
从小教室走进大家庭

【人物简介】

王苏，1960年10月11日出生。1986年毕业于中央戏剧学院表演系，同年被分配到上海戏剧学院表演系任台词教师。现为第十三届全国政协委员，上海戏剧学院工会常务副主席、表演系副教授、"品读"工作室主持人，上海朗诵协会副会长，国家一级演员。

【访谈实录】

教育工会是教职工的家，尽最大努力服务好这个家和家人，是我作为上海戏剧学院工会常务副主席的职责和心愿。

初相遇——让工会成为教职工的另一个"家"

大学毕业，我来到上海戏剧学院（以下简称"上戏"）表演系任教，这里是我"艺术教学生涯"起航的地方。我是一个待人处事比较热情的人，教师和学生们都很喜欢与我交流，学校领导几次推荐我到工会工作，那时，我对工会的了解还不够深，还没有做好充足的思想准备，后来，领导对我说："我们上戏的教授、艺术家一抓一大把，但优秀的工会主席却很难找。"我读懂了领导对我的认可和期待，更感受到了一份沉甸甸的信任，于是，我来到了工会，我的服务对象从课堂上的十几个学生变成了包括非在编在内的 800 多位上戏教职工。

我想把工会打造成教职工的另一个"家"。由于教师不坐班，加上上戏地处寸土寸金的静安市区，不是所有教师都能有自己的办公室。午休时间，有的教师累了，只能在教室里休息，甚至只能钻回自己的小车里休息。这些，我都看在眼里。因此，尽快打造一个供教师们休息、活动的教工之家是非常必要的。

于是，在学校领导的鼎力支持下，我们启动了"教工之家"改造计划。在三个月的时间里，我们进行了大刀阔斧的改建，让原本狭小逼仄的"旧工会"变成了明亮开阔、舒适温暖的"新空间"。在这里，教师可以开圆桌会议、喝杯咖啡、午休小憩，还可以查阅资料、打印文件，甚至可以在花园里侍弄花草。

如今，"去工会"成了教师们课余时间的首选！他们是真的把工会当成家了，这也正如我设想的那样，工会不仅要有齐全的设施，更重要的是有情感的温度！

"五个一"——让最可爱的人感受到温暖

上戏大家庭有一个群体是特别需要关心的，那就是 300 多名非在编教职工，有食堂阿姨、门卫保安、清洁工人、剧场管理员等，他们可以说是"校园里最可爱的人"，学校教育教学工作的正常开展都离不开他们。因此，我推出了工会"五个一"工程，即"说一句温暖的话、鞠一躬、献一枝花、夹一筷菜、组织一日疗休养"。

每年工会都坚持划拨出 1 万元经费组织 50 位非在编职工轮流参加市内"一日游"。尽管经费平摊到每个人头上并不算多，但我坚持这份心意不能缺位，我在工作报告里写过这样一句话："我相信我们领导和全体在编教职工有这样的情怀，请非在编教职工去疗休养，能让他们感受到温暖，产生归属感。"

王苏为学校职工"献一枝花",感谢他们的辛苦付出

儿童节——让教职工的孩子热爱上戏、感恩父母

对教师们而言,最重要人的除了学生,还有他们的孩子。我认为,工会既要关心教师,也要关心教师的孩子。

每年的"六一"儿童节,我们都邀请孩子们来到上戏校园,精心策划不同主题的活动。比如,在"感恩教育"活动中,我们就让孩子们给父母奉茶,每个孩子还要说一句"爸爸妈妈你们辛苦了,我爱你们"。有几位教师感动地哭了,紧紧抱住自己的孩子。在"勇敢正义"儿童节主题活动中,作为《奥特曼》特摄剧系列进入中国市场的配音导演,我带着孩子们去奥特曼旗下公司参观,将奥特曼勇敢正义的品质传递给了他们。我们还邀请孩子们来学校,上一堂爸爸妈妈讲的课,让孩子了解父母的工作、感受父母的专业魅力,知道父母是那么多明星的教师,从而产生自豪感。同时,这也能让教师收获更多的成就感。

今年儿童节,由于疫情原因,我们和孩子难以在线下相聚,我就发挥专长,录制了有声书《给孩子们的诗》,通过我的声音向孩子们传递朗诵的艺术之美,让他们感受中国语言文字的魅力,增强文化自信。这份礼物不仅送给了上戏教职工的孩子们，也送到了在一线抗击疫情的"最美逆行者"的孩子们手中，感谢他们的父母为抗击新冠肺炎疫情作出的贡献。工会"六一"活动开展已近十年，成为家长、教师和孩子们都翘首以盼的年度节目。

多关怀——用心用情做好关怀工作

工会是家，那我就是教职工的家人，我愿意在大家最需要帮助的时刻陪伴在大家身边。锦上添花易，雪中送炭难。上戏的教师生病了我会经常去探望，努力为他们医疗上、补助上的难题想办法。病房里不能放大型的花卉，我会准备一盆自制的小吊篮或者绿萝放在他们的床边，让他们看到生命的希望，祝福他们早日康复。在上戏工会工作的这十年里，我们陆续送走了五六位身患重病的教师，从生病到临终，我们都是跟踪服务，其中，有位教师患癌，两年里我们去他家探望了许多次。有一次探望结束回家的路上，我接到家属电话，得知这位教师刚刚过世了。我们又赶紧折返到医院，陪着家属将遗体送入太平间。还有一位患重病的教师，临终前最后一段话是留给我的，可见他对工会的依赖和信任，这些都是对我们工会工作极大的认可。

爱"品读"——用专业能力服务工会，奉献社会

在学校工会工作之余，我也会发挥自己"小教室"的特长，立足"品读工作室"，努力为上海市教育工会及兄弟院校工会贡献力量，并用自己的专业能力服务社会、奉献社会。

2015年12月上海教师诵读协会成立，我作为特聘专家加入其中，每年都会参与组织一次大型活动。2019年年末，我们筹划组织了"不忘初心使命，双星联动抒豪情"的大型诵读活动，教师明星（劳模）与朗诵明星跨界同台

演出。我还参与策划了"与改革开放同行"教育系统庆祝改革开放 40 周年主题活动等，同时，作为专家在上海市语测中心培训普通话测试员，为教委暑期校长、园长培训开设讲座，在各区进修学院为中小学教师进行培训。

"品读工作室"得到了上海市教育工会的大力支持，我也致力于让"品读"走出上海，走向全国。我已先后在国家部委，以及上海市总工会、上海市妇联、上海市教委等几十个单位，开展了 300 多场次讲座，通过"品读"描写亲情、友情、爱情的文学作品，用有声语言的创作，让更多人感受到中国语言文字的美丽，感受"用声音和语言绘画"的魅力。

2018 年，经上海市教育工会推荐，我当选为第 13 届全国政协委员，能够获得这莫大的荣誉离不开教育工会历任领导手把手地教我，离不开教育系统兄弟单位工会同仁们的传经送宝，离不开上戏历任校领导的培养，离不开历任工会同仁们奠定的基础，也离不开上戏教职工的支持和工会同事的协助，正是他们，让我在工会工作中得以锻炼和成长。

习近平总书记说："工会干部要加强学习、增强本领，努力走在时代前列、走在职工群众前列，在经济社会发展最需要的地方、在企业生产一线、在职工群众的伟大实践中经风雨、见世面，努力把自己锤炼成听党话、跟党走、职工群众信赖的'娘家人'。"

习近平总书记的话，是对工会干部的鞭策，也是对工会工作的要求。虽然，工会工作不是学校工作的主流，但却是涓涓细流，永远围绕在职工的身边，让职工感到温暖、清新，让职工拥有一种幸福感。我们不仅要发挥好领导与教职工之间的桥梁作用，更应该当好"快递小哥"的角色，把党委、学校对职工的关怀和温暖通过我们的手送到他们身边，无微不至地关心他们。这样的工会，才是职工的"大家庭"。

（采访整理 / 陈之腾　照片来源 / 本人提供）

宋光明：
从源头维护职工的权益

【人物简介】

宋光明，1951 年 9 月出生，上海海事大学物流工程学院教授。1975 年毕业于上海海运学院，后赴英国伦敦城市大学和布莱顿大学访学、攻读博士学位和从事博士后研究。2003—2011 年任上海海事大学工会常务副主席，2005—2013 年任上海市科技教育工会第一届委员会常务委员，上海市教育工会第七、第八届委员会常务委员，上海市教育系统工会理论研究会特聘专家、专家组组长。曾获"全国优秀工会工作者"称号和"上海市五一劳动奖章"。

【采访实录】

我自 2003 年开始担任上海海事大学专职工会干部，在工会工作期间，我积极开展工会理论研究、源头参与教（职）代会立法、促进深化校务公开、推动民主评议干部、推进二级民主管理、吸收劳务派遣工入会，发表了《关于加强和改善党对工会工作领导的思考》《高校工会维权机制创新与软环境建设》等论文三十余篇，主编了《工会理论与基础知识读本》《当代大学生就业权益维护》等书籍。担任工会干部八年，我感受很深。

要从源头维护教职工利益

立法维护职工应有权益是最高层次的维权，也是从源头维护教职工权益，我在从事工会工作期间，多次参与此项工作。

2008 年，我与全国各高校工会主席在北京参加全国科教文卫体工会的《劳动合同法》培训班，其间获悉国务院准备出台《事业单位人事管理暂行条例（送审稿）》（以下简称《条例》），培训班学员进行了学习讨论，并对《条例》的指定程序、立法宗旨、具体内容等方面提出了意见和建议。鉴于《条例》的颁布、实施与事业单位职工的切身利益息息相关，我放弃了外出参观交流的机会，留在宾馆对大家的意见和建议进行整理。

我们认为，《条例》起草未向事业单位的任何一级工会组织征求过意见；其立法宗旨规定为"维护事业单位及其工作人员的合法权益"，在强单位弱职工、劳动力供大于求、侵犯劳动者合法权益事件频频发生的情况下，需要强化对弱势一方——工作人员的合法权益保护。此外，《条例》应补充与《劳动合同法》第四条相对应的条款，以发挥工会组织和职工代表大会的作用。我将大家的意见和建议汇总成报告，希望能够引起全总的重视。

最终，国务院于 2014 年颁布《事业单位人事管理条例》，并明确指出，该条例是为规范事业单位人事管理，保障事业单位工作人员合法权益，建设高素质的事业单位工作人员队伍，促进公共服务的发展而制定。

2011 年，我刚刚退休时，全国总工会与教育部联合举行《学校教职工代

2004 年宋光明为迎接教育部本科教学评估负责材料组工作

表大会规定（草案）》（以下简称《规定》）征求意见座谈会，我是上海唯一应邀参加的人员，与来自清华大学、北京大学、北京师范大学、全国总工会、中国教科文卫体工会等单位的工会工作人员一起，赴京为该规定的出台出谋划策。

在仔细阅读了《规定》草案之后，我对教代会"职权"的提法提出疑问，我认为教代会应享有职权，查阅诸多资料后，我利用"十一"假期撰写了《关于教代会制度立法问题的思考》一文。

2011年年底，时任全国教科文卫体工会主席王晓龙来到上海，在交流中，他特意提到，《学校教职工代表大会规定》11月审议通过，第二章明确写了教代会的各项职权，他说："教代会职权能够写进《规定》，多亏了宋光明的一句话。"我这时才回想起，之前在学校做研究生部党支部书记时，看到过中共中央组织部发布的《中国共产党普通高等学校基层组织工作条例》中第三十三条规定：高等学校党的委员会领导教职工代表大会，支持教职工代表大会正确行使职权，在参与学校的民主管理和民主监督、维护教职工的合法权益等方面发挥积极作用。我将此条写进了《关于教代会制度立法问题的思考》一文，并被采纳。

想维权先要有话语权

在工会工作了一段时间之后，我发觉，工会要想更好地维权，首先要在学校里有话语权。在学校，就要能够促进学校的教务工作发展。

写论文难，写好论文更难。我在与青年教师的接触中了解到，不少青年教师都有写论文难、发表论文难的苦恼。我认为工会工作，要重视青年教师的发展权。2006年，我编写了一本《科技论文撰写与投稿指南》，向学校的广大青年教师介绍我国科技论文的现状、分析科技论文引文量不高的原因，并介绍科技论文如何撰写、什么是三大检索、如何进行投稿等，给青年教师参考。这本书切实为青年教师解决了难题，也推进了学校的师资队伍建设。

我校的海员培养需通过"船员教育和培训质量管理体系"审核，然而十几年前了解质量管理体系的并不多，学校的内部质量管理也存在空白。我就利用自己在英国从事博士后研究时做过的相关研究，在学校内部座谈会时，提出了自己看法。与会人员都很惊讶，我作为工会常务副主席怎么会懂得这个，工会不应该是组织旅游、发蛋糕的部门吗？我在座谈会上介绍了 ISO 是什么、我们学校存在哪些问题、关键点在哪里、应该如何改进，得到了校教职工的认可，也改变了大家对工会的看法。

在任职期间，我还参与了学校《教育事业发展规划》的制定，同时带领工会同志在助力学校迎评工作、提高教师科研能力、提升教师教学水平、推动部门网页建设等方面发挥了不可或缺的作用。

维护职工民主权利

维护教职工权益的最有效最根本的手段就是推进学校民主政治建设，所以一调任工会工作，我就向校党委提出了两项建议。

第一项是关于进一步推进校务公开的建议，其目的是为了保障教职工的知情权、参与权、表达权、监督权，其实质是为了保证权力在阳光下运行。

在学校工会的极力推动之下，2005 年，学校出台《关于进一步推进校务公开工作的若干意见》，建立校务信息发布会制度，每年召开发布会，由校长亲自发布校务情况。

2007 年校务公开领导小组开始向教代会做年度工作报告，教代会同年修订《二级教代会实施细则》，2009 年学校获得上海市厂务公开民主管理工作先进单位的称号，在民主工作的推进中，学校也获得了荣誉。

第二项是关于开展教代会民主评议领导干部的建议，其目的是为了保障教代会的民主监督权，其实质是为了端正领导干部的权力观，确保权为民所用。

依据上海市总工会、上海市纪委、上海市委组织部出台的文件，已经建立教代会的，必须要开展民主评议干部工作。在参加党委会的时候，我向校党委提出开展民主评议领导干部。这项工作的难度比较大，于是我建议先由教代会成立民主工作评议委员会，再建立制度，逐步开展民主干部评议。

2008 年教代会成立民主评议工作委员会，2009 年审议通过《民主评议领导干部实施办法》，2011 年正式开展领导干部民主评议。为了把这个工作的头开好，我也做了其他工会干部的工作，建议第一次民主评议以鼓励为主，为民主评议干部工作长期开展做好准备。第一次民主评议结束之后，校领导干部的得分情况不错，群众给予认同，这项工作得以顺利开展。由此，教代会职权也全面得到了落实。

同时我也建议将教代会提案征集工作从每届三年一次提升为每年一次，并不时结合学校实际开展金点子征集活动，不但有力促进了学校的改革与发展，也为工会维权创造了良好的环境。

维护职工权益是工会干部的行动指南

工会必须把表达和维护广大职工群众的利益作为工会一切工作的出发点和落脚点，因此，我在工会工作的八年中，一直都积极参与各项涉及教职工利益的改革方案的制定。

2006 年，我工作的上海海事大学从杨浦区搬到临港新城的新校区，新校区距离市区有六十多公里，学校同时在那里新建了配套商品房，供教职工购买。当时一共建了一千多套房子，大面积的多，小面积的少。最开始制定购买规则的时候，是按照教师的工龄、职称等计算积分，由高到低进行挑选。

但那个时候大家手里都没有多少钱，能买得起大面积房子的人不多，我看到这个购买规则的时候马上找到学校领导，跟他讲明现在的情况，并建议积分排名靠前的、有优先挑选商品房资格的校领导、教授等，必须挑选面积在 110 平方米以上的大面积房子；将面积小、价格低的房子，留给财力相对不足的年轻教职工。

我的提议得到了领导的支持，这次商品房购买也平稳完成，为学校顺利搬迁减少了压力。

此外，我还参与了学校岗位津贴、住房货币化补贴、新校区工作补贴等改革方案的制定，并编写工会《会员手册》，告诉教职工都享有哪些合法权益，比如四金包括哪四金、工伤应如何申请等。

我们的学生毕业后也将走上工作岗位，为避免其就业权益受到损害，我在 2011 年编写出版了《当代大学生就业权益维护》一书。考虑到只编写图书不能完全引起学生的重视，我又与校人事处、行政部门领导等联合开设选修课，受到了学生的欢迎，这本书也获得了华东地区优秀教材二等奖。

将民情上传下达也是工会干部的职责之一。比如我刚刚到工会工作时，学校每天给教职工的伙食补贴为每天 10 元，但由于物价已经上涨，我就跟单位建议，将伙食补贴提高至 15 元，虽然金额不高，却让广大教职工感受到单位在细微处对大家的关爱，无形中也提高了大家的归属感和工作动力。

回顾这 8 年担任校工会常务副主席的经历，我感慨万千。作为学校第一个归来的留学博士，我在工作上充分发挥业务能力强的优势，推动工会在学校的发展上发挥作用，拥有更多的话语权。在未来的工作中，我也将继续诚心诚意为教师和教育服务，多思考、多结合实际、多为年轻人搭台，结合新时代特点，扎实推进各项工作，为构建和谐社会作出应有的贡献。

（采访整理 / 曹轶姗　照片来源 / 本人提供及曾昕拍摄）

陶 英：
打造有亲切感、归属感的教工之家

【人物简介】

陶英，1955 年 1 月出生，华东师范大学副教授，2004 年 9 月至 2015 年 5 月期间任华东师范大学工会常务副主席，曾任华东师范大学党委委员、纪委委员以及上海市教育工会委员。2012 年获上海市育才奖；曾多次获华东师范大学"优秀共产党员"称号和华夏奖教金、绿叶奖教金、华为奖教金、中山物贸奖教金、校优秀工会干部等奖项。论文《试论高校工会参与师德建设的根本着力点》获 2006 年度上海市科教系统工会优秀论文一等奖和上海市总工会优秀论文奖。

【访谈实录】

1995 年我被选为华东师范大学（以下简称"华东师大"）工会委员，2004 年我开始担任学校工会的常务副主席。凭借着一份为教职工付出的真心和一种坚韧的精神，我从前任手中接过担子，兢兢业业地干。在工会工作的十多年里，我深深体会到："工会工作既要办实事，也要办成事，要努力打造有亲切感、归属感的教工之家。"

切实为教职工办实事、解烦忧

我刚担任校工会干部时，上海各高校正在开展教工之家的建家工作。我认为，要真正建设好教工之家，关键是要围绕这个"家"字，不仅要建设好会员的活动场所，添置一些活动器材，更重要的是把工作的重心放在提升工会组织的感召力、凝聚力上，增强教职工对"家"的认同感和归属感。用现在的话来说，就是要让教职工切实拥有"工会是我家"的亲切感和获得感。

记得20世纪90年代末，我的前任曾给我讲过一件事，当时学校有一位教职工因患重病住院治疗，可是治疗费用昂贵，家里难以负担，迫不得已之下准备放弃治疗。学校领导和时任工会负责人了解到这个情况后，心情都非常沉重。那时候，学校还没有建立教职工保障基金，只能在政策范围内尽量给予一些慰问金。

这件事也启发了校工会：当教职工因患重病陷入困境时，校工会能否建立一项针对教职工重大疾病的基金来帮助他们？这个想法一经提出便得到了学校领导的支持。根据当时工会的财务状况，校工会提出了"学校拨一点，工会筹一点，教职工出一点"的办法，筹集300万元建立起了华东师大第一个教职工重大疾病互助基金。

教职工重大疾病互助基金的成功建立让校工会和教职工尝到了"甜头"。此后，华东师大工会又积极自筹资金先后设立了教职工医疗特种帮困基金、教职工上下班途中交通意外补助基金2个基金项目，还投保了市教育工会、市总工会推出的门急诊医疗保障、意外医疗保障等5项医疗保障计划。这些基金的费用全部由校工会支付，无需教职工承担。目前，华东师大工会建立的基金保障体系运行良好，得到了教职工的普遍赞誉。

我印象最深的是，有一次一位身患重病的校办厂职工家属和校办厂领导一同来校工会寻求帮助。这位职工的家庭经济并不宽裕，患病使他的家庭雪上加霜。情急之下，只能向厂里提出借款10万元用作治疗费。可是，当时厂里一下子拿不出这笔"巨款"，也从没有这样的先例。面对如此困难，厂领导希望校工会给予帮助。校工会仔细分析了该职工的医疗费账单，认定他的情况符合享受教职工医疗特种帮困基金和教职工重大疾病互助基金的条件，也符合校工会投保的上海市总工会职工住院保障计划以及重大疾病保障计划两项计划的条件。于是，校工会经过努力，通过以上两个基金和两项保障计划共四种渠道，向该职工总共提供了 6 万多元的经济补偿，得到了校办厂领导和该职工及家属的好评。

20 多年间，在学校的领导和支持下，校工会积极筹措资金，在设立教职工医疗保障基金和参与各项市总工会保障计划方面先后总计投入 1 000 多万元。每年有几百人次从中获益，极大减轻了教职工的医疗负担。我们还特别印制了《教职工医疗保障手册》发放给每名教职工，详细介绍各项基金和计划的各项条款以及申请赔付的流程，做到人手一册，并在校工会网站上公布，极大地方便了教职工及时查询和申请办理赔付。

以丰富多样的活动营造"家"的氛围

在实践中，我们认识到，要营造"家"的氛围，必须开展一系列内容丰富、形式多样的活动，使教职工把教工之家当成自己的另一个"家"。

校工会自筹资金 200 多万元大修和改造了工会俱乐部，增添了新的活动场所。工会俱乐部不仅有鹅卵石健身路、健身器材、风雨操场、乒乓球室、棋牌室、阅览室等，还配备了现代化多功能厅，满足教职工和各个教工社团开展各种文体活动的需求。在学校主体搬迁至闵行校区后，校工会在学校的支持下建立闵行校区教师活动中心，为教职工免费开放乒乓球、桌球、羽毛球等健身项目，成为教职工常来常往的"小家"。

建设教工之家不仅要向教职工提供完善的设施和场地，还要关心教职工的精神文化需求。每年参加教师暑期疗休养活动的华东师大教职工人数及占比、补贴标准在上海高校系统均居前列。我们还组织了许多参与门槛低、趣味性强的文体活动，创新奖励方式，鼓励教职工积极参与。学校主体搬迁到闵行新校区后，校工会购买了 100 多辆自行车作为奖品，举办新老校区自行车 30 千米拉力赛，100 多名教职工参加了比赛。又如每年一次的教职工运动会，我们都为部门工会购置统一的运动服并发放补贴。运动会上教职工健身跑参与人数逐年增加，吸引众多学生观看，为老师加油鼓劲，成为校运动会开幕式上一道亮丽的风景。校工会还出资配备计步器，鼓励教职工积极参加"万步行"活动，并经常组织野外拉力赛……

华东师大每年有 200 多名新教职工加入。为了帮助青年教师尽快融入华东师大工会的大家庭，校工会每年都要对新进校教职工进行培训，介绍工会组织的基本知识以及校工会推出的一系列为青年教师服务和奖励的各项措施，每年还举办一场新进教职工的迎新晚会。校工会还注入资金加强校青年教师联谊会以及院系青年教师联谊会的建设，出台了有关章程，使校和院系两级青年教师联谊会成为学校各级党组织和行政联系青年教师的纽带，也为青年教师搭建了相互交流与合作的平台。为帮助青年教师提升业务能力，校工会还设立基金积极鼓励青年教师参与校教务处主办的青年教师课堂讲课比赛，

2015 年 5 月陶英（前排左七）带领华东师大教工合唱团参加市教育工会组织的"纪念抗战胜利 70 周年教工合唱展演"活动

还遴选优秀青年教师参加上海及全国高校青年教师课堂讲课比赛，获得了全国高校青年教师课堂讲课比赛一、二等奖各一次的好成绩。

丰富多彩的主题活动吸引了众多院系、机关、后勤等部门以及教职工的广泛参与，教职工的热情高涨，参与度上去了，对教工之家的亲切感和归属感也就更强了。

坚守职责，维护教职工权益

在工会工作时，时常会碰到教职工前来反映各种问题、提出诉求，我们耐心倾听、释疑解惑，积极协调相关部门和教职工之间的矛盾，努力维护教职工的合法权益。这是我们的重要职责。

记得有一次，我刚到工会工作没多久，一位教职工情绪激动地找到工会反映他的住房补贴多年来一直未得到解决的问题，希望校工会为他主持公道。在与学校有关部门沟通的过程中，我们了解到该教职工的诉求具有一定的合理性，而学校有关"集资分房"政策与"住房补贴"相关规定确实没有衔接好。明白教职工与学校有关部门发生矛盾的焦点之后，校工会一边做他的思想工作，请他不要焦急，按程序如实反映情况，一边向学校有关部门据理力争，不断反映这位教职工在住房补贴问题上遭受的不公。经过几年坚持不懈的反映、沟通、协调，这位教职工的住房补贴问题终于得到了圆满解决。由于学校工会在处理维权问题上坚持客观公正，教职工们认可我们，常常把我们当作倾诉的对象和维权的依靠。我们也更深刻地体会到："只有合法合规地维权，才能有效维权；只要是合法合规的维权，就一定要坚持到底，也一定能取得成功。"

在上海众多的高校中，华东师大是首家获得全国总工会授予"模范职工之家"称号及全国教科文卫体工会授予"全国师德建设先进集体"称号的单位。迄今为止，这两项荣誉仍然是全国教育工会系统内的最高奖项。

从 1951 年华东师大成立工会临时工作委员会至今，已经走过近 70 个年头，一批批工会人将接力棒代代相传。担任校工会干部的这段经历使我深刻体会到，高校的工会组织就是高校教职工的家，工会干部应当树立建设好教工之家的责任意识，倾注"家"的情感，担当起建"家"的重任，以切实的举措为教职工营造"家"的温馨与和谐，使教工之家成为广大教职工信赖和倾诉的对象、发展和维权的依靠。

（采访整理 / 杨善钰　照片来源 / 本人提供）

王祥兴：
因为"酷爱"，所以事之有专

【人物简介】

王祥兴，1952年10月出生，教授，曾任上海外国语大学工会常务副主席。荣获上海市劳动模范、上海市优秀教育工作者、全国教科文卫体系统优秀工会工作者、上海市教育系统优秀工会工作者标兵等荣誉。

【访谈实录】

我1978年从上海外国语大学（以下简称"上外"）毕业，留校后一直从事学生工作。到了2006年，我开始担任校工会常务副主席。对我来说，自己也一直秉承"关注学生、关注教师，为学生服务、为教师服务"的理念，并一直以"干一行、爱一行、专一行"和"用情、用心、用劲"的实际行动来贯彻自己的工作信念。我深深体会到，我们要用热心、真情、干劲，努力履行职责，要想在先、做在前，积极探索，不断创新，努力开创工会工作新局面。

专业："群众有呼声，工会有响应"

记得刚从事工会工作时，一位熟悉的教授拿了一叠医药费收据来找我，其所属工会告知他已过了理赔的时间点不能办理理赔，这位教授诉苦说自己并不知晓理赔的时间限制。面对部分教职工由于不知有关规定，没有及时享受合法权益的问题，我产生了一个想法——让每位教职工了解自己作为工会会员的权利和义务，是我们应尽的责任。于是编印了《上海外国语大学工会工作手册》，包含工会相关的规章制度、工作流程等六个方面，随后将该手册发至每个教职工，并公布在工会网站上。同时，对新进校的教职工开展"工会基础知识宣讲"。另外，通过每年两期《上外工会工作》杂志、四期《上外教工》报纸等，将工会工作的规章制度、活动信息、教工风采等以图文形式展现出来。希望通过政务公开、办事规范、提高效率，加强工会工作信息交流，为教职工提供服务。

上外松江校区建成后，开通了每天往返两校区的班车。虽然工会配了小车，但是我坚持坐班车，因为在班车上可以和教职工一起"噶三胡"（上海方言，聊天的意思），可以听到最真实的"急难愁盼"。比如，有教师提出，班车往返就要3个多小时，经过收费站时还要排较长时间的队等候付费，因此希望能办理ETC卡快速通过。由于后勤车队是车辆承包单位，不愿出资办卡，管理部门校国资办认为车辆为后勤承包，也不愿办卡，双方僵持着。我们进行了调研，摸清了办卡费用及安装事宜，直接向校长汇报，最后只要花一半的价钱，由上海市交运处派人上门安装，不影响车辆正常运行，事情就此解决了。对我来说，坐班车聊天也是一种主动倾听民意、关注民生问题的沟通渠道。

有人向我反映大教室上课设备问题，我去和有关部门沟通。有同事叫我不要"管闲事"，说这不是工会该管的事。我觉得教师是因为信任才会主动来找我，即使不在职责范围内，但在到位而不越位的原则下可以起到协调的作用，也是为教学服务。积极回应好、解决好大家最关心、最直接、最现实的利益问题，是我们工会应尽的责任。我们的付出也受到了肯定，学校被上海市总工会授予"上海市劳动关系和谐职工满意的企事业单位"。

王祥兴（左五）主持"劳模、先进教师与青年教师座谈会"

专注："理论研究是为了提升服务水平"

我比较注重理论研究，要求工会干部结合实际工作撰写论文，目的是要把工会理论研究作为谋事之基，提升服务与工作水平。一开始有的人有情绪、不理解，但是我希望工会干部深入调研，结合日常工作中遇到的新问题，提出加强工会工作的对策和途径。

我和工会干部撰写了《关于外来务工者入会与维权情况的调研报告》。在调研中发现，学校约有 800 名非在编员工，分布于后勤、资产公司等单位。作为"相对弱势群体"，他们有强烈的归属感诉求，希望参与学校工会组织的文体活动……经过沟通和商讨后，我们组建了三级工会，专门吸纳非在编职工入会，使其享受工会会员待遇。

另外还撰写了《把群众体育打造成为构建社会主义和谐校园的新平台》一文，提出进一步发动教职工参与体育活动的积极性建议，引起了学校及部门党政领导的高度重视，将对外营业开放的上外健身中心各场馆每周三个半天免费提供给教职工进行体育锻炼活动。

校工会成立了工会理论研究会，每年举行工会工作科学报告会，每年还编印一本《工会工作论文集》。校工会在服务教职工方面做了大量实事，突破了许多难点，理论研究工作还吸引了部分教授、党政领导参与撰写工会论文。《劳动报》还对此进行了报道，刊发了《上外工会注重理论研究——教授、党政领导参与撰写工会论文》和《上外工会每年举办主题科学报告会——教授登上工会论坛》。

专诚："忙碌并快乐着"

工会有桥梁和纽带的作用，要使桥梁和纽带牢固稳定，工会需要把握领导的关注点和群众的兴奋点，把两者有机结合在一起，运用各种有形和无形的载体来增强广大教工的凝聚力和向心力。

松江校区建立后，校工会针对多校区给教师带来的交流机会少了，参加文体活动的时间少了，教学科研任务重了，身心压力大了等情况，为丰富教职工的文化生活，提高教职工的身心素质，为其架起情感交流的平台。

我们举办上外教职工科技文化艺术节，每年一届，每次为期一个月，广泛动员教职工参与。活动包括名师讲坛、知识竞赛、主题演讲比赛、技能大赛、摄影、书画、手工艺术等。每年活动主题鲜明，有所创新，还结合学校特点、专业特色，举办"上外之声世界之音——外语歌曲大赛"，增强了师生沟通交流，提升了教师队伍素质。

我们成立了15个教职工体育协会，有篮球协会、足球协会、排球协会、徒步协会等，每个协会都制定了章程，管理规范有序。教授篮球队荣获"上海市教育系统体育品牌项目"，校工会荣获"上海市第一届市民运动会民生奖金杯"。不少体育明星，如姚明、刘翔、孙雯也应邀参加过协会活动，成耀东还被聘请为足球协会名誉会长。协会吸引力不断增强，协会成员的技术水平得到了提升。

校工会文体活动，形成周周有活动，月月有比赛，季季有高潮的模式，成为上外工会的特色活动品牌，提升了工会组织的影响力。

从事工会工作 8 年，我始终坚持将其作为专业，悉心研究；将其作为事业，执着追求。自己能够为工会做出一点工作成绩，主要得益于对这份工作的酷爱。我认为，工作是生活的重要组成部分，对工作与事业的热爱是一种精神上的追求，我也始终以这份热爱愉快地工作。

（采访整理 / 沈　蔚　照片来源 / 本人提供及曾昕拍摄）

王光先：
为教育工会贡献自己的智慧

【人物简介】

王光先，1932 年 6 月出生，1948 年参加革命工作，1951 年入党，1953 年调入华东化工学院（现华东理工大学）工作，1982 年进入校工会工作，先后担任办公室主任、常务副主席，1993—2001 年离休后应邀到上海市教育工会大学部协助工作。

【访谈实录】

不少人不了解教育工会，觉得它只是给教职工送福利、提供生活保障的单位。其实，教育工会发挥着很重要的作用，有着光辉的历史，值得后人了解、铭记。

有求必应——让教职工无后顾之忧

1982 年，我到华东化工学院（现华东理工大学）校工会担任办公室主任，主持校工会工作。当时，正值各项工作拨乱反正之际，工会的主要工作是为教职工的工作、学习、生活排忧解难。

学校当时有 4 000 多名教职工，服务对象多，任务重。但对于教职工的需求，校工会可以说有求必应。我记得，当时教职工面临的最迫切的几个问题是：子女上学难，生活用品短缺，买菜难。

针对子女上学难这一问题，我们校工会联系上海中学、七宝中学，请他们为我们开办了职工子女班；日常生活用品短缺，我们联系到物美价廉的日用品、家具供应商，让他们把货物送到学校；学校在郊区，有教师反映没有菜场，买菜不方便，我们请市区菜市场每周到学校供应三次，每次半天；当时水果是稀缺品，我们多方寻找货源，最终在外地找到一家水果供应商……这样的工作我们做了很多，不仅做，还尽全力做到最好，后来听到教职工们都说"生活便利了，有了归属感"。

敢为人先——让教职工真正当家作主

1984 年，我从市教育工会了解到，教职工代表大会（以下简称"教代会"）制度开始在上海的几所高等学校试点施行，这引起了我的关注。我立马开始走访试点学校，进行调研，并学习取经。

通过走访，并思考成熟后，我向校党委递交了建立校教代会制度的报告。一经批准，我就开始着手筹备工作，包括制订实施细则、组织骨干学习、选举并培训代表等。

1986 年 1 月，我校首届一次教代会顺利召开。会上，我们听取了校长的工作报告，并审议通过了数项制度，如分房制度、生活福利制度等。这些制度都与教职工的切身利益相关，因而他们参与热情高。大家集思广益，成效颇丰。

首届二次教代会，相比第一次，有了更大的突破——增加了评议校长等内容，这在当时是破天荒的。教代会就此成为学校管理体制的组成部分，教职工们真正当家作主，能参与学校事务了。校工会的地位也迅速提高，我作为校工会常务副主席，列席学校每周举行的党政联席会议。

我校教代会的成效，引起市教育工会和其他高校的关注。市教育工会经常宣传介绍我校的经验，后来全国教育工会也开始关注。1988 年，全国教育工会在我校召开全国高校民主管理座谈会，这是该座谈会第一次在上海召开。全国有数十所高校的工会参加了此次座谈会，我们在会上介绍了自己的做法与经验。

那一时期，我撰写并发表了诸如《民主评议院长促进学校民主管理》《参与管理是增强活力的关键》《体制改革需要民主管理，民主管理促进体制改革》等有关高校教代会民主管理的文章、论文十多篇。

1990 年，我校校工会被评为"全国教育工会先进集体"和"上海市先进工会集体"，我也被评为"优秀民主管理干部"。

从 0 到 1——编撰手册推介民主管理经验

1993 年 3 月，退休后，我应市教育工会的邀请，到其大学部协助工作。我的工作范围很广，每天的日常工作包括写简报、下基层调研、起草文件、接待来访者、在办公室值班等。因为有基层管理经验，熟悉高校工会，了解教职工的真实需求，我为市教育工会出了不少点子，并帮忙完善了数项政策。最有意义的一件事，是我与张渭明部长一起，编撰出版了《学校教代会基础知识问答》小册子。

教代会制度普及后，关于"为什么要建立教代会制度""为什么要民主管理""如何进行民主管理""工会与教代会、工会与党政之间是什么关系"等许多问题，很多工会干部不太清楚，尤其是中小学工会干部一般都由学科教师兼任，他们更是不甚了解。我记得当时闹过不少笑话，譬如教代会一般每学年召开一次，每五年为一届，因此第一年是"首届一次教代会"，第二年是"首届二次教代会"，但有一所高校错把第二年的会标写成了"第二届一次教代会"。可见，各校迫切需要一本指导开展教代会的普及性手册。

我和张渭明部长商量后决定，用问答的形式来编撰手册。我先拟出了一百条左右的问答条目，其中的问题大多都来源于工会干部的实际工作。然后，我俩共同研究、确定了 87 个问题，再一分为二，分头撰写。其中，学校教代会提案表、学校教代会报告表、学校教代会评估指标体系表、党政领导重视教代会工作评价表、教代会工作规范化评价表等，都是由我们从零开始原创的，花费了很多的心血。我们还制作了一张学校教代会制度简表，方便工会干部快速理解教代会的内容、程序、组织架构、活动流程等。令我欣喜的是，这些表格至今仍有不少学校沿用。

完稿后，我们又慎重推敲，仔细修改，一丝不苟，直到满意后才交付出版社印刷。这本手册首次印了 5 万册，由市教育工会自行发行。让我们没想到的是，手册一经推出，颇受欢迎，很快就销售一空。外地许多市县教育工会和学校，包括清华、北大等，都来求购。后来二版、三版又各加印了 5 万册，才基本满足需要。到我离开市教育工会前，未收到对小册子内容的异议。

甘于寂寞——打开尘封的光辉历史

2000 年，市教育工会决定撰修会志。成立编撰小组后，因为我有过修校志的经历，有一点经验，所以由我先拟出了篇章、条目，大家再分头搜集材料。

其中，市教育工会五十年大事记由我负责撰写。为此，我花费了半年多时间，翻阅了市教育工会五十年的全部档案。档案室在阁楼里，那段时间，我到档案室里常常一坐就是一天。回家后，家人都说我身上有股霉味。但我乐在其中，每每翻到珍贵的档案就如获珍宝。

档案大多尘封许久，我拂去书页上的灰尘，看到了一段段市教育工会的光辉历史——上海是我国最先成立教育工会的城市；上海市首次教代会早于全国首次教代会；1950 年，张琼作为上海市教育工会代表，参加全国首次教代会时，因为杨开慧曾是她入党介绍人，拜访毛主席时，她请毛主席为上海

王光先同志退休后帮助市教育工会整理大事记

市教育工会亲自题了会名……我将这些重要事件一一摘录，然后整理、撰写，前后用了一年多的时间完成了七八万字的初稿。

2001 年，由于暂缓修志，我把打印成文的初稿交出后，离开了市教育工会。但我一直关注着市教育工会的五十年大事记，多次发函到市教育工会询问其近况，希望它即使不出版也能用作内部资料，我还将稿件刻录在光盘里送给教育工会退休的同志。因为，我觉得教育工会的历史，应该让更多人看到、了解，希望后人不要忘记前人的事迹。今年是上海市教育工会成立70 周年，市教育工会组织专人编撰的《中国教育工会上海市委员会大事记（1950—2020）》即将出版，将我当年管理的不少内容收录其中，我深感高兴。

（采访整理 / 谢双庆　照片来源 / 本人提供及朱水苗拍摄）

顾 红：
从健康出发　与改革同行　以初心行事

【人物简介】

　　顾红，1958 年 12 月出生，副教授，曾任上海大学工会常务副主席（女工委主任）、妇委会常务副主任、体育学院书记，现任中国大学生体育协会网球分会副主席。荣获 2002 年上海市育才奖、2008 年宝钢优秀教师奖、2011 年国家体育总局"十一五"体育哲学社会科学优秀成果二等奖、2019 年中国大学生体育协会网球分会颁发的"特殊贡献奖"。

【访谈实录】

　　1978—2018 年，改革开放 40 年的难忘岁月也正对应着我 40 年的职业生涯。回首四十载，作为体育专业出身的我一直致力于让大家健康生活、快乐工作。"健康"这一主线，在我前 35 年的体育教育事业和后来近 5 年的工会、女工工作生涯中，贯穿始终。我感到：我们工会干部要带着"我敬人人不求人人敬我，我为人人不求人人为我"的精神去工作，才能服务好广大教职工。

一场开幕、一段插曲
我与工会工作的"初相见"

　　作为一名田径运动员出身的专业教师，我职业生涯的前 35 年都默默耕耘在体育教育领域，从一线教师逐渐成长为一名院系管理者。2007 年之前，我与工会的联系还停留在组织与会员这样简单的关系上，直到 2007 年上海大学（以下简称"上大"）承办了上海市首届科教运动会开幕式和教工田径运动会，这次工作经历，让我与工会结下了不解之缘。

当时，作为上大体育学院主要负责人的我被委以重任，担任运动会开幕式的总指挥，我需要全力配合市教育工会的工作，配合学校工会协调学校的各方力量，确保每一个节目、每一处细节都万无一失。

这是一次与以往工作体验完全不同的经历，时间紧、任务重，我运用多年的院系管理及工作协调经验，并从自己的专业出发，把对运动会的理解贯穿在开幕式的启动工作中，与校工会和市教育工会的相关老师不断沟通、协商，经过几十个日夜的策划与演练，完善了开幕式方案，确认了所有的场地布置、彩排和演出细节。

直到今天，我还深深地记得开幕式当天，一百多个代表队无需统一口号和指令就可以在操场上整齐划一地列队，升国旗、奏国歌，开幕，开始演出……强大的群众基础，让我感受到了工会工作的旺盛活力和行动力，也让我挖掘到了自己在体育教学和学院管理之外的更多潜能。这份美好的经历，为我后来从事工会工作打下了深厚的情感基础。

立足需求、制度打底
为教职工创建校园中的"六个家"

2014 年起，我正式调任上海大学妇委会、工会，担任常务副主任和常务副主席一职。对我来说，这是一个极为"亲切"的挑战，因为自 2007 年的那场开幕式后，我在学校党政领导的大力支持下，带领上大工会全体同仁参与组织了上海市第七届教工运动会趣味赛、田径赛，组织承办了市教工象棋比赛、高校教工合唱展演活动、教工网球比赛以及上海市第八届教工运动会的游泳比赛等，直到今日，当时的工作场景都历历在目。每次成功举办完赛事活动后，我都备感欣慰，感觉自己又一次尽到了服务广大教职工的责任，在圆满完成组织交付的任务同时，也加深了对工会工作的认识和情感。

如何让每一个教职工更切身地享受到工会的关怀和服务，更加健康地参与、融入工会活动，进而促进学校整体的建设与发展，这个问题成了我在新工作岗位上需要攻克的重点。

在学校领导和上级工会组织的支持下，我和校工会的同伴们从教职工最关心的问题、最现实的需求出发，以继承和发扬"工会是所有教职工温暖的家"的核心理念，反思、调研、讨论，总结提炼出上海大学工会创建"六个家"的工作纲要，逐步开展"民主参与之家""建功立业之家""温馨和谐之家""健康快乐之家""温暖幸福之家""学习教育之家"的建设。多年的院系管理经验告诉我，有了大框架制度设计，在具体实施的过程中也必须要有对应的保障措施，才能持续推动相关工作，保证旺盛的工作生命力。基于这个理念，在"健康快乐之家"——教职工文体协会建设之初，

顾红（右五）在第八届教工运动会游泳比赛中颁奖

我们就协助各协会设立了会员自主选择、基于兴趣流动的注册制度，并将一年一度协会纳新嘉年华现场活动固定了下来。嘉年华这天，书画协会现场挥毫示范，象棋协会摆出棋局，朗诵协会排演节目……各协会把自身的"绝活儿"充分地展示出来，既展现了一年活动的成果，也为吸纳新成员做充足的准备。

丰富的协会活动既能缓解教职工的工作压力，也使我们充分掌握了各板块的"人才储备"情况，在日后开展各种文娱活动时，再也不愁"无将可遣"。而在"六个家"建设的推进过程中，我们工会从实际情况出发，不断组织校工会的同事们想方设法盘活二级学院的有效资源，设计新制度，创新工作方法，力争把工作做活、做细、做实。

"大数据分析"、化整为零
寻找顺应时代的新工作方法

可能因为我是体育专业出身，无论做任何事，总想着把健康放在第一位。走上工会妇委工作岗位之后，我越发觉得，随着改革开放的深入，社会不断进步发展，每一位教职工只有在身心健康的条件下，工作起来才能更有动力、更有创造力、更有创新力。除了困难帮扶、慰问、协助解决商业医保补充理赔等常规动作外，工会工作还得顺应新形势，寻找新方法。

每年工会组织的教职工体检，成为我尝试新工作方法的"试验田"。体检结果出来了，不意味着我们工作的结束——如何让大家正确认识自己的体检报告？对于较为集中的问题怎么帮助大家更好地解决？我们尝试在体检结束后为大家做更多实事。在校领导的大力支持下，我们开展了更有针对性的"医疗专家进校园"活动，建设"教职工健康实事系列工程"。我们联合了校医院、上大的计算机学院、人事处等部门，对教职工体检报告进行计算机大数据分析，对存在面较广的健康问题进行排序，然后再根据病例比例和实际情况，定期有针对性地邀请医院专家团队进校园，为教职工提供定期咨询问诊和专项医疗科普知识培训。这个活动一经开展，便受到了广大教职工的一致好评，每次的咨询网上预约都是爆满。曾有人对我说，这样有针对性的咨询节约了大量的医院门诊排队时间，大家就能更加安心地工作了，由此增加了对学校的归属感。

工会在新工作方法上的探索每时每刻都在进行。在学校"温馨和谐之家——妈咪小屋"的建设过程中，作为一名女性，也作为一名母亲，我觉得母婴室的便利性和私密性同等重要，每个院系的女性教职工都希望能就近享受到"妈咪小屋"的服务，而校园相对其他公共场所又更大一些，所以如何尽量满足便利性需求成了我们首要思考的内容。调查之后我们决定由工会妇委牵头，协调有条件的二级学院工会在女职工相对集中的教学楼中，辟出场地建设"妈咪小屋"，由各学院工会妇委根据需要进行布置并进行日常管理，在市总工会经费资助下，校工会提供一定配套资金支持，并根据市总工会"妈咪小屋"的建设及管理情况评定星级，最高可达五星级。通过这一"化整为零"的方式，我们最大限度地为女教职工提供了便利，也一定程度上协助学校稳定了教学工作。

上传下达、横向到边
树立一枝一叶总关情的"主人翁"精神

如果把各职能部门的中心工作比做一条大河的"主流"，那么工会工作就是这条大河的"支流"；如果把学校的事业比做一棵大树，那么工会组织就是这棵大树上的"绿叶"。"上传下达"既是工会工作的核心，也是工会的职能所在。

为真正落实"民主参与之家"工作，我们在原先民主管理恳谈会和座谈会的基础上，加大力度探索新形式，在每届教代会召开后，安排好时间，请各职能部门负责人与教代会代表坐下来面对面沟通交流，就校工会精心梳理的代表意见建议，逐条进行反馈。在实际操作过程中我们发现，很多教职工的意见和需求其实已经都计划推进或者已经在推进中，这一举措使得上传下达时出现的信息不对称得以弥补，教职工能更详细地了解到自己关心的工作的进展，各级职能部门也开始更加主动地向大家传递最新工作进展，同时做到即知即改。此外，我们还坚持在新教师入职培训时送上"工会职能和会员职责权益义务"第一课，树立大家的"主人翁"精神。

在各级工会的努力下，"六个家"建设硕果累累。我们获得了"上海市模范职工之家"荣誉；学校的孙晋良院士和周邦新院士荣获全国劳模和上海市劳模；机电工程与自动化学院"无人艇"团队荣获市"工人先锋号"荣誉称号……在许多荣誉的背后，我又开始思考更深更广层面的问题：学校整体的健康发展，除了"大师们"的建功立业之外，青年教师、教辅人员、非编人员的进步与人生规划也不容忽视。"工匠精神"的继承与发扬不仅仅局限于具备高超技艺的人，而应该在我们每一个普通人、每一位教职工身上久久闪光。基于此，我们校工会开始每年举办"工匠杯"技术技能竞赛，为工勤岗位的所有职工提供一个比拼技能、展示交流的机会，也帮助他们树立职业自信、增强以校为家的幸福感。

我在校工会任职的几年里，工会工作的脚印遍布上大校园的每一处。工作的不断深入与扩展不仅使"工会"这个词成为教职工心中的一股"暖流"，同时为学校的改革发展、稳定队伍起到了基础性的作用，让学校这棵"大树"枝繁叶茂、生机勃勃。

2018年11月30日，我参与组织策划了退休前的最后一场大型活动——由上海市教育工会主办、上海大学承办的"上海教育系统庆祝改革开放40周年主题活动"。1978年到2018年是改革开放走过的40年，也是我人生中最重要的40年。主题活动中一幕幕的教育成果回顾，与我脑海中闪回的人生经历不断重合：1978年我参加了高考进入上海体育学院，后来踏上工作岗位实现成为一名大学教师的梦想，接着从一线教师到院校管理者，再到担任校工会干部……40年中，我切身感受到了党对人民的关怀、国家长足的进步。能在职业生涯的最后五年全身心地投入到工会、妇委会工作中去，为学校及教职工的健康发展尽一份心力，这使我感到非常荣幸，而退休后的我，有幸被邀请到市教育工会宣教文体部参与更多工会工作，相信自己在这个新岗位上，一定能继续发光发热，更好地为工会工作"健康"服务。

（采访整理/吴　彤　冯灿文　照片来源/本人提供及王心愿拍摄）

苏训诚:
我对教职工运动会的热爱与投入

【人物简介】

苏训诚,1952年8月出生。上海交通大学体育系副教授。1977年起从事体育教学、体育竞赛和体育管理四十余年,先后参与组织策划了多届上海市教职工运动会。

【访谈实录】

我从事体育教学、体育竞赛和体育管理工作已有四十余年,积累了一些体育工作经验。2002年起,在完成学校教学、科研工作的同时,我受聘于上海市教育工会、市教委和市体育局,先后参与组织策划了多届上海市教职工运动会、全国大学生运动会、全国中学生运动会等。在大量的赛事运作实践中,坚持因人制宜、因地制宜拟定赛事运作方案,坚持将体育竞技的专业性与群体活动的业余性作有机的融合与兼顾。

根据现有大量数据,上海教职工群体的健康状况不容乐观。如何通过各种形式提高教职工健康水平是我们高校体育工作者的工作职责,我很愿意为此做出最大的努力。看到广大教职工身体健康,心情愉悦,我也感到无比欣慰。

和谐之心：因为热爱，所以全情投入

我参与的第一届教职工运动会就是在复旦大学举行的第五届教职工运动会。当时，市教育工会分管体育的是张中韧副主席，我们俩配合默契。他给了我很多工作方面的指导，在很多需要责任担当的场合，他总是在倾听大家意见的前提下果断决策。比如说开幕式方面的一系列工作决策，他既把握大方向，同时也很尊重大家的意见，很多专业细则的制定他都听取了我的意见。作为第五届至第八届教职工运动会赛事的总策划，我的任务更重了。从各届运动会的前期组织策划到赛区执行落实；从赛事总规程的起草编纂到各单项规则的修改调整；从开幕式等大型活动的规划设计到赛场诸多细节的联络沟通，我都倾注了大量心血。

协助教育工会工作是辛苦并快乐的，当然也会遇到考验个人毅力的尴尬时刻。记得第五届教工运动会刚筹备完，我就遇上了一次意外——腿骨骨折。当时我有两个选择，一个就是什么都不管去休养，另外一个选择就是尽量坚守，尽力坚持。第五届教职工运动会是我负责的第一次教育工会赛事，所以

苏训诚为上海教工足球赛优胜团队颁奖

我不能缺席，我选择了坚持。后来从开幕式到大部分单项赛事，我都是打着石膏挂着拐杖去现场的。工会领导专门派了车来接送我。我就这样打着石膏、拄着拐杖，奔走在各个赛场。回想那段经历，虽然痛苦和尴尬，但因为我对上海教职工体育工作的热爱，以及教育工会领导和各校工会领导对我的帮助和鼓励，我还是顽强地坚持了下来。

智慧之光：用心血和智慧，制定教工竞赛总规程

大型综合性运动会的总规程对该届运动会的圆满顺利进行起着至关重要的指导作用。每届教职工运动会筹备工作中很重要的一项工作就是拟定该届运动会的总规程，内容涉及运动会举办的时间地点、项目设置、运动员资格、年龄分组、报名办法、计分奖励办法、各部门分工及各阶段工作时间节点等，林林总总数十项。

因为市教育工会的信任和委托，我与复旦大学教授赵文庆、上海体育学院教授张泽民携手完成了第五届、第六届（首届科教运动会）和第七届教职工运动会总规程的起草、策划工作。在具体操作流程中，必须先把总规程草案下发到各高校、区县工会，广泛听取基层工会的意见和建议，或开专题会沟通讨论，或通过电子邮件反馈意见，经过多次调整审核，最后定稿下发。另外，我们还一起参与草拟了上海教职工各单项体育协会章程和年度工作计划，以及一系列与教职工体育工作相关的管理制度等。

总规程确定之后，就涉及大量单项赛事的协调与沟通，特别是各单项比赛的承办单位、比赛场地、单项规程、比赛规则等，都需要我们去协调与沟通。尤其是单项比赛规则的确定，既要参照国家体育总局审阅通过的各单项比赛规则，又要根据上海教职工业余运动水平的实际现状，做出必要的调整与变通。这就需要将体育竞技的专业性与群体活动的业余性作有机的融合与兼顾。这项工作由运动会竞赛组负责审核，而我是竞赛组的负责人，因此责

任确实非常重大。

我在上海交大医学院本身有较重的教学和科研任务，要上课、带队、带研究生及体育部管理工作。但是高校教学工作的时间比较灵活，所以才能腾出手来，利用本职工作外的闲暇时间，放弃个人休息，做一些市教育工会的工作。回想起这么多年参与市教育工会的体育工作，我感慨很深。在这一期间遇到的困难与考验也不少，最棘手的可能就是如何确保整个赛事的公开、公正和协调处理各种矛盾与冲突。

公正之约：以公平公正，对待仲裁工作

在各届教工运动会及各单项赛事中，我都兼任了"仲裁主任"一职。在大量的赛事运作实践中，我坚持将体育竞技的专业性与群体活动的业余性作有机的融合与兼顾，具体体现在对各单项竞赛规程的审核与修改中。同时，对极少数弄虚作假、违背体育道德的单位或个人，我也都第一时间赶到现场，调查取证，严肃处理，确保了"公平、公正"参赛的大原则。

我们知道，在体育赛事的过程中，不可避免会发生一些纠纷争执甚至矛盾冲突，这种情况下如不能及时妥善地处理好，很容易造成矛盾激化，影响整个比赛氛围。首先，组委会在《总规程》里明确规定了严禁赛场不文明现象的若干规定与处分办法。遇到赛事纠纷我们能做到心中不慌，有规可循，有法可依；其次，要注意工作方法与策略。既要确保公平与公正，又要尽量避免激化矛盾，让受罚者心服口服。这确实很考验仲裁部门的工作经验与水平。

我们为此付出了及时、有效的努力，妥善地仲裁处理了多起棘手的赛场纠纷与申诉。如运动员资格认定问题、比赛成绩名次确认问题、少量赛场不文明现象等。记得有一次，为确认一名运动员的参赛资格，我们花了两个下

午，专程拜访了当事人单位及其上级单位的相关部门，核实当事人身份信息，最终做出了果断的裁决，令申诉方感受到了公正公平，被申诉方心服口服，接受处罚。

十多年来，我为上海教职工体育尽了自己应尽的义务，上级各主管部门先后多次给予我荣誉与褒奖。我衷心感谢上海广大教职工对我以往工作的信任与支持！今天虽已退休在家，但只要市教育工会有需要，我很愿意继续为之发挥余热。

（采访整理/施　庆　照片来源/本人提供及曾昕拍摄）

金国忠：
办好"青教赛"，催化出更丰硕的成果

【人物简介】

金国忠，1970 年 2 月出生。1993 年 7 月毕业于上海师范大学音乐系，毕业后留校工作，长期担任学校共青团、基层党务并兼任工会相关工作。1997 年被评为"上海市新长征突击手"，1998 年被评为"上海市首届优秀青年文化工作者"，1999 年被评为"上海市优秀科技教育工作者"，2000 年被评为"上海市艺术教育工作先进个人"，2003 年被评为"上海市新长征突击手标兵"，2011 年被评为"上海市职工职业道德建设先进个人"。2017 年起曾任上海师范大学工会常务副主席，现任上海师范大学继续教育学院党总支书记。

【访谈实录】

近年来，上海市教育工会精心打造上海市高校青年教师教学竞赛（以下简称"青教赛"）这一平台，聚焦课堂教学，助力青年教师成长发展。我作为连续承办此赛事的负责人，进一步感受到工会在培育教职工成才方面的独特作用。

让"立德树人"的根本任务在青教赛中真正落实

青教赛从无到有，再到办成教育领域劳动竞赛的一个亮点，已经有八年历程。这几年来，比赛不断重视教书育人、重视教学的正面导向，引导广大

教师在教学一线施展才华，真正落实赛事"立德树人"的根本任务。

2020 年 5 月，教育部印发《高等学校课程思政建设指导纲要》，提出课程思政建设要在所有高校、所有学科专业全面推进，坚定学生理想信念，切实提升立德树人的成效。2020 年举办的第四届青教赛就强化了课程思政的要求，要求每门课程中都要植入思政内容。赛前，一些理工学科的教师曾透露自己上的课要加入思政内容太难了。我个人认为，一名好教师，在做课程思政的时候不是生搬硬套，而是将课程的育人功能想透彻，用理性的光辉温暖学生的心灵，用逻辑的力量引领学生前行。比如，数学学科的教师可以把某个知识点是如何在机缘巧合下被发现，又经过不断演算，最后展现在世人面前的过程作为课程内容，这样不仅顺理成章地讲解了知识，还发扬了科学家的探索精神，课程思政的内容就"软植入"了。"立德树人"是所有教师的天职，所以每个人民教师都要牢记，上好课的同时还要进行德育美育的教学传播。

"上好一门课"，汇聚了多方力量

如何"上好一门课"？这一看似简单的问题，却承载着教育工作者长期以来的孜孜追求，也汇聚了自上而下的多方面力量。

有的学校从比赛前一年的下半年就开始发动、练兵，先进行校内初赛、复赛，推选出最优秀的青年教师参加全市比赛；有的学校主管校领导亲自为青教赛带队，成立联席工作组、多部门协作、配备教学名师指导；有的学校形成了"一人参赛、全校支持、全员受益"的氛围。有选手说，他们都是进行多轮培训上赛场的，比如诊断性培训，这是一个专家团队帮助选手找问题"号脉"的过程；还有提升性培训，这是一个发现了问题，再由多元化的专家团队帮助选手改进打磨、"对症下药"的过程；模拟竞赛性培训，对接市赛的实战式演练；专门针对"教学设计"进行打磨的专题培训等等。

通过各方的全力配合、通力合作，参赛选手的教学水平得到大幅度提高，精雕细琢的课程经得起评委的检验，最终对上课的学生产生有益影响。

我曾对一门教高校思想道德品质的教师说过这样一段话："你是一个教书匠，但只有跳出你的课本，你的教学才会有提升。我们的课本是滞后的，2018年课本上的案例如果你拿到2020年来讲，就必须要完善备课，想一想'这个案例在如今还有时效吗''是不是有更好的案例在今天讲对学生更为受益'。如果你还在说教材上仅有的内容，比赛就没有意义了，一定是'破教材'或是'旧瓶装新酒'，这样的课才有层次上的提升。"这也是每两年举办一次青教赛的目的。

上海师范大学（以下简称"上师大"）在组织选手参加市赛过程中，每年着力加强基础培训和院赛、校赛。多年来，在学校各级领导的高度重视下，已经初步形成了"初级培训—院赛—细节培训—校赛—重点培训—市赛"的基本模式。从初赛开始，就按照市赛的标准要求所有参赛选手，校赛过程按照市赛流程进行组织。理论上讲，参加市赛的选手已经全流程地做了多轮多

2019年4月金国忠在上师大第九届教代会上作大会筹备工作报告

次的备赛工作。

作为承办方，我们每年还会将历届青教赛的课堂展示录像、精选的讲座论坛等内容集结起来，供需要的学校和教师充电学习，所以看上去是在做一场比赛，其实是为全市每一个有志于"上好一门课"的青年教师提供学习交流的机会。

确实，比赛越来越注重发挥赛事引领催化效应，很多选手赛后都表示，这样的参赛经历对今后的教学生涯影响巨大，他们将时刻不忘教师的职责，教书育人，真正"上好一门课"。

备好一场赛，打赢一场仗

2020年青教赛的备赛过程还是一场"抗疫赛"。虽然之前三届的比赛已经让上师大的师生们积攒了不少备赛经验，大多数教育工会的组织者早就训练有素，但是2020年这场持续的疫情，也对比赛提出了更多的要求。

首先是时间紧迫。从向选手发出赛事通知到实地参赛，时间仅一个月，在这短短一个月中，不仅要把之前几个月的筹备工作做好，还要将防疫工作做到万无一失。其次是要求严格。上海市教育工会联合协办单位上海师范大学按照科学、简洁、高效的原则，对比赛场地、评委住宿、用餐等做了周密的布置和安排，制定了《青教赛期间防疫防控工作方案》《青教赛防疫应急预案》，而这些方案和预案也是根据最新的疫情变化时刻在做调整。再次是分工明确。"定岗、定位、定时、定人、定责"，参与本次比赛的教育工会的每一个志愿者牢记"五定"原则，保证了比赛的顺利进行。

比赛期间，上海师范大学防疫工作小组全程监控赛事过程，并对包括评委、参赛选手、工作人员在内的所有进校人员做严格的健康筛查。此外，我们还要求如果参赛选手的家人在一定时期离开过上海，也要求提供核算检测的报告。虽然要求几近严苛，但很多教师走进赛场的那一刻，还是立即感受到了我们承办方的用心，无论是备赛室安全距离的设置，还是赛场上一人一教具的准备，这些小细节都很让人安心。

与时俱进，提升办赛水平

青教赛围绕上海教育综合改革，以加强青年教师教学基本功和教学能力，提升青年教师学科素养为重点，着力培养青年教师爱岗敬业、严谨治学的态度，为青年教师成长发展创造了机遇和条件。一批优秀青年教师通过这一优质平台获得了学习提高和破格晋升的机会，荣获"上海市五一劳动奖章""上海市教学能手"等珍贵荣誉。经过连续八年的坚持与创新，上海青教赛也已经成为一项党政支持、学校认可、教师欢迎、社会关注的品牌项目。

与竞赛参与度屡创新高、影响力迅速扩大所对应的，是办赛水平的逐年提升。第二届上海高校青年教师教学竞赛首次引进了第三方评价机制，对竞赛活动的知晓率、参与率、影响力、满意度和获得感等予以评价，同时对竞赛学科分类、奖项设置等方面作了进一步优化。第三届上海高校青年教师教学竞赛首次采用网络延时直播课堂教学视频的方式，供大众观摩和学习，所有视频由现场评委确定能否上线，以确保教学视频的准确性和示范性。本届青教赛增设了医学学科组别，更是与时俱进的体现，突出了医学在人民群众生命安全和身体健康中的重要地位与作用。

青年教师是上海教育事业发展的生力军，队伍的建设水平直接关乎我们教育事业的未来。为此，上海教育工会将继续与时俱进，办好上海青教赛，为青年教师培育工作催化出更丰硕的果实。

（采访整理／沈小璐　照片来源／本人提供）

沈晓峰：
全力以赴，为上海教工的素养发展搭建平台

【人物简介】

沈晓峰，1972 年 6 月出生。1996 年 7 月参加工作，工商管理硕士。现任上海第二工业大学党委委员、工会常务副主席，上海教工书画协会常务副会长兼秘书长，上海市教育工会第八届、九届委员会委员。曾获得上海市支援农村教育先进个人、上海市教育工会优秀工会干部等称号。

【访谈实录】

2013 年 3 月我到任上海第二工业大学（以下简称"二工大"）工会常务副主席岗位工作，我的前任工会常务副主席退休时，留给我许多宝贵的财富，是我的榜样和楷模。同时，他们出色的工作于我而言也是一种压力，因为自己希望在前任的基础上做得更好、更出色。

与上海教工书画协会结缘

2013 年 11 月，上海教工书法协会成立，鉴于此前积累的工作基础和工作经验，二工大被推举为该协会的理事长单位，全面组织推进上海市中小学、高校、中职学校教职工书法教育活动等工作。作为理事长单位的工会常务副主席，我承担了协会的副会长与秘书长之职。没想到一做就是 7 年，而且协

会的影响力越来越大，举办的上海教工"三笔一画"大赛规模和水平逐年上升，各项工作也得到了多方认可。总的来说，协会目前的工作主要包括三块：组织上海市教职工"三笔一画"等专业素养比赛，组织书画活动，展览、出版优秀书画作品。

协会目前最重要的一块工作是组织上海市教职工"三笔一画"等教师教学基本功比赛。板书是教师最重要的基本功之一，体现教师的审美、综合素养，影响学生学习的效果和愉悦感。因此，2015年5月，上海教工书法协会举办了第一届教师板书大赛，这是协会面向中小学、高校、中职学校举办的第一个市级大赛。

此后4年，每年5月协会都承办了市级大赛。2015年和2016年两年，在板书大赛的基础上，协会举办了上海教工书法·板书·钢笔字大赛；2016年，上海教工书法协会更名为上海教工书画协会，把绘画也纳入其中，比赛也相应地升级为上海教工"三笔一画"大赛，比赛类别包括粉笔、钢笔、毛笔字、中国画四种，目前已连续举办三届。

7年来，从单项比赛到综合比赛，比赛规模从百人到千人，赛事组织工作的难度逐年上升，而赛事的好评度和影响力也在持续增加。这背后我们做了大量的协调、沟通、落实、细化的工作，从赛前沟通到物料准备，从命题设计到评分规则，从比赛流程到午餐的营养搭配，每一项工作我们团队都是全力以赴、注重细节，力争为参与者带来更好的体验。

当然，有些工作我们也是一步步优化，逐渐调整的。比如，选手比赛场地的标签，开始我们是用板书写的，不方便看，后来改成用醒目的颜色来标识；开始是将标签挂在黑板边上，后来改成像旗子一样高悬在黑板的最上方，不同类别比赛的标签，尺寸也会精心设计，尽量做到既醒目又美观。比如为了方便大家报名，我们从纸质报名改为网上报名，为此开发了一套全新的报名系统。由于比赛的类别、组别、内容比较多，这项工作的工作量也非常大。

2020 年初写春联送祝福活动来到南京路上好八连事迹展览馆（前排左二沈晓峰）

协会的第二块工作是组织书画活动。比如每年元旦、春节，上海市教育工会的"写春联送祝福"活动，就是由我们书画协会承担的。从 2013 年开始，每年元旦、春节，协会都会组织书法家到部队、社区、企业、农村，上门免费写春联，这项活动受到了极大的欢迎，书法家撰写的春联每次都被一抢而空。而且，这项活动面比较广，每到一处，都为大家增添节日的气氛。

2020 年春节开始的"网上赠送春联活动"也受到了极高的关注，200 套春联在教育工会 APP "工家云"上瞬间被秒杀。今年我们还将扩大活动的覆盖面，邀请 15 位书法家准备 1 500 套春联，希望能为广大教职工节日增添更多祥和的气氛。

此外，协会也会组织书画作品出版、展览与相关培训。协会成立 7 年来，积累了大量优秀作品，为我们延伸出了书画作品的出版、展览和相关培训工作。2018 年，我们结集了一本优秀书画作品，2019 年正式出版，书中介绍了许多书画实用技能，可以用作参赛者的学习资料。为了给即将举行的第一届上海教工篆刻大赛预热，我们配合编辑出版了《篆与刻入门指南》。在写春联送祝福等活动中积累的优秀春联作品，也即将以《中国春联》为名结集出版。

今年，因为疫情的影响，我们上半年没有举办大赛，但是，我们策划组织了"共克时艰，与子偕行——上海市教育工会战'疫'诗画作品征集及网上展示活动"，该活动以摄影、书法、篆刻、国画、诗歌、散文等形式的主题作品，展现了上海教工抗击疫情的行动，展示了上海教职工积极向上的精神面貌。

同时，我们也会举办优秀书画作品的展览。比如，2019年我们将"三笔一画"的获奖作品与中华人民共和国成立70周年主题相结合，在28家单位巡展。巡展过程中，许多教工开始对"三笔一画"更加感兴趣，想要继续提升这方面的能力，并提出了培训的需求。为了满足大家的需求，我们也开始做一些专项培训，开设了"职工学堂"，免费向上海教育系统教职工开放。

感谢经历，感恩团队

"用惭愧之心看待自己，用感恩之心看待世界"是我非常喜欢的一句话。

上海教工书画协会成立7年以来，我很荣幸有机会与协会共同成长。在7年的管理工作中，我们经历了许多困难，也收获了一些宝贵的工作经验，主要体现在三个方面。

一是不以事小而不为，增强协会工作的荣誉感。协会工作面对的对象是全市教师，很多细致的工作都是从小事入手，从积极策划到组织落实，从发动各系统教师到活动开展，从宏观把握到微观操作，时刻体现协会工作的特点。

二是不以事多而马虎，增强协会工作的责任感。尽管协会工作头绪多，任务多，既要抓紧大赛组织，又要开展专项培训；既要按时开展巡展布展，又要编辑出版相关图书；既要按时完成学校各项工会工作，又要推进元旦、春节到农村、社区、企业写春联送祝福活动，等等。因此，工作中需要知重知轻、知上知下、知大知小、知难知易，增强协会工作的责任感，在标准上求高、在措施上求严、在工作上求实。

三是不以事难而却步，增强协会工作的使命感。现代教育受信息社会的影响，广大教师思维活跃，信息接收途径多、意识强。如何针对广大教师的个性和特点、如何根据时代发展背景开拓协会工作，保持协会工作的生命力？这就必须增强协会工作的使命感，提高协会工作的创造力。

同时，我也深深地感受到，做事业最重要的是团队。7年来，我与协会团队共同担负使命，携手破解难题，一起见证发展。我们抢抓了许多机遇，也面临许多挑战；我们一起攻坚克难，也一起收获喜悦。我为自己能够在协会为广大教工服务而备感充实和荣幸，也为自己能够与大家一道，为协会的发展做成几件事备感欣慰，更为协会已经和正在发生的巨大变化备感骄傲和自豪！

《2002年中国工会维权蓝皮书》中有这样一段话："有一个组织叫工会，在任何主角们需要的时候和地方，他们永远是奋不顾身的龙套，起承转合，唱念做打，为职工而生，为维权而立。"在我看来，上海教工书画协会就是上海教育系统教师书画爱好者的龙套，我们也要起承转合，唱念做打，为上海教职工而生，为提升上海教职工的素养而立，矢志不渝地为教职工专业素养和精神素养的发展搭建平台，展示上海教育人的光芒！

（采访整理 / 马　敏　照片来源 / 本人提供及郑逸杰拍摄）

夏 雨:
上善若水润无声

【人物简介】

夏雨，1970 年 7 月出生。上海建桥学院党委副书记、工会主席，市第十五次妇代会代表，市教育工会第十届委员会委员，市教育工会妇委会常务委员会委员，曾获上海市"三八红旗手""教育系统心系教职工的好领导""优秀工会工作者"等荣誉称号。

【访谈实录】

我是 2011 年开始从事工会工作的。其实当时安排我从事工会工作时，我觉得挺突然，也挺纠结：这工会工作不是大多都是老同志来做的吗？为什么找上我？我也有些束手无策，只能硬着头皮上，没想到这一做就做了快十年。

激流勇进创"第一"

其实我开始工会工作的时候，真的不是很了解工会要做些什么，还想着：不就是发发水果、慰问一下退休老同志吗？真正着手，才知道不是那么简单。

我认为，做工会工作，重要的就是要做好桥梁和纽带工作。首先要坚持学校党委的领导，做好党联系群众的桥梁和纽带；其次，一所民办高校的工会工作，还要成为学校行政和董事会联系教工的桥梁和纽带。如何做好桥梁和纽带？我觉得推进学校民主建设是关键，要让双方听到彼此的声音。

2011年起草、组织修改并提交教代会通过的《上海建桥学院工会工作实施细则》《上海建桥学院教代会实施细则》两份指导学校工会和教代会工作的文件，成为学校实行民主管理道路前进的重要基石，使每年召开的教代会成为教工参与学校民主管理的重要平台。代表审议学校的发展规划、学校搬迁方案、校长和党委的报告、财务预决算等大政方针，也形成了"凡涉及教职工切身利益事务方案，不经过教代会审议通过不予实施"的制度。

2011年，上海建桥学院《工资改革方案》在教代会上以无记名投票方式通过。来自一线教师的意见在会上被校方领导采纳，原先的"举手表决"也被改为无记名投票。建桥学院也因此成为上海首家以教代会形式通过工资改革方案的民办高校。当时我们真的是"摸着石头过河"，因为没有先例，连"抄作业"都没有地方抄。方案涉及教工工资的结构性调整，唯有充分再充分地沟通、讨论、说明、征求教工的意见，方案是上上下下，几易其稿。代表讨论异常热烈，每个小组都商议3个小时以上，人人发表意见，充分表达观点，民主氛围浓厚。代表们一共提出了28项意见和建议。三天后，这28项意见被放在了教代会主席团和代表组组长共同参加的圆桌会议上。学校领导在会上对这些意见逐字逐句地拟定反馈意见，有的当场修改，不能当场修改的也做了详细的解释说明。董事会也高度重视这些意见，并决定采用无记名投票的方式将最后方案在教代会上票决通过。来自基层的意见这么快能够得到学校领导的回应，这就是教代会这一民主程序的价值体现，也真正体现了学校"紧紧依靠广大教职工办大学"的思想。

2014年民主评议校领导；2015年教代会无记名投票选举职工董事参加学校董事会；2016年教代会审议通过《上海建桥学院集体合同》《上海建桥学院集体协商暂行办法》；2018年选举职工代表进监事会……一步步，步伐坚定。我可以很自豪地说，上海建桥学院校务公开、民主管理及教职工权益维护等工作走在全市乃至全国民办高校的前列，多项成果经验在上海民办高校中发挥积极的示范辐射作用，我们工会是开拓者。目前学校教代会制度已经深入人心，在学校民主管理中发挥着不可或缺的作用，学校目前在申报全国"厂务公开民主管理先进单位"。

润物无声保民生

对于一个民办高校，工会怎么让学校的教职工能工作得更安心，提高他们的获得感？

其实，大部分的教工除了教书育人以外，最关心的内容和一般人没什么两样：医疗保障、孩子的入园入学、房子……总结起来，就是"民生"两个字。

就在前两天，有位老师发了条朋友圈，说做了个手术，卡里多了一笔钱，原来是学校给买的补充医疗保险到账了，感觉很惊喜。2016年前，工会根据《上海建桥学院爱心基金管理办法》用校工会托管的爱心基金补贴教职工的门急诊和大病补贴。为了使教职工有一份安心的保障，有效地帮助患病住院的在职职工减轻个人自负部分医疗费的经济负担，在学校董事会和行政的支持下，2016年学校开始建立在职教职工和退休教工的补充医疗保险体系。工会完成了保险单位、险种的遴选、组织购买、组织理赔等工作。

我们学校的教师队伍普遍年纪比较轻，孩子的入园入学是个绕不开的需求。我们曾经引进过一对博士夫妻，他们的孩子正在上小学，可是转学需要父母的居住证，但居住证需要入职半年后才能领取。这半年孩子怎么办呢？最后我们工会协调解决了这个问题，解除了他们的后顾之忧。从康桥到临港，工会在尽力解决教师子女入园入学这一教职工民生问题上一直很努力。工会多次专程拜访、协调沟通浦东教育局基础教育、临港教育对口单位，沟通情况，了解政策；先后帮助数十位教职工和子女办理人户分离登记、居住地变更等手续；建立与周边基础教育学校的定期走访、校长园长到校交流座谈等机制，以期满足学校教工子女对不同教育资源的需求。这一举措在一定程度上解除了教职工的后顾之忧，帮助稳定了师资队伍。

可能因为我本人是从普通教师一步步走来的，所以比较接地气，能够明白教师们的所思所想，教职工跟我也比较亲近。教职工食堂就在我们工会楼上，他们常常吃完饭下来跟我说自己遇到的这样那样的问题。虽然很多问题我可能也没法解决，但我会倾听大家的呼声，尽量急群众所急。几句贴心话，也许就能温暖一颗心。

细水长流做保障

为了更好地做好服务保障工作，常设管理机构必不可少。学校成立了"妇女工作委员会""退休教职工管理委员会""劳动人事争议协调机构"等，满足职工的需求。

我们学校女教工相当多，而女教工是学校改革发展的重要力量。2015年学校成立第一届"妇女工作委员会"，进一步发挥女教工的作用，打开了学校广大女教职工参与民主管理、民主监督、参政议政的重要渠道，也能更好地、更有针对性地维护教职工多方权益，促进女教工发展。妇委会和工会女工委协同开展女教工创先争优活动，积极培育、评选和宣传学校、教育系统、市三八红旗手、三八红旗集体、巾帼文明岗等先进集体和个人，每年举办纪念三八国际妇女节暨先进表彰大会并举办三八妇女节系列活动；深入女教工困难家庭，帮助解决夫妻纠纷，维护女教工在家庭里的合法权益，当好女教工的"娘家人"；持续深入关心女教工身体健康，坚持每年组织女教工有针对性的多项检查，每年定向走访慰问女教工；丰富女教工文化生活，举办各种烘焙、美容化妆、艺术插花沙龙、讲座，提升生活品位和艺术素养。我们学校布置有温馨的"妈咪小屋"，方便哺乳期女教师，也为教职工低龄子女提供了一个嬉戏游玩的室内乐园。妈咪小屋荣获2017年度上海市五星级"爱心妈咪

夏雨（右）在女教授联谊会赠书活动中与女教授们交流

小屋"称号。

有付出就有收获，几年来，10 位优秀女教师分别荣获上海市"五一劳动奖章"、上海市及教育系统"三八红旗手"称号、上海市及教育系统"巾帼建功标兵"称号；马克思主义学院、信息技术学院学生工作室等 4 个集体分别荣获上海市及教育系统"巾帼文明岗"称号；校财务部、校长办公室分别荣获上海市社会系统"三八红旗集体"称号；还有 42 名女教师荣获上海建桥学院"三八红旗手"称号，10 个组室荣获上海建桥学院"三八红旗集体"称号。

让我感到很幸运的是，学校有好的董事会和党政领导，在《学校章程》里明确了工会和教代会的地位和作用，所以我作为工会主席，能深度参与学校的日常管理，和大家共同创造了良好的民主氛围，所以工作以来顺风顺水，没遇到过什么特别激烈的问题，但我想，这就是工会工作的本色吧：平淡如水，又不可或缺。

（采访整理／忻硕如　照片来源／本人提供及曾昕拍摄）

四、协同发展

1950 2020

张渭明：
工会工作是一门学问，做好了同样意义非凡

【人物简介】

张渭明，1953 年出生。1983 年进入市教育工会工作，历任基层工作部部长、经审会主任、市教育工会常委等职。曾被全国总工会和上海市总工会评为优秀民主管理工作者。

【访谈实录】

　　我是大学毕业后被分配到市教育工会工作的。这是我人生中第一份也是唯一的正式工作，谁知一干就是三十年。可能有人会说我的职业生涯有点单一，但我并不后悔。因为工会工作也是一门学问，做好了同样意义非凡。把一份平凡普通的工作做到不平凡，这是我多年的追求和愿望。

　　谈教职工民主管理必然离不开教职工代表大会（以下简称"教代会"）制度。党组织领导下的教代会制度，是我国改革开放后教育系统涌现的新生事物，她的诞生、发展和完善体现了我们党全心全意依靠教职工办学的指导思想。我国宪法和工会法、教育法等法律充分保证了教职工行使当家作主，以及参与民主管理和民主监督的权利，同时也赋予了工会组织教职工通过教代会等形式参与学校民主管理的任务。经过几十年的发展，教代会已经成为学校民主管理的基本形式、学校管理体制的重要组成部分以及现代学校制度和

2005 年 1 月张渭明在上海市科技教育工会第一次代表大会上进行投票选举

依法治校的重要内容。长期以来，民主管理工作已经成为教育系统各级工会工作的主要内容，需要常抓不懈、常抓常新。

以典型引路，促进教代会的全面普及

上海是全国最早试行学校教代会制度的地区之一。从 1979 年开始，原上海铁道学院（后与同济大学合并）等 4 所高校和育才中学、虹口区第三中心小学等 12 所中小学校率先开展教代会试点工作，积极探索教职工民主管理的新形式、新内容、新方向。上海的教代会试点工作当时得到了中央领导和全国总工会、全国教育工会的充分肯定和大力支持。

记得我刚工作没几个月，就遇上了上海交通大学筹备召开首届教代会。市教育工会非常重视，派了两位精兵强将前去指导工作。1983 年 11 月该校首届教代会成功召开，在全国高教界引起高度关注和好评，时任中央领导王震以及教育部发来贺电。上海交通大学是当时教育部部属大学中最早建立教代会制度的高校，开创了教代会规范化运作的新时期，在高校民主管理发展史上具有里程碑的意义，其影响力和示范性不言而喻。当时我虽未亲临一线，但同事们的工作态度和工作水平，给我留下深刻的印象，对我后来的工作影响很大。

从 1986 年开始，市教育工会又持续关注华东化工学院（现华东理工大学）教代会全程参与学校改革的做法。当时我曾随领导和同事多次去该校调研，帮助总结经验，发现并树立新的典型。记得就在那时，我在领导的鼓励下，撰写了自工作以来的第一篇调查报告，并公开发表。1988 年，全国教育工会在华东化工学院召开"高等学校民主管理座谈会"，全国和本市 70 多所高校代表出席。该校全面落实教代会职权、推进院系二级民主管理、教代会深度参与学校改革的经验，得到上级工会和全国各高校广泛好评，一时间前来该校参观取经者络绎不绝。与此同时，我也关注到普教系统也以中小学校管理体制改革为契机，稳步推进并积极完善教代会制度，深化教代会议题。市教育工会以及区县教育工会都树立了各自的典型，推动面上的工作。

1985 年，《中共中央关于教育体制改革的决定》以及教育部和全国教育工会《高等学校教职工代表大会暂行条例》颁布实施，教育系统民主管理进入了一个新阶段。到 1992 年年底，教代会制度已在本市各级各类学校基本普及。

从培训入手，提高教职工的参与水平

随着教代会普及化、制度化和经常化，学校领导和教职工对民主管理的要求也随之提高。从 20 世纪 90 年代起，建立培训代表制度的工作提上了本会工作日程，我和同事们在两方面着手加以落实。

一是解决培训教材问题。针对没有合适的培训教材这一问题，我和同事花了近两年时间，克服了不少困难，编写了《学校教代会基础知识问答》作为学校工会干部和教职工代表培训的入门教材。这本书填补了当时同类教材的空白。由于该书简明扼要地回答了教代会的一些常见问题，有些内容也具有操作性，因此很受读者欢迎。该书在全国发行近 10 万册，本市不少区县、高校的工会干部和教代会代表人手一册。

二是解决培训渠道和机制问题。各级工会通过党校、教育学院、专题培训班等形式定期开展培训工作。培训对象主要是工会干部，包括党政干部在内的教职工代表。培训主要围绕民主管理实务知识、政策法规等，如"怎样当好教职工代表""如何做好教代会提案工作""工会如何承担好工作机构任务""教代会民主管理法律法规解读"等内容。通过党的方针政策和法律法规的学习、民主管理经验的分享、教代会案例的剖析，让代表进一步明确了为什么要参与民主管理，教代会是什么组织形式、能发挥什么作用，代表的权利义务有哪些等基本问题等，从而增强大局、责任、桥梁、共赢等意识，提高了审议议题和做好提案等实战能力。

以提案工作培训为例。提案是教代会民主参与的重要手段之一。我曾经多次受邀去复旦大学、华东理工大学等高校以及各区县教育学院开展培训工作。为了让他们能更好地理解，我在讲解的时候经常将一些收集到的优秀提案进行分析，让他们能更直观地在操作层面知道怎么去写、怎么去做，也从思想层面引导他们更加客观地去思考、审议问题。通过培训，我明显感到教职工代表在民主管理实践中更加理性、更加务实、更加实事求是。我本人也从中受益匪浅，了解到基层工会干部和教职工代表在想什么，需要我们重点帮助解决什么问题。

以创新为动力，深化民主管理工作

教代会制度自建立以来，已经运行了 40 年。如果说二十世纪八九十年代是教代会制度试行和普及阶段，那么从 21 世纪开始，教代会工作已经开始进入规范运行和深化阶段，教代会工作被纳入校务公开民主管理范畴，成为校务公开的基本形式。因此，教代会的运行质量问题随之也提上了议事和工作日程，这就需要从教代会内容、形式、制度等方面进行创新。

一是加强建章立制工作。我先后参与起草制定《上海市中小学教职工代表大会工作意见》《关于进一步深化校务公开推进基层民主政治建设的意见》《上海市高等学校教职工代表大会实施意见（试行）》等文件，以提高民主管理制度化、规范化和程序化的水平。

二是完善有关制度。先后建立了学校教代会会前会后报告制、优秀教职工代表和优秀提案评选制、教代会代表竞选和述职制等。从 2005 年起，连续举办了五届优秀教职工代表和优秀（最佳）教代会提案评选，评选出优秀代表近 500 名，优秀提案 430 余件。

三是坚持内容和形式的创新。十多年来，网络提案平台、365 天提案制、双月恳谈会、代表旁听会和听证会、满意度测评等应运而生；在教代会重大事项票决制、民主评议领导干部、二级教代会制度等方面都有很大的推进和突破。例如，复旦大学、上海交通大学等相当一批高校教代会以票决制的方式通过涉及教职工切身利益的重要事项。中小学校绩效工资等改革方案普遍提交教代会审议通过。同济大学、华东理工大学、上海大学网上提案征集和处理系统公开、方便、快捷，参与面广，深受好评。上海中医药大学、上海电力大学、上海海事大学教代会率先开展民主评议干部，带动了面上工作的开展。

四是民办学校普遍建立和运行教代会制度。2010 年全国教科文卫体工会在上海召开现场会，本市介绍了民办学校教代会工作经验。如今，上海杉达学院、上海建桥学院等民办高校分别跻身全国和全市民主管理先进单位行列。

2020 年适逢上海市教育工会建会七十周年，作为一名曾经的工会干部，回顾市教育工会走过的历程，回忆民主管理的往事点滴，回想共同为工会事业奋斗的领导、同事和广大同仁，我备感荣幸和欣慰。我会永远记住，并且倍加珍惜这段难忘的工作经历。

（采访整理／杨晓珺　照片来源／本人提供及曾昕拍摄）

朱小娟：
维护权益 支持发展 促进成才

【人物简介】

朱小娟，1957 年 6 月出生。1978 年 10 月至 2017 年 7 月在上海市教育工会工作。历任市教育工会女教职工委员会副主任、女工部副部长、部长，市教育系统妇女工作委员会副主任（正处级）等职。曾获全国教科文卫体工会系统先进女职工工作者、上海市三八红旗手等荣誉。

【访谈实录】

目前，在上海教育系统中，女教师所占比例已经达到了将近三分之二。面对如此庞大的群体，如何推进教育系统妇女工作，关乎着上海市教育系统的整体发展。而"一手抓维权，一手抓发展"就是我们开展教育系统妇女工作的立足点和出发点。多年来，在推进教育系统妇女工作方面，我们已经形成了围绕女教师"维权、发展、成才"三个层面的鲜明工作机制。

初心：维护女教师基本权益，做她们身后"最给力"的支持者

女教师队伍是上海教师队伍的重要组成部分和中坚力量，维护女教师基本权益的重要性不言而喻。我 1978 年进入上海市教育工会，1991 年开始兼任女教职工工作，1995 年正式专职从事教育系统妇女工作，一直到 2017 年退

休。在我四十年的教育工会职业生涯中，大部分时间是在从事教育系统的妇女工作，可以说是在教育工会做了大半辈子妇女工作的老兵。

记得我刚兼任工会女教职工工作时，我们教育工会的女职工组织的名称是"上海市高校女教职工委员会"，1994年调整为"上海市教育工会女教职工委员会"。随着妇女工作的发展，1995年在市妇联的推进下，建立了"上海市教育卫生系统妇女委员会"，与市教育工会女职工委员会合署办公，两块牌子一套班子。以后因机构数次改革调整，教育系统妇女组织也多次更名，到2009年定为"上海市教育系统妇女工作委员会""上海市教育工会女教职工委员会"两块牌子，并一直沿用到现在。

维护妇女权益，为女教师成才发展提供服务保障，做女教师身后"最给力"的支持者，始终是我们工作的初心。多年来，教育系统的各级妇女组织开展了诸多丰富多彩的主题活动，从保障女教师权益、关爱青年女教师、促进女性成才发展等多个方面着手，切实维护女教师的权益。

使命：保障女教师全面发展，
给她们"看得见，摸得着"的幸福感

教育系统的女性撑起了上海教育的半边天，但她们也面临着多重压力和挑战。从保障女教师的切身权益到推动女教师更好地发展成才，我们在推进教育系统妇女工作时注重让她们拥有"看得见，摸得着"的幸福感。

为了让幸福感落地，我们在推进女教师事业更好发展的基础上，致力于为她们创设更佳的条件，助力她们全面发展。

为助力青年女教师成长，从2001年起我们建立了"上海市优秀青年女教师成才资助金"，为40岁以下的优秀女教师提供家庭服务补贴、单亲生活困难补贴、生育哺育生活补贴和科研教学成果奖励，并在每年的"三八"妇女节、教师节为优秀青年女教师颁发成才资助金，为优秀女教师成长成才提供了有力的支撑；2003年起我们每年举办上海市教育系统玫瑰花苑联谊活动，为单身男、女青年教师提供交流、交友的平台，为她们的美好生活创造机会和氛围；2014年起启动了"爱心妈咪小屋"建设行动，为怀孕、哺乳期女教师提供私密、安全、卫生的哺乳和休息场所。通过数年的推进，在教育系统各级工会组织的支持下，教育系统建立的"爱心妈咪小屋"在全市是数量最多、质量最好的。

为提升上海女教师的职业幸福感和责任感，展示优秀女教师的情怀和风采，从1997年开始，我们每两年评选表彰一届教育系统比翼双飞模范佳侣，倡导、激励在教育系统工作的夫妻携手共进、和谐发展、比翼齐飞；2009年我们组织开展了"教苑群星璀璨校园玉兰芬芳——新中国60年上海百位杰出女教师表彰仪式暨风采展示活动"，集中展现了上海女教师教书育人的高尚情怀和亮丽风采；2013年我们开展了"女教师的幸福"征文活动，并在优秀征文中选出精品，举办了"女教师的幸福"优秀征文品读活动，弘扬优秀女教师的高尚品质、崇高品德；每年的"三八"妇女节，一大批在教书育人岗位上做出优异成绩的三八红旗手、巾帼建功标兵等先进女教师都会受到表彰。

坚守：促进女教师成长成才，为她们搭建"大显身手"的平台

保障女教师的切身权益，支持女教师的全面发展，更要促进女教师成长成才。在这样一个循序渐进的过程中，促进女教师成长成才是我们推进教育系统妇女工作的最终目的，为此我们为优秀女教师搭建了两个"大显身手"的平台。

一个是成立于1993年的上海市女教授联谊会，设有多个高校、区教育系统分会。联谊会围绕教书育人、巾帼建功和服务女性发展成才，组织开展了主题积极向上、形式多样、内涵丰富的活动，并在每年的"三八"节期间举办女教授主题创新论坛，有近百名获得教育系统巾帼创新奖等荣誉称号的杰

出女教授在论坛上展露风采。

　　另一个是 2005 年建立的上海市优秀青年女教师联谊会，围绕"发挥优秀青年女教师示范引领作用、关爱青年女教师身心健康、服务青年女教师成长发展"的工作宗旨，组织开展了一系列具有影响力、凝聚力且深受青年女教师欢迎的活动和工作，并从 2011 年开始在每年教师节期间举办优秀青年女教师发展论坛。

　　此外，我们教育系统的妇女组织还注重妇女理论研究和自身组织建设。我们整合本系统妇女理论研究的资源，积极开展女性学科建设，并在上海高校中积极推进"女性学科进课堂"工作。2003 年我们组织知名妇女理论专家、教授，编写出版了一套包括《女性与社会性别》《女性与恋爱》《女性与情感》《女性与家庭》和《女性心理与成才》的"新世纪性别教育读本"丛书，并组织有关单位制作了多媒体教学课件，为女性学科进高校课堂提供了良好的基础和条件。从 2011 年起我们组织开展了教育系统"妇女之家""妇女小家"

朱小娟（左六）参加主题为"献给母亲的爱"2011 年第六届科学母爱论坛

创建工作，通过建家工作评估和验收，逐步向"妇女之家示范点""提高级妇女之家"深入，为教育系统妇女工作不断发展提供了基础和保障。

从事教育系统妇女工作 26 年，我始终围绕并坚持从女教师"维权、发展、成才"三个层面开展工作。推进教育系统妇女工作发展，是一项需要持之以恒的系统性工程，而为广大女教师多保障一份基本权利，多创造一次发展机遇，多提供一个成才机会，也一直是我工作的动力和目标。

（采访整理／程　琳　照片来源／市教育工会提供及曾昕拍摄）

姜培庆：
创新工会保障举措满足教师需求变化

【人物简介】

姜培庆，1957年11月出生。1990年由中学调入上海市教育工会，先后在办公室、生活保障部工作，任生活保障部部长等职，主要从事生活保障工作。在市教育工会的领导下负责教职工的疗休养工作、帮困送温暖工作、医疗保障工作、法律维权工作、促进心理健康工作等。

【采访实录】

我在上海市教育工会认真踏实地工作了28年，直到退休。一路走来，我亲历了市教育工会的不断发展。工会在每一个阶段的工作调整和职能提升都是围绕着上海教职工队伍的需求变化而展开的。想教师之所想，积极了解并解决教职工生活和工作中面临的各种困难，与时俱进，是我们教育工会不变的服务宗旨。教师在无私奉献中成就中国的未来；而我们，在服务教职工中彰显工会的荣光。

在28年的工会工作中，我深深体会到工会工作只有在党委的领导和行政的支持下，才能充分发挥和施展作用；工会只有紧紧贴近教职工，服务教职工，倾听他们的呼声，依规依法维护他们的权益，才能成为党和政府的好帮手。

健康为本：层层帮扶，为教师免除后顾之忧

市教育工会的服务内容在 2000 年前后实现了一些转变，在之前常规性的工作上有所突破和创新，由发放食物举行优惠展销活动这样的福利工会转变为积极保障教师各项权益的工会，包括看病、体检和疗休养等，我们工会的服务水平明显提高，保障范围也显著扩大。

这主要是因为教职工队伍的需求发生了变化。也可以说，是国家政策变化"倒逼"我们工会进行改革，比如教职工看病、疗休养、体检。其中，影响最大的是 20 世纪 90 年代中期国家实行的医疗改革，让原本全部享受公费医疗保障的教职工逐渐变成就医需要自费一部分，让教职工感觉自己的待遇下降了，于是出现了小毛病不去就医，以至于最终酿成大病的现象时有发生。

我们知道，只有保障好教职工的基本权益，他们才能安心工作，为国育才。在上海市教委的大力支持下，教育工会立即着手调研解决就医问题，设计方案，做了对医疗保险制度改革的尝试。2002 年，"教师专项医疗补充保障计划"开始推行，这是一项具有开创性的举措，需要克服的问题也比较多。最大的困难在于要借助保险公司的力量，这种借助市场运作的行为需要慎之又慎。最后，我们采用了"三个一点"的方法，即个人、工会和学校三方面来共同支付保费，为教职工购买团体医疗保险。看病的自付段部分保险公司可以理赔 70%，1 400 元封顶。超出 1 400 元后就进入社保系统共付段，即个人和社保共同承担费用。这样的补充医疗保险基本上保障了教职工的就医需求，从而更好地维护了教职工权益。

我们建立了一张多级多层的医疗保障网来托住患重大疾病的教职工。市总工会、市教育工会和基层工会三级保障体系，一级级帮扶下去，尤其在专项保障计划里设立了重大疾病帮困基金，下面高校成立了三级帮困疾病基金，逐渐形成了全覆盖。此举不仅解除了教职工看病、住院等后顾之忧，还为患

姜培庆在办公室电脑前专心工作

重大疾病的教职工给予二万至三万元的帮困金。这是具有开创性、突破性的一项工作，为此 20 多个省市的教育工会都来学习取经。

为了预防重大疾病的发生，2000 年左右，市教育工会开始给教职工提供体检服务，从优秀教师、劳动模范开始，逐渐普及。市教育工会的作用主要在于引领示范，我们先做，下面的工会觉得这一举措对教职工好，就会效仿学习。如今，体检早已成为学校一项常规性的工作，保障教职工的健康权益，延续至今。

此外，每年的妇女节、教师节等节日，我们都会为教职工开设特色医疗咨询服务，请十几位医学专家为他们服务。每年冬至前后，我们还会邀请上海中医药大学、龙华医院的医生为教师坐堂问诊。

疗休养活动：教师的休养权益，我们一定坚持

1978 年开始，市教育工会延续工会传统，恢复了教师的疗休养工作。我认为，市教育工会的工作一定要清楚教师疗休养的愿望和需求，这样我们才能依法维护他们的合法权益。教师的疗休养现在已经是教师每四年参加一次

的例行活动。

教师疗休养活动是他们利用自己的假期时间去休息和学习。教师平时工作辛苦，在假期需要一个放松身心、学习的机会。教师疗休养活动是工会组织凝聚教师团队的好载体，为教师之间增进友谊、互相交流学习提供了平台。40多年来，教师的疗休养工作从初期旅游逐步完善成以疗休养为主的暑期活动，从起初安排先进教师、劳动模范疗休养转为全体教职工按照规定分期疗休养。我们认为，教师的疗休养不能等同旅游，教师的职业承载着培养下一代人的使命，应该有广博的知识和良好的心理。

如今，教师的疗休养活动早已成熟，每年暑期市教育工会组织的高校教职工休息休养人数1万多人，基层工会基本按常规落实就可以，从而让这项教师的基本权益得以稳定施行。

在我看来，教师的疗休养活动作用巨大。它是润滑剂，是凝聚人心的好机会。教师在疗休养过程中可以互相交流学习；很多学校工会还会举办摄影、征文比赛，寓教于乐，感奋人心，通过疗休养增强教职工对集体对组织的归属感和认同感。所以，疗休养活动受到教师们的普遍欢迎。而针对少数常年忙于教学工作的劳模，更要鼓励他们走出去，调节身心，开阔视野。很多教师事后都会感叹此项活动的意义，感谢工会的辛勤付出给他们的教学生涯留下了美好难忘的记忆。

心灵呵护：为老师讲公道话，听老师讲心里话

除了从经济和生活上保障教师，我们还将保障水平继续提升，在精神层面上提供保障。我们发现，随着时代的迅猛发展，教师的精神压力越来越大，心理问题也在增多。2015年，我们委托专业机构设计了一份调查问卷，并向上海市中小学教师发放了5 000份，综合分析后，我们惊讶地发现教师队伍的心理健康状况不容乐观。

　　市教育工会适时成立了上海市教师心理健康发展中心。这个中心开通了24小时热点电话，专门安排了心理咨询师值班服务，据了解，每年拨打电话的教师超过100人。同时，中心也接受教师前来进行面对面咨询，还公布邮箱接受邮件咨询。中心成立不久，就有一位年轻教师凌晨两点来打电话紧急求助，经过心理咨询师的稳定缓解和后续沟通，才化解了危险。

　　当前，社会高速发展，各种问题和矛盾也会影响教师。从2000年开始，每年教师节前后，我们会在同济大学、华东理工大学和华东政法大学设立三个咨询点，专门邀请律师为教师提供法律咨询，帮助他们解决纠纷。

　　不论是关注教师的心理健康还是为教师提供法律咨询，都为教师提供了多方位的保护，也体现了市教育工会工作的与时俱进和成熟完善。这是我们随时代变化、教师需求变化不断调整我们工作的结果。

　　正所谓"干一行爱一行"，能将一份工作做到退休不容易，我想这主要还是因为我做得开心，有成就感。一方面，自己热爱这方面的工作，感觉它适合自己；另一方面，我们这里的工作氛围很好，领导会鼓励和支持我们施展自己的才能。作为生活保障部部长，我的主要职责是保障广大教师员工经济和生活方面的权利。这么多年工作下来，我们一直是根据服务主体的需求不断创新我们的保障工作，我们一切的工作都围绕着服务对象的变化而展开，为他们服务是我们的骄傲，他们的感谢就是我工作成就感的主要来源。

（采访整理／柳　琴　照片来源／本人提供及曾昕拍摄）

纪明泽：
创新"融合"理念，传承"嫁衣"精神

【人物简介】

纪明泽，1964年10月出生，教育学博士，正高级教师，现任上海市教育委员会教学研究室党总支书记、副主任、工会主席，上海市基础教育国际课程比较研究所副所长，上海市教育学会中小学科技教育专业委员会主任，中国教育学会教育统计与测量分会副理事长。先后获得上海市基础教育教学成果特等奖、国家基础教育教学成果一等奖。

【访谈实录】

当我任职上海市教委教研室（以下简称"市教研室"）副主任之时，便兼任了工会主席一职。在这个聚集了上海基础教育各学科的"精兵强将"、特级教师占比1/4的专业机构中，我始终在思索的是，如何基于时代背景、教育改革形势、当前中心任务和教职员工需求进行工会建设，充分发挥教研员、教研室服务地方教育事业的作用，为上海基础教育质量的发展提供坚实的专业支撑。

"跨界联动"：党、政、工的融合推进

2020年4月，我带头申报了上海市教育系统工会理论研究会研究课题"新时代工会建设：党性修养、群体活动和业务提升的有机融合——以上海市教委教研室为例"。回首过往，"跨界联动"的运行机制是我们工会建设的创

新举措之一。也就是说，要突破部门、领域的界限，融合党支部、行政管理和工会的力量，实现统整与优势互补，形成工会建设的合作共同体。对于每一次工会活动的组织，我都会将党员的党性修养培育、业务能力提升和群体活动的丰富多样作为必需要素进行考量。

就活动内容而言，以市教研室工会每年组织的"春秋游"活动为例，我在选择地点的时候，便尽可能考虑两方面的因素：一是具有"红色基因"，如党史、新中国史等教育内容；二是有利于专业研究，如上海各大主题场馆，可以让教研员在参观的同时思考如何充分发挥资源优势，进行各学段的课程建设，引导学生走入这些场馆后能够"学一点知识、思索一些问题、完成一项任务、制作一个作品、交流一些体会"。

基于此，我们精心设计了内涵丰富的各类活动，比如参观上海博物馆、城市规划馆、科技馆、金山农民画村、枫泾古镇等，让全体教职员工既能切身感受、体验中国传统文化和新中国成立以来社会的巨变，培养爱国情怀，又能够让大家从中获得灵感或启发，为教研工作提供新的发展思路。

各项活动中，人员的构成更能体现"跨界联动"的力量。从"教师节"到"迎国庆"，再到"迎新年"，一年中市教研室里的所有人都会获得登台亮相的机会，或自我介绍，或个人才艺展示，或集体表演合唱、朗诵、舞台剧等。而每一次活动中的"成团规则"都不是固定的。有的以高学历人才或高层次人才为组合，如博士团队、特级或正高级教师群体；有的以民主党派构成一个个小组，如中国民主同盟成员、中国民主促进会成员等，立足不同的身份角色创编节目；还有的跨越学段，将同一学科的小学、初中、高中教研员集中起来，自编自导自演小品，表现在上海课程改革背景或教育发展新形势下，基层学校的教学思路与真实课堂状态。在党、政、工联合的基础上，依据不同的活动主题或内容，原本固定的党小组、工会小组和日常工作部门被"打乱"、重组，从新的角度聚集优势与能量，提升了活动的专业性、趣味性以及教职员工参与的积极性，加强了凝聚力。

在迎新春联欢活动中，纪明泽（左二）与部分退休老教师合影留念

　　此外，"跨界联动"也使得市教研室形成了"业务工作推进到哪里，活动就开展在哪里，党员的先锋模范作用就发挥到哪里"的崭新格局。比如，有教研员评上了特级教师，流动至郊区学校支教三年，我们会通过当地教育局与学校建立联系，让该特级教师所在的工会小组、党支部与对方学校的工会、党支部联合组织活动。我多次前往初中语文特级教师曹刚所支教的宝山区刘行新华实验学校、小学数学特级教师姚剑强所支教的闵行区浦江第一小学，参与工会联合活动、学科教研活动或是党支部的联建活动，不仅是表达对于教职员工的关心，更重要的是支持党员发挥先锋模范作用，激励全体教研员奋力投身于课改与教研实践之中。

坚守初心：关注每一个"做嫁衣"的人

　　研究、指导、服务，是教研员的工作职能。其本质就是当好教师身后做

"嫁衣"的裁缝，为教师的成长贡献心血与智慧。如果缺乏这样一种奉献精神，那么也无法履行教研职责。因此，我们自新员工入职第一天开始，便对其进行传统教育，除了熟悉市教研室的规章制度之外，还会通过多种形式让他们体验教研文化环境，学习前辈经验与精神，知晓自身的责任所在；同时也会在"教师节"等活动中，为他们提供展示自我的平台。

然而，若一味要求"奉献"而不关心"做嫁衣者"的需求，则不可避免地会出现职业倦怠，失却初心。我需要了解每一个教职员工的工作状态和真实想法，帮助他们解决所遇到的困难。在工会的倡导下，定期或不定期开展的谈心活动发挥了不小的作用。它不只是自上而下的"领导关怀"，也诞生于教职员工相互之间的"闲聊"。我常常建议教研员结伴去单位里的"咖吧"，在喝喝咖啡、"嘎嘎讪胡"（指闲聊）的时候敞开心扉，并将想法记录下来转达给我们；即使在业务探讨过程中谈及有关个人工作生活等方面的任何问题，也可以以小组或部门的名义提交给工会或党支部。只要这些问题是工会或党支部能够解决的，一般我们都能满足大家的需求。正是由于我们平时清楚了解教研员的具体情况，每年的职称评定等涉及个人利益的事宜都进行得非常顺利且公开透明。

我们也不会忘记那些曾经奋战在教研岗位上的人。市教研室的退休人员中，90岁以上的高龄者有好几位，还有的已超过百岁。工会每年组织两次捐款，并在行政支持下，成立了爱心基金会，每年额度约为20万元，为生活困难的退休人员或是生病住院的在职职工提供补助。这为包括退休人员在内的所有人都增添了归属感。

战"疫"大考：以"无我"书写"大我"

日常的工会工作创设氛围、浸润文化、凝聚人心，而在突发事件面前，工会更应发挥其支持和保障作用，发扬"嫁衣"精神，为教研员保驾护航。

2020 年寒假，新冠肺炎疫情的爆发，改变了教育教学的基本形态。为确保师生健康安全，上海于 3 月 2 日开启全市中小学大规模在线教学。自 2 月初接到"空中课堂"的建设任务起，我们在 48 小时以内完成了所有队伍的组建，共有教研员 48 人参与工作，历经 4 个多月共制作视频课 5 497 节，涉及小学、初中、高中 41 个学科段。一周之内奔波于多个拍摄点，每天工作十几个小时已成为当时教研员的常态。

在高强度的工作状态和工作压力之下，作为总支书记和工会主席，我既要确保"空中课堂"建设的顺利进行，也要保障教研员的健康安全。疫情尚严重，防疫的物资设备也较为紧俏。我想方设法联系到了我的一个学生，他在深圳创业，业务涉及口罩生产，他先后为我提供了 2 万只口罩。我将这 2 万只口罩全部捐赠给了市教研室的教研员。拿到口罩的教研员都非常高兴，甚至产生了一种自豪感和踏实感。

与此同时，我深知对于专业的支持更是他们迫切需要的。特殊时期的大规模在线教学是一个全新的挑战，20 分钟的视频课究竟应该是什么样的？为此，我们每周召开一次专题会议，研讨课程结构、问题设计、资源提供以及教师的着装、语音、语调等方面的内容，并分享拍摄经验。与会者有不同学段、学科的教研员代表，也有党小组代表和工会小组代表，他们既能表达个人想法，又可以反馈小组的意见。综合研讨结果，我们党政班子、核心团队再度进行研究，形成统一的规格推行。这些做法，也为之后长期的在线教育研究提供了宝贵的经验。

在党支部和工会的支持鼓励下，我们的教研员充分展现了无私奉献的精神。他们克服了种种困难，忘我地日夜奋战在视频课建设第一线，练就了集"编导演拍剪"于一身的全能本领，以专业智慧和师者大爱，为学生的居家学习撑起了一片没有"疫霾"的蓝天。

纵观教委直属单位，也许鲜有像我这样总支书记兼职工会主席的情况，但我认为在强调党对各项工作全面领导的当下，这更有利于工会建设的顶层设计，也便于将党、政、工三者有机整合。梳理好三者的关系，进一步探索新时代工会建设新战略，充分发挥教研员在基础教育发展中的核心战斗力，是我义不容辞的责任。

（采访整理 / 陆怡君　照片来源 / 本人提供及曾昕拍摄）

唐洪平：
工会要能做大事、善做小事、多做暖心事

【人物简介】

　　唐洪平，1962 年 9 月出生，副编审。1984 年 7 月毕业于上海师范学院（现上海师范大学）。1984 年 7 月在《上海教育》杂志社工作。历任《上海教育》杂志编辑，上海教育电视台记者、新闻部主任，上海教育报刊总社《家庭教育时报》分社副总编辑兼总经理、《上海教育》杂志分社总编辑等，现为上海教育报刊总社党委副书记、工会主席，上海教育新闻宣传中心常务副主任。

【访谈实录】

工会要做"聆听者""知心伴""代言人"

　　曾经有人问我，新时代怎样才能履行好一名基层工会主席的职责。我是这样回答的：工会是党联系职工群众的桥梁和纽带，也是会员和职工利益的代表。作为一名基层工会主席，我想的最多的一个问题，是如何把执行党的意志的坚定性和为职工服务的实效性统一起来，把党的路线方针政策和决策部署落实到工会各项工作中去，把党的意志和主张落实到我们上海教育报刊总社的广大职工中去。

　　这些年来，我们总社工会始终在总社党委的坚强领导和市教育工会的大力指导下，紧紧围绕总社中心工作，努力做广大职工群众心声愿望的"倾听

者"、情感交流的"知心伴"、权益诉求的"代言人",在总社民主管理、维护员工权益和服务民生等方面都有新的拓展,较好地调动了广大员工的工作热情和积极性,促进了总社各项工作健康有序发展。

围绕四方面充实工会工作

我认为基层工会服务群众最主要的工作抓手有四点。

一是依法参与民主管理,这是我们工会工作的重心。为此,我们把工作重点落在优化总社劳动关系和参与涉及员工切身利益的重大事项决策上,切实保障职工参与总社民主管理的主人翁地位,促进社务公开制度化、规范化、经常化。

二是切实保障员工合法权益。保障员工的权益,就要坚持问政于员工,问需于员工,问计于员工,增强员工的参与权、知情权、表达权和监督权。这些年,我们总社工会在员工体检单位的遴选、员工补充医保单位的选择、生活困难员工帮扶对象的确定等方面,都充分听取了工会干部的意见,在此基础上的决策保证了员工利益最大化。

三是努力构建和谐劳动关系。我们注重发挥工会在协调劳动关系、维护员工合法权益、构建和谐总社中的作用,认真听取员工的投诉和申辩,协调各方关系,引导员工强化主动维权、依法维权和科学维权意识,并以理性合法的方式表

唐洪平在 2017 年上海教育报刊总社工会换届选举中投下庄严一票

达利益诉求，以此保证总社各项改革健康、有序推进。

四是坚持做好帮困送温暖工作。有会员生病住院、义务献血、女会员生育、会员家中直系亲属生病住院或发生重大变故等情况时，总社工会和二级单位工会干部都会主动送上慰问金上门慰问，把总社的关怀和温暖及时送到员工心上；会员过生日，工会及时送上一份生日蛋糕券，使广大会员感受到总社大家庭的温暖。

工会要适时为职工暖心提气

美好生活是每一位职工的向往，工会为满足职工的心愿，做出了许多努力。我们总社工会开展了一系列有影响、有特色的社内群众性文体活动，促进员工的身心健康。

"三八"妇女节，我们开展了"做五好女人，创和谐家庭"主题活动、"中国梦、我的梦"美文品读、手工编织围巾培训、中医健康养生讲座等丰富多彩、富有意义的活动；"六一"儿童节，我们举办了"我运动、我健康、我梦想、我快乐"亲子活动，参观动漫博物馆、科技馆、了不起的安徒生童话情景展览等，组织学龄前儿童参加"亲子嘉年华"活动，开展亲子读书活动，让员工与子女共同阅读，一起成长；中秋节，总社工会邀请单身青年员工参加"迎中秋，品月饼，包饺子"活动，青年员工还自己动手制作月饼，展现了总社员工对生活的热爱。

另外，工会组织员工参加了以"和谐礼赞，圆梦未来"为主题的文艺展示活动、"书教师风采，绘教育新貌"上海教工书画比赛和展示活动等。以参加每年一度的教育工会直属单位"趣味运动会"为契机，积极宣传和倡导"每天锻炼一小时，健康工作每一天，幸福快乐一辈子"的健康理念。

为提升员工个人修养，工会还联系上海商贸旅游学校的老师为员工开办了"咖啡制作""西点制作""艺术插花""木工工艺"等课程，受到职工交口称赞。为丰富员工的业余生活，工会积极鼓励员工因地制宜开展各类兴趣小组的活动，如乒乓球、羽毛球、足球、茶艺、健身舞等，提高了员工的生活质量。

新时代的工会要尽力展现新面貌

时序轮替中，始终不变的是奋进者的身姿；历史坐标上，始终清晰的是改革者的步伐。中国特色社会主义已经进入新时代，新时代工会组织要有新作为，工会工作也面临着新形势新任务，需要我们不断实践创新，扎扎实实干工作，实实在在转作风，把满足总社职工对美好生活的向往作为新的使命。

我曾坦率地对员工说，我们同事一场的情缘，不是为了最终的互不亏欠，而是要在有限的时空交集中能有幸地彼此浸润。而要展现工会新面貌，取得工会改革新成效，结合总社工会工作来说，就是要更好地联系职工群众，能做大事、善做小事、多做暖心事，在全面维护和发展职工群众的合法权益方面发挥更大作用。尤其是在总社的文化建设、汇聚正能量方面努力，真正把工会组织打造成温馨的职工之家，使工会干部成为职工群众信赖的"娘家人"。

（采访整理 / 诸海虹　　照片来源 / 本人提供及朱水苗拍摄）

陆 勤：
教师心理健康发展中心是送给教师的"贴心礼物"

【人物简介】

陆勤，1960 年 11 月出生，副研究员。上海市教育科学研究院党委副书记、纪委书记，2011—2017 年兼任工会主席。2014 年起担任上海市教师心理健康发展中心领导小组办公室常务副主任。

【访谈实录】

2011 年 4 月，正值上海市教育科学研究院工会换届选举，为加强党对工会的领导，时任教科院党委副书记、纪委书记的我被推选为工会主席。从担任工会主席那一刻起，我对工会工作有了更新的认识，倾注了很多精力。在教育工会的大家庭里，我深深感悟到工会工作者的奉献和责任，同时也感受到了教育工会大家庭的温暖，这也为后来参与创建上海市教师心理健康发展中心（以下简称"教师心理中心"）的工作奠定了基础。

教师心理中心是上海市教育工会牵头成立的全国首家专门面向教师开展心理健康服务的公益性专业机构，是上海市教卫工作党委关心教师心理健康的一项重要工程。在市教育工会的领导下，教师心理中心通过六年的工作推进，不断凝聚专家智慧、加强宣传普及、组建专业队伍、坚持日常服务、打造活动品牌。教师心理中心的发展脉络大致可以分为三个阶段，2014年至2015年为创建阶段，2016年至2018年为推进阶段，2019年至2020年为拓展阶段。

创建阶段：领导重视团队奉献

随着时代的发展和教育改革的不断深入，教师群体的心理健康逐渐成为师德和教师全面素养的重要内涵。促进广大教师的心理健康和自我成长，已成为教师队伍建设工作不可或缺的应有之义。为此，在上海市教卫工作党委、市教育工会的指导与支持下，教师心理中心于2014年9月10日在上海市教育科学研究院正式成立。当时成立大会很隆重，中国教科文卫体全国委员会主席万明东，时任上海市总工会副主席侯继军，时任市教卫工作党委副书记、教育工会主席虞丽娟都出席了大会，并为教师心理中心成立揭牌。教师心理中心的成立，可以说是市教卫工作党委和市教育工会在教师节送给教师的"贴心礼物"。

教师心理中心在构建工作框架时，得到了同济大学、黄浦区教育局、卢湾高级中学、上海知音心理咨询中心的大力支持。教师心理中心管理队伍包括了上述各单位人员的参与，大学咨询点设在同济大学，中小学咨询点设在卢湾高级中学，并在卢湾高级中学开设了一条教师心理咨询热线。为教师提供心理咨询的方式包括电话咨询、网络咨询和面对面咨询。整个咨询工作得到了吴增强、李正云、张海燕、黄晞建、赵娟、梅洁、沈之菲等多位专家的无私奉献和积极支持。特别要提到的是上海市教师心理健康发展中心领导小组办公室年轻的副主任王枫，他为教师心理中心的工作倾注了大量的心血和精力，花费了很多时间开展管理工作和专家咨询工作，为教师心理中心的发展作出了重要的不可替代的贡献。

最让我感动的，是志愿者和专家们的奉献精神。教师心理中心咨询热线电话全年无休，这也就意味着志愿者们需要 24 小时待命，而夜间往往是来电咨询的高峰。心理咨询对象往往会在受到多方面压力、面临各种问题时心力交瘁、神思恍惚，当他们本人难以应对时就容易产生心理问题。夜深人静时，他们会打求助电话，有的志愿者在深夜被电话铃声惊醒，马上就要开展心理疏导工作，非常不容易。志愿者们表现出了高度的责任感和事业心，专心致志做好心理咨询和疏导工作。专家们更是秉持敬业奉献精神，以高水平的专业能力化解教师心理焦虑，如卢湾高级中学副校长梅洁，同济大学原学生工作处副处长、心理咨询室负责人赵娟，她们主动放弃休息时间，承担了大量个案咨询，成功干预了数名教师的心理危机。

有位中学女教师刚来电咨询时，心理状态存在危机，无法专心工作，甚至有自杀意念。经过 10 次的面询工作，她的状态得到了恢复，后来顺利回归工作岗位正常开展工作。

还有一位作为高层次人才引进的某重点大学女教师，独自一人来到上海这座大城市打拼，面临工作压力和家庭矛盾双重问题，她写信求助学校领导，后通过领导与我们沟通交流，及时由专家对这位教师开展面询工作，通过 6 次面询工作，这位女教师的心理状态及时得到了调整，不久生活和工作都归于正常。

虽然不少专家在心理咨询领域都是知名专家，但是在教师心理中心，大家把奉献敬业与为教师提供高质量的心理咨询服务放在首位，不计报酬。为教师减压减负并提供正能量，是教师心理中心所有专家和志愿者共同的心愿。

在建立管理人员、专家咨询师和志愿者三支队伍的同时，我们还建立工作机制：中心每个月召开一次工作例会；每个月形成一份各服务点咨询情况报表；每半年开展一次工作总结；建立教师心理工作群；每年教师节召开专题研讨会；每年年底还会对全年的教师心理工作进行总结。

推进阶段：打造品牌关口前移

教师心理中心与东方绿舟青少年校外基地合作，打造教师"阳光心理"品牌活动。我记得第一次活动是 2016 年 4 月 23 日，活动当天虽然下着雨，但是通过参加东方绿舟团队拓展活动、专家讲座和教师团体心理工作坊三项活动，大家的热情和激情都被调动起来了。在返程路上，大家的精神面貌焕然一新，收获很大，压力也得到了释放。教师们回去之后纷纷发信息给我们，有一位教师感言："这次活动非常好，充满正能量，在这里我感到虽然老师互相之间刚刚认识，但却像久未谋面的老朋友一样……"

教师心理中心的工作非常有意义，非常值得做，而且非常值得推广。我们需要多动脑筋，提供多种多样的方式来帮助教师减压，通过各种途径释放他们内心的负能量，"阳光心理"活动就是一个非常好的途径。在 2016 年活动的基础上，我们在 2017 年扩大了规模，来自黄浦、静安、长宁、普陀、杨浦 5 个区的中小幼教师 160 余人参与了活动，参与人数比 2016 年翻了三倍。所有参加活动的教师都认为这是一个非常好的活动，期盼以后有机会多参加这样的活动。

除了"阳光心理"活动，教师心理中心还坚持宣传心理健康知识、传播心理健康理念，让更多的教师了解心理健康的重要意义，防患于未然。为此，我们制作了宣传手册发给教师，还从 2016 年开始对有需求的中小学及高校开展"送教上门"活动，即专家到学校开展咨询活动。我们力争通过这项活动，把心理咨询关口前移，提前了解教师的心理状况，在心理危机还处于萌芽状态时就及时予以干预。

2017 年，教师心理中心在黄浦、杨浦两个服务点的基础上，进一步成立了长宁服务点"心悦工作室"和奉贤服务点"奉贤区心理健康中心"，构成了由上海市教育工会指导，教科院管理，黄浦、杨浦、长宁、奉贤四个服务点共同开展服务的组织架构。

拓展阶段：主动开拓伸展"枝叶"

在工作推进的过程中，我们考虑到现有的四个教师心理咨询服务点所能提供的服务十分有限，全市各级各类教师面广量大，要想办法把"枝叶"伸展出去，覆盖面越广，就能为更多有需要的教师提供帮助。经研究，我们在2019年再增设了浦东、崇明、华东师范大学、华东理工大学、上海海洋大学和上海城建职业学院六个服务点，各服务点之间协同合作、提炼鲜明工作特色，形成了全市"1+5+5"的教师心理健康服务体系。与此同时，"阳光心理"和"送教上门"品牌活动也得到了拓展，累计已为全市35 000多名大中小幼教师和教委直属单位工作人员提供心理健康宣传普及和团体辅导服务。

2020年受新冠肺炎疫情影响，教师心理中心的专家、工作人员和志愿者克服困难，放弃休息，始终做好心理咨询工作。疫情期间，教师心理中心积

2020年1月陆勤（前排左五）出席教师心理健康发展中心五周年总结会

极响应市委市政府的"战疫"要求，结合自身工作实际，开展了一系列教师"心理防疫"服务，确保24小时为教师提供心理咨询。截至2020年8月，教师心理中心接待电话咨询188人次，网络咨询52人次，在线面询37人次，成功处理教师疫情心理危机1起；通过"教师博雅"微信号、上海教育电视台等媒体平台，开展各类教师防疫心理健康在线直播讲座58次。

对于教师心理中心未来的发展，还有很多工作可以推进：

一是加强队伍建设，扩展专家队伍。目前专家队伍精干，但仅依靠这些还不够，以后如果面上拓展了，就需要更多的专家；扩展咨询师和志愿者队伍，并加强咨询师与志愿者关于教育理论研究的培训，以便在进行咨询时更能换位思考，更有针对性，更容易产生共情，与教师的话语系统更接近。

二是在各区和高校继续稳步推进心理咨询服务，希望全市各区、中职院校和高校都能设置服务点，当然也可以通过开发视频课程或项目推进来实现。

三是针对教育管理者、工会干部和广大教师开展阳光心理健康教育普及活动。比如，教育管理者、工会干部如何去发现有心理问题的教师；如何早期识别，并通过组织关心、交流沟通等形式，帮助教师解决心理问题。另外，教师的心理问题会对学生的情绪产生直接的影响，教师如果掌握排除心理问题的技巧和方法，在教育引导学生的时候就更游刃有余了。

四是根据国家战略建立长三角教师心理健康协同工作机制。

上海市教师心理健康发展中心成立至今，有过多个危机干预的成功案例，这既体现了所有工作人员和志愿者的责任心与爱心，也体现出专家的专业精神，我为教师心理中心有这么一支强有力的团队而自豪！为他们点赞！

师道仁心，关爱健康，我们将继续努力前行。

（采访整理／李　晔　照片来源／本人提供及何思哲拍摄）

丁宗勇：
与中职结缘，与工会同行

【人物简介】

丁宗勇，1956年出生，讲师、高级政工师。现任上海市中职校工会工作联合会秘书长，曾任上海市商业学校团委书记、工会常务副主席、党支部书记。曾被评为上海市新长征突击手；多次被评为上海市商业工会、上海市中职校工会、上海市商业学校工会工作积极分子；作为代表参加上海市总工会第十次代表大会。

【访谈实录】

1982年，我调到上海市商业学校，1989年正式担任校工会常务副主席，任职30余年直至退休。1986年8月"上海市中专工会干部联谊会"成立，在第五届年会的理事选举中，我有幸当选为副会长兼秘书长。30余年来，我一直从事工会工作。

见证中职联工会发展

在商业学校担任工会常务副主席期间，我在上海市职教协会中职工会分会任秘书长，我见证着中职联工会组织从"上海市中专工会干部联谊会"到"中国教育工会上海市中职校工作联合委员会"的发展。中职联工会最初是由上海市商业学校召集几十所中职学校工会主席自发成立的，初衷是便于中职学校间的工会工作交流和探讨。

1986年，时任上海市商业学校工会主席的季仁融老师与几十所中专学校的工会领导，在上海市商业学校自发联合成立了"上海市中专工会干部联谊会"（以下简称"联谊会"），从此启动了上海市中专校工会之间的工作交流和探讨。季仁融会长不仅是该会的创始者，而且还坚持数十年不间断地为联谊会的工作交流、现场取经、考察学习倾注着毕生的心血，定期召集理事会议，团结了一批热心于中专工会联谊会活动的工会主席，建立了当时中专学校工会工作的经验交流、校际合作、共筑友情的组织机制。

2000年，时任民航上海中专学校党委书记、工会主席高伯群老师接过老会长的接力棒；2007年在举行联谊会成立二十周年的庆祝大会上，根据市教育工会夏玲英主席和时任市教委职教处王向群处长的指导意见，联谊会将职校和技校纳入交流平台，正式改名为"上海市中职校工会工作研究会"（以下简称"研究会"），从而进一步扩展了三类中职校工会工作的交流范围和探讨平台，规范了组织机制，制定了研究会的章程，建立了研究会的经费审查机制。

2015年，上海市经济管理学校党委书记、工会主席杨顺莉老师，在上海市教委和上海市职教协会的大力支持下，在研究会第二十八届年会上，将上海市中职校工会工作研究会正式更名为"上海市职教协会中职校工会工作分会"（以下简称"职教协工会分会"），成为上海市职教协会下属的第八个分会，杨顺莉主席为分会会长，开始了协会有上级领导的规范的组织运行。

2020年，根据中国教育工会上海市委员会主席办公会议关于《上海市职教协会中职校工会工作分会转属上海市教育工会方案》的精神，上海市职教协会中职校工会工作分会召开了全体代表大会，正式成立了"中国教育工会上海市中职校工作联合委员会"（以下简称"中职联工会"）会员学校68所，选举产生了新一届的委员会班子，上海健康医学院工会常务副主席凌文惠老师当选为工会主席，上海农林职业技术学院工会主席高功辉老师当选为经审主任。

中职联工会发展的每个阶段，都得到了上海市总工会、市教育工会、市教委职教处、市职教协会领导的关心和指导；得到了各中职校党政领导的理解支持和各中专校工会同仁的积极参与和配合。新一届中职联工会秘书处设在上海市健康医学院附属卫校，办公场地和相应的人力物力支持，保证了中职联工会的工作有序开展。

三个"特殊"是中职工会生命力所在

中职联工会是跨区域、跨行业隶属的联合性组织，之所以有旺盛的生命力，我认为其秘诀在于三个"特殊"性。

我们有一支特殊的队伍，特别能战斗。中职联工会的常务理事分别来自各所学校，有的已退休，有的还在职并承担着各自所在学校的教学、管理重任。遇有重要工作及活动大家随叫随到、一呼百应，相互信任、相互补台，分工明确、各司其职，为工会工作营造了良好的氛围和环境，有助于高效优

丁宗勇（右一）出席上海市职教协会中职校工会工作分会成立三十周年大会，与市教育工会领导合影

质地完成各项工作。

我们有一种自愿的担当，职教情结难以割舍。工会的工作看似平凡，实则不容易，经费和时间就是两大现实困难。在大家的共同努力下，工会不断拓展平台、寻找资源，为各会员学校工会提供更多的保障和服务，让我们中职校的老师实现主人的地位，让他们的辛勤付出能得到更多的尊重和认可。

我们坚持一种忘我的精神，辛苦并快乐着。中职联工会干部们一直尽心、尽责、尽力地做好每一件事，举办好每一个活动。中职联工会是一个比较松散型的组织，能够开展起各项活动，得益于各校工会及工会干部的工作热情与责任心。我们利用各校资源，尤其是场地资源，使得各项比赛能够顺利开展。我们的工作开展得有声有色，受到了很多赞扬，这都离不开分会干部们的忘我奉献。

同样的追求，不一样的精彩

无论是何种教育类型、何种隶属关系，其工会工作的本质和追求都是一样的，就是坚持党的领导，做好党群之间的桥梁和纽带，将广大教职工蕴藏的积极性和创造性充分调动起来，为培育社会主义事业的接班人和建设者不断作出新贡献。因此，中职工会事业具有广阔的空间，主要体现在以下几个方面。

搭建志同道合的平台，体现规范性。按照"规范组织，围绕中心，积极健康，业余自愿"的工作原则，搭建各会员单位交流的平台。中职联工会按民主程序审议通过分会章程，并先后制定完善了理事会日常工作制度、理事分工负责制度、经费管理和审查规定、财务审批报销规定程序等规章制度。同时，选举产生常务理事会成员和经费审查委员会成员，在每年举行的年会上，审议协会工作报告和经费使用报告。

组织丰富多彩的活动，增强凝聚力。中职联工会因地制宜地积极组织开展丰富多彩文体活动和比赛，如"三笔"大赛、摄影技巧培训系列讲座、羽毛球比赛、80分及桥牌选拔赛、乒乓球选拔赛等，以丰富教工文化生活、展示教工风采、融洽干群关系、促进校园和谐。并在此基础上，先后多次组织了中职校代表队参加上海市教工运动会，并取得较好成绩，多次荣获运动会组委会颁发的优秀组织奖。广大教职工通过代表学校或中职联参赛，增强了集体荣誉感和团队凝聚力，结交了不同学校的职教同仁。

树立先进典范，提高荣誉感。近年来，中职联工会坚持规范地开展"创建先进教工之家"活动，定期部署中职校系统的先进、模范教工之家的创建、验收、评定和表彰工作。2015年表彰"先进教工之家"14个，"模范职工小家"6个；2016年表彰"先进教工之家"14个，"模范职工小家"6个。石化工业学校、城市科技学校等13所中职校被上海市教育工会授予了上海市教育系统先进教工之家的荣誉称号。

分享集体智慧，扩大影响面。结合各会员单位工作特点，以校园文化生活、民主生活、校务公开为主题，组织开展《工会创新案例》评选活动；经常组织以"一校一特色、一校一亮点"为重点的专题经验交流会，以2016年为例，组织赴上海市行政管理学校、上海新闻出版职业技术学校、上海市商业学校、上海市工商外国语学校、上海市公用事业学校、上海市经济管理学校等进行交流研讨。每所学校都很重视，主要领导出席，并积极展现学校的特色与亮点。我们在组织成立10周年、20周年、25周年时分别编辑出版了《中专校工会工作探索专辑》《中职校工会工作"一校一特色、一校一亮点"实践集》《工会特色案例集》。

加强工会业务培训，体现服务性。现在教职工工作压力较大，存在不同程度的心理问题，教职工心理健康成为我们工会需要关心的问题。为此，我们特地联系心理培训中心，开展针对校领导、教职工等不同层级的心理培训。2019年开始，通过三种模式探讨开展培训课程：一是教职工自发报名进行统一心理课程培训，二是请心理培训师到学校进行集中上课，三是设置自选课程，请教职工根据自身需求进行自由选择。目前已培训工会干部 200 多人，协助一大批学校工会干部缓解教职工心理负担。我们也将为填补中职学校教职工心理培训的空白而不断努力探索。

在开展"四史"学习教育过程中，我们依托党支部的活动，以工会小组的形式在其中发挥作用，配合党支部工作，在党支部与工会的联合推动下，保障"四史"学习教育顺利推进。接下来，我们中职联工会还计划与教学相融合，与相关部门联合举办青教赛。我们要把它当作一次岗位练兵，进一步拓展工会职能，为中职学校的青年教师提供一个教学展示平台，帮助青年教师成长。

有人问我：丁老师，三十年的工会工作最大的感受是什么？我说：一是工会工作要做到以人为本，以教职工为出发点，换位思考，有了这个前提工作也就好开展了；二是只要有组织存在，就要动起来，通过活动将人心凝聚起来，做到"心往一处想、劲往一处使"；三是要不忘初心，凡事身体力行，起带头作用，辛勤耕耘、努力奉献，尽心尽责地做好每一件事，团结好全体工会干部和教职员工。要问我为什么退休后还坚守在工会岗位？因为这里是我的梦，我大半生都从事工会工作，发自内心地热爱它，现在组织需要我，我也愿意在这个岗位上继续发光发热，争取为中职联工会工作多作些贡献。

（撰稿 / 丁宗勇　采访整理 / 奚晓丽
照片来源 / 中联联工会提供及朱水苗拍摄）

李 敏：
多一点创意，多一点幸福

【人物简介】

李敏，1962年11月出生。2012年被选举为黄浦区教育工会主席，连续多年被区总工会和上海市教育工会评为先进个人。2019年兼任上海市教育工会副主席。

【访谈实录】

2011年6月，我刚刚担任卢湾区教育工会主席不久，就迎来了卢湾区和黄浦区两区合并的"历史时刻"。2012年3月29日，在新成立的黄浦区教育工会第一次代表大会中，我有幸当选为新黄浦区教育工会的第一任主席。

要服务好全区8 000多位教职员工，我既深感肩头的责任重大，又备感使命光荣。在我工作的最后十年，如何把工会活动做出新意、做出特色，真正提高教师的幸福指数，是我不断思考的命题。

戏剧汇演——把教师们凝聚起来

我始终认为，工会活动绝不只是过年过节给教师们发发水果之类的慰问品，而是需要优质、创新的活动设计来吸引教师们积极参与，打造教育工会的凝聚力和向心力。两区合并后，迫切需要这样一个工会活动增强集体凝聚力，让大家在互动中融合。

通过摸底调查，我发现广大教师中有不少戏剧爱好者，但是教师们缺乏更大的演出平台，且得不到专业人士的指点。于是，我策划了一场由教师自编、自导、自演的戏剧汇演，收到了教师们的踊跃报名。为了给予教师们剧本创作的专业指导，我特别邀请了上海戏剧学院教授孙祖平做讲座，一次次面对面地帮助教师们修改、打磨。最终，有 37 个学校完成了自己的原创剧本。排练期间，我又邀请了上海戏剧学院导演系的教师手把手地指导。

2012 年 11 月 6 日，"黄浦区教师戏剧汇演"在黄浦区卢湾教育文体中心隆重举行，并被创办 14 年的上海国际艺术节纳入群众专场，作为国际性艺术活动中的一个舞台，展现了黄浦教师的艺术才情和精神风貌。尤其令人欢欣鼓舞的是，演出还得到了不少戏剧界编剧、导演的高度评价：这样的水准，我们没有想到。

从初期准备到汇报演出，整个过程提供了教师之间切磋和碰撞的机会，并且提升了教师的文化素养，让教师们感受到了工会创新活动的魅力。这次汇演的成功也给了我莫大的信心，我更坚定了工会活动必须体现创新性和层次性的工作方针，必须注重对教师群体的素养提升。而教师通过工会活动吸收的养分最终还能够潜移默化地滋养学生，使广大学生受益。工会活动的意义何其大也！

宣誓仪式——让新教师终身难忘

如今的年轻人都讲究"仪式感"。确实，生活中如果没有一点特别的活动，日子就会像流水一样平平淡淡地过去。对于新教师来说也是如此。入职初期正是他们树立教书育人教育价值观的关键期，如何为他们打造一个充满仪式感的纪念活动？

我想到了宣誓仪式。但是，怎样让新教师的宣誓仪式既简洁又庄重，达到终身铭记的效果？从时间、选址到背景布置、活动环节，乃至服装，我都做了精心的设计。

2012年9月10日清晨8点，新教师们穿着统一的红色T恤，在中共一大会址前聆听劳模领誓、领导致辞和新教师代表发言，然后共同庄严宣誓："忠诚人民教育事业，依法履行教师职责……为民族复兴，广育英才！"最后，新教师一一领取工会会员证，并在背景板前留下青春的合影。听着一句句铿锵有力的誓言，看着一张张意气风发的脸庞，我相信这个仪式会成为他们职业生涯的美好开端。

此后，新教师宣誓仪式成为黄浦区教育工会的一项品牌活动，每年都会在教师节如期举行。我又开始思考：怎样为固定模式的品牌活动注入一点新元素？2016年一次偶然的机会，我看到了台湾地区的一个闪唱视频《橄榄

2020年李敏向新教师授工会会员证

树》，这是我第一次接触闪唱，给了我很大的触动，也激发了我的灵感。联想到我们黄浦区教工合唱团成立了3年，具备了一定的演唱水准，于是，我马上找来导演、技术人员等进行排练。9月10日这天，当新教师们宣誓完毕后，教工合唱团不经意间发起了闪唱，给了新教师们一个大大的惊喜。这场6分钟的闪唱被专业摄像师全程记录了下来，网站点击量轻松破万。

品牌效应还为活动本身带来了"新朋友"。2018年、2019年，我们黄浦工会与杨浦工会联袂合作，在中共一大会址为两区新教师共同举行"入师入会"仪式，《新民晚报》《劳动报》、看看新闻等多家媒体争相报道，使这个经典活动的社会影响力进一步扩大，让更多人见证了新教师们庄严、神圣的一刻。

恒爱行动——为女教师量身定制

在我被选举成为黄浦区教育工会主席的同时，我还担任了上海市教育工会女工常委和黄浦区教育工会女工主任，由此开始关注女工工作。当时，我第一个想到的就是"三八"妇女节活动。历年来，黄浦区教育工会都会在妇女节举办茶话会或联欢会。如何结合女性特点，打破以往单一的活动模式？我在黄浦区教育工会第一届女职工委员会上抛出这个问题后，得到了委员们的热烈响应，经过讨论，大家决定举办一次不同以往的妇女节活动——"女教师之魅游园会"。

在听取了大家的意见后，我结合女教师的兴趣爱好和才艺特长，精心设计了"形象设计""茶香茶艺""插花艺术""巧手编织""封面女郎"等八大游园项目，让女教师边"游"边玩。比如，来自《上海服饰》杂志的形象设计师带来了一次"清丽佳人"的微讲座，还亲自为"三八红旗手"张睿老师进行了一番形象设计；来自上海插花花艺进修学校的老师现场演示和教学插花艺术，让女教师们真切地感受花之静美。

活动结束前，我还特意准备了一个"惊喜环节"——抽奖，把教师们在游园会上的插花、编织作品作为幸运奖，让大家一起分享和回味游园会的快乐。许多女教师在离开前都会笑着对我说，"活动很精彩！""明年我还来！"

活动结束后，我自己也是满满的幸福感。我突然领悟到：带给别人快乐，其实也能让自己更加幸福。那么，"三八"妇女节的活动是否可以继续延伸？女教师们的心灵手巧是否可以化为一份爱心，回馈给社会？

一番思考后，我专门拜访了恒源祥公司的总经理，希望能以优惠的价格购买毛线，供女教师们为边远地区的贫困孩子编织爱心毛衣。没想到，我的想法和恒源祥公司的"恒爱行动"不谋而合，我们当即达成了协议。随后，我又联系了几位援青干部，请他们牵线青海贫困地区的学校，希望把爱心送到最需要的孩子手里。

2015年3月8日，我们为每位来参加活动的女教师准备了一斤毛线，并邀请了恒源祥的编织师傅现场指导教学如何起针、编织。等到11月，我们把教师们织好的一百多件毛衣收集起来，打包寄往青海。我至今都难忘从青海发来的那段视频——那是一群幼儿园的孩子们，他们穿着新毛衣，一起用不甚标准的上海话大声说："上海姆妈，我爱你！"这段视频令我感动不已，我下定决心，要把这个有意义的活动坚持做下去！此后，我鼓励女教师们为自己的爱心毛衣写下"爱的寄语"，还为她们颁发"爱心使者"证书。

如今，"恒爱行动"已经坚持了6年，为贫困儿童累计捐出1 000多件毛衣。更令我欣慰的是，活动的社会影响力日益扩大，崇明、宝山、松江等区的教育工会以各种方式加入"恒爱行动"中，让更多的教师在奉献爱心中提升境界，让更多的孩子在接受爱心中懂得感恩。

我深深地感到，能够投身于教育工会，于我，是一种缘分，更是一种幸运。每当我看到我的一点点创意为教师带去了一点点快乐和幸福，那就是我最幸福的时候。

（采访整理/沈　晔　照片来源/本人提供及顾超拍摄）

刘青芳：
增强教职工职业幸福感、获得感、荣誉感

【人物简介】

刘青芳，1968 年 8 月出生，现任长宁区教育工会主席。从事工会工作近十年，曾先后获得上海市三八红旗手、长宁区机关三等功、2014—2018 年度上海市教育系统优秀工会工作者等荣誉。

【访谈实录】

在工作中，我总是思考，"教职工们在想些什么？他们的需求是什么？"在我看来，教职工的身心健康是建设坚强有力、充满活力的教育工会的基础。"党政所需、职工所盼、工会所能"这十二个字说起来容易，但真正想让教职工体面劳动、舒心工作、全面发展，我们教育工会就必须了解教职工的所思所想。而多年的工会工作也让我明白，教育工会应当想方设法地增强教职工的职业幸福感、获得感、荣誉感。

通过校园文化建设，着力增强教职工职业幸福感

我认为，教职工的身心健康，与他们的职业幸福感是直接挂钩的，想要增强教职工的职业幸福感，校园文化建设是一个非常好的抓手。因此，我们

工会积极培育校园文化，蓬勃开展教职工文体沙龙。我们创建了长宁教职工读书节、教职工艺术节、教职工体育节，我们组建了快乐瑜伽、太极健身班、教工合唱团、教工摄影沙龙、教工读书沙龙、教工乐队等，每年有两千多名教师积极参与。

我们的许多活动已经逐渐形成品牌效应。举例来说，我们的教工摄影沙龙活动至今已坚持了 15 年，每年围绕师德师风建设和上海长宁的改革发展的主题，开展教工摄影比赛，发现身边的美好。在活动中，拍摄者用镜头记录快乐，欣赏者同样感受到快乐。通过这些精彩的摄影作品，积极向上的校园文化得到了发展。

除此之外，"一校一品"也是我们建设校园文化的重要渠道之一。我们希望每个学校在校园文化建设方面都有自己的特色。"一校一品"营造了和谐的校园文化，增强了教职工的职业幸福感。

关注教职工心理健康，着力增强教职工获得感

在随访调查时，我询问教职工："你幸福吗？"这是一个非常简单的问题，但很多教职工却支支吾吾、答非所问。在我看来，造成这种情况的原因是我们教育工会对教职工的"重视"和"认同"还不够。针对这个问题，我认为，教育工会应当发挥积极正面的引导作用，邀请专业人士来解决这个问题。

2014 年，在对广大教职工幸福指数调研的基础上，我们成立了长宁区教师心理健康辅导互助会，即"心悦工作室"。做好心理健康服务需要一支专业队伍的支撑，"心悦工作室"整合了长宁区未成年人心理健康互助会资源，聘请了高校心理专业教授、市学生心理发展中心教授和区心理教研员组成一支专业志愿者队伍，通过服务热线、网上咨询服务、面对面咨询等多渠道，为教师普及心理健康常识、舒缓压力。

"心悦工作室"积极融入区心理服务体系建设，依托长宁区社会心理服务

刘青芳（中）与全委会委员商量"心悦工作室"长宁教师心理工作室项目推进

协会相关资源，如整合利用区司法局、区精神卫生中心等社会资源，并结合长宁教育和教师的职业特点，重点从音乐坊、舞动减压、情绪管理和职业生涯工作坊四个方面开展专业服务。例如，我们在日常教育工会活动中已经运用微信公众号等形式加强教师心理健康宣传普及；为基层学校主动提供送教上门服务，召开专家讲座；组织专家开辟教师心理健康专栏，解答教师典型心理困惑，激发教师心理求助动机。

在我看来，"心悦工作室"成立以来，不仅为广大教师提供了舒缓压力的渠道，也为广大教职工普及了心理健康常识，帮助他们增强了心理健康意识，提升了教职工职业获得感。

深入推进教职工素质工程，着力增强教职工职业荣誉感

我认为，激发教职工的荣誉感，是教职工心理健康工作中不可或缺的一环。为了增加教职工的荣誉感，提升教职工的整体素质是十分有效的一环。我们工会通过设立"没有围墙的大学"——职工书屋，来提升职工的素质。

通过五年的创建，目前已完成五十多家职工书屋的建设，职工书屋成为教师内修素质、外塑形象的平台。

除了职工书屋的建设，我们每年都会开展青年教师岗位技能大赛，持续抓好青年教师队伍建设。在引导教职工岗位成才、岗位奉献，激发广大教职工爱岗敬业、创先争优的同时，我们也为人才脱颖而出搭建平台。2019年，在全市全国比赛中长宁教师获得优异的成绩，全市7名特等奖中有2名长宁教师，全市选送的参加全国比赛的4名教师中长宁有2名，都获得全国一等奖，其中1人为一等奖第一名，为长宁和上海教育争了光。另外，我们发挥劳模先进示范作用，积极创建劳模创新工作室，用劳模专业精神引领师德师风建设。长宁教师职业素质的提升激发了广大教师的职业荣誉感。

我觉得，工会的工作就是事无巨细，无微不至。细微之处才能见真情，正是这一件件看似不起眼的小事，体现出了我们教育工会在细微处不断提升教职工幸福感、获得感、荣誉感的努力和决心。

（采访整理／龚易婷　照片来源／本人提供及顾超拍摄）

李 霞：
从群众中来，到群众中去

【人物简介】

李霞，1975年2月出生，中学高级教师。2010年4月任上海市宝山区教育工会副主席，2011年3月兼任宝山区教育局妇工委主任，2014年11月兼任教育局机关党总支副书记，2015年6月至今担任宝山区教育工会副主席、宝山区教育局妇工委主任、上海市教育学会宝山实验学校党支部书记。曾获"全国五一巾帼标兵""全国教科文体系统先进女职工工作者""上海市五一巾帼奖""上海市教育系统优秀妇女工作者""上海市三八红旗手""宝山区五一劳动奖章"等荣誉。

【访谈实录】

2004年，我开始担任上海市淞谊中学的工会主席，当时只有29岁，是整个工会主席群里比较年轻的，我因此常常担心自己干不好这份工作。那时，同样担任基层工会主席的父亲就勉励我说："从群众中来，到群众中去。你虽然年轻，但只要知道大家所思所想所需，就一定能干好这份工作。"父亲的这句话让我对干好工会工作充满信心。

想之所想，用"专业"为之解忧

2007年，我从中学调到宝山区教育局从事工会工作，服务对象一下子从学校里的几十名教师，拓展到宝山区教育系统内的7 000多名会员，身上的担子一下子变得沉重起来——"摊子"变大了，工作的难度也大了。

　　以前在中学担任工会主席时，我和教师们都是同事，遇到问题只要耐心沟通都能很快解决。来到区教育局后，我经常要接待来自不同学校、不同层级教师各式各样的信访，反映的问题也是五花八门，对工会工作的专业性提出了更高的要求。于是，我一边认真倾听和记录教师的需要，一边紧锣密鼓地对涉及工会工作的所有政策法规进行"兜底式"学习。每当看到新的政策法规都马上记在小本子上，每一条政策法规都看上 5 遍、10 遍……直到烂熟于心。渐渐地，我养成了一个习惯，把工作中可能用到的政策法规都贴在墙上，一有空就抬头看看。有了这些"法宝"，所有问题都能迎刃而解。

　　有一次，一名幼儿园新上任的园长气冲冲地找到我，问能不能解聘正在合同期内的教师。园长生气地说："这位老师对幼儿园绩效工资分配有意见，却不在教职工代表大会审议时提出，会后又联合一些老师多次言辞激烈地跑来要求重新调整分配方案，这不是故意为难我吗？"我先安抚了园长的情绪，等了解全部的情况后再联络她，并当场打电话给那位教师，和她约定面谈。

　　在和教师交谈的时候，我发现她并非想要故意为难新园长，而是因为之前幼儿园已经答应她调整工资待遇，原本以为新园长上任后就会马上兑现承诺，没想到却是空欢喜一场。了解了教师和园长争执的焦点后，我邀请双方进行面对面的谈话，并告知召开教职工代表大会的相关规定和程序：必须把涉及教职工切身利益的事项交给教职工代表大会审议票决制通过，才能生效。她们还采纳我的建议，事后经过教师和幼儿园的协商，重新拟定幼儿园绩效工资分配审议方案，并在教职工代表大会上顺利通过了新的方案。园长和教师都对这一结果表示非常满意。

　　工会工作虽然烦琐，却也有其独特的专业性。因此，我常常鼓励年轻的工会干部在跑学校、深入了解一线教师的问题和困难之余，也要多掌握一些关系教师切身利益的法律法规，夯实自身的业务能力，用"专业"帮助教师解决后顾之忧。

思之所需，助之悦己"慧"生活

教育工会的会员中绝大多数都是普通的一线教师，这份"为人师表""教书育人"的工作光荣却也辛苦，很多教师经常利用工作以外的时间备课、改作业、答疑解惑。因为得不到充足的休息，他们的身体处于亚健康状态。我在心里暗暗告诉自己：教师不能只当"红烛"，燃烧自己照亮学生。教师在工作之余，也应该学会愉悦自己、享受生活。

经过一番走访，我发现不少学校重视精神文明建设和校园文化建设，但存在人文氛围不浓，学习、宣传、活动形式不活，"使用多培养少，要求多关怀少"的现象，教师参与的积极性不高。而实际上，大多数教师不仅希望在工作中施展才华，也渴望成为有生活品位、爱家人、爱同事、爱朋友、会生活的普通人。

2020 年 1 月李霞在上海工匠馆为工会干部介绍劳模事迹

于是，从 2013 年开始，我们秉承"快乐生活，慧享生活"的宗旨，邀请了高校教授、生活达人、职业培训专家等专业团队，利用双休日开展以慧美丽、慧美食、慧育儿、慧健康、慧品读为主题的"悦·慧生活"教职工生活文化系列培训活动，开设了插花、烹饪、陶艺、布艺、园艺、书法、油画、瓷盘画、古琴等课程。考虑到教师平时都很忙，我要求工会干部在培训服务细节上做到精细化。比如插花课，我们会事先准备好所有的材料，将不同种类的花分门别类地摆放好，将包装纸按照不同的尺码裁剪好，操作工具也都一一摆放整齐；又如烘焙课，我们将面粉、酵母、黄油等材料都按照规定的克数称量好，然后做好标记；新冠肺炎疫情期间，我们开展了"秋天的第一碗杨汁甘露"制作培训，用心将食材分类打包，然后派专人送到各个学校的教师手中，线上线下共同制作……这样，教师们很快就能上手学，参与的积极性一下子就提高了。

经过一段时间的培训后，教师们不仅懂得发现自身之美、生活之趣，还学会了很多新的技能，从他们中陆续诞生了中点师、西点师、插花师、园艺师、茶艺师。更可喜的是，这群学有所成的老师回到各自学校后，成为同事们眼中的"明星导师"，带领更多的教师分享生活体验、学习生活技巧、感悟生活之美，在校园里掀起了"悦慧生活，悦慧工作"的新风尚。

从"慧生活"培训活动开展至今，每年有 5 000 多名教职工参与其中，超过工会会员总人数的三分之一。虽然体量大，但我们始终坚持牢抓培训活动的质量，不断创新活动形式和活动内容，在为广大教师打造发现自我、品味生活的平台的同时，也把智慧生活的理念带给他们。

与之并肩，把爱传到更远的地方

1931 年，陶行知先生在宝山创办了"山海工学团"，也把"爱满天下"的教育思想深深扎根在了宝山教师们的心中。每年，宝山都有很多教师离开家人，主动报名加入援滇、援疆等支教和志愿者工作中，把优质的教育、急需的物质、贴心的服务带给贫困地区和社会需要的地方。当他们将无私的爱奉献给别人时，谁能成为他们坚强的后盾？谁来把温暖带给他们的家人？我常常告诉自己："工会"应该成为这群教师背后的支持与力量。

很多教师支教时会把仅有的生活用品送给贫困地区的学生，这些感人事迹时常让我热泪盈眶。2016年，我们主动加入全国妇联和中国儿童少年基金会倡导的"百万家庭亲情一线牵·恒爱行动"，自发采购了大量的毛线，组织400多名有编织技能的女教师开展了以"为爱接力，向善而行"为主题的为贫困山区、困难家庭的孩子织毛衣的活动，先后捐赠爱心毛衣648件。这些爱心毛衣见证了我们的心意，也是我们对支教教师们无言的支持。

新冠肺炎疫情期间，很多教师自发地加入抗"疫"志愿者的行列，维持社区秩序、无偿献血、坚守"云"课堂……为了让这些战"疫"英雄的事迹被大家铭记，我紧急召集了20名宝山教工艺术团的老师，制作了一份特别的宣传视频。从脚本创编、视频拍摄、歌曲录制、画面剪辑、混音合成、视频美化，我和20位老师针对每一个细节在线上进行反复的讨论与打磨……在我们的努力下，《坚信爱会赢》视频正式上线，将那些爱和温暖的瞬间传递出去，也把感恩送给那些默默付出的教师们。

"六一"儿童节期间，很多援滇、援疆的教师依然坚守在支教一线，没有办法回到自己的家中，也因此错过了和孩子一起共度美好时光的机会。我和工会干部们一起为这些老师的孩子们精心挑选"六一"礼物，用漂亮的包装盒包好；给每个家庭预订了一份全家福照片拍摄套餐，以弥补他们错过的亲子团圆时刻……这些礼物并不贵重，却代表着我们的一份心意，孩子们和教师们收到礼物后都很开心。

在我眼中，教育工会必须做好组织群众、宣传群众、教育群众、引导群众的工作，实现"强民心、聚民心、暖民心"的工作目标，真正成为广大教师眼中有担当、有情怀、有作为、有温度的"娘家"。我也相信，工会和教师并肩作战，一定能把爱传递到更远的地方。

现在，宝山区教育工会下属基层工会组织有249家，工会会员有13 666人，每年区域内的学校还在增长，这意味着教育工会的会员将不断激增，工会工作将面临的挑战也会随之变大，但我始终坚持"从群众中来，到群众中去"，有条不紊地应对各种难题，并努力把工会的温暖带给每一位教师。

（采访整理 / 程晓霞   照片来源 / 本人提供）

严国华：
当好浦东教工的"娘家人"

【人物简介】

严国华，1967年5月出生。现任上海市浦东新区教育工会副主席，浦东新区教育局办公室三级调研员、党支部书记。先后被评为2010—2013年度上海市教育系统优秀工会工作者和2014—2018年度上海市教育系统优秀工会工作者，荣获2016年浦东新区五一劳动奖章荣誉称号。

【访谈实录】

2008年，我开始担任南汇区教育工会主席。一年后，随着南汇区并入浦东新区，我也被调任浦东新区教育工会副主席，一直做到现在。十多年来，我牢牢把握"工会组织是党领导下的群众组织，围绕中心服务大局是党对工会工作的根本要求"，努力当好浦东广大教工的"娘家人"和"贴心人"，在服务浦东教育发展、服务浦东广大教师需求方面做出了有益的探索和尝试，并取得了一些成效。

创新工作体系，打造教育工会"浦东模式"

11年前，从南汇区到浦东新区后，我发现两区教育工会工作模式差异很大，很多情况和做法都不一样，比如南汇当时是划分为四块，浦东是分为四个教育署；学校工会换届选举有的海选、有的直选、有的党组织直接提名当选……两区合并后，地域范围更广了，人口更多了，开展工作难度更大了。对此，我们首先想到的是要"统一工作模式，促进南北融合"，并从组织框架、制度建设、特色工作等方面进行了一系列尝试。

2010年，在工会的组织框架上，针对新浦东地域大、开展工作交通不便的现实，我们在北区建立工会条线块长的基础上，在南区设立了工会综合块长，配合条线块长为基层工会做好服务工作，既能促进南北相互融合，又确保工作便捷、高效地开展。在工会会议制度上，我们形成了一月一次的区教育工会工作例会制度和半年度一次的全委会制度。各教育署分工会积极发挥工会块长的工作网络优势，推动各项工作落实到基层。

为全面掌握全区基层单位工会换届工作和教代会工作情况，特别是针对绩效工资改革中涉及的"如何依法有效行使教代会四大职权"的问题，我们

严国华主持主题为"快乐工作　幸福生活"浦东新区教育系统2016年教职工广播体操决赛

专门开展调研，依法维护好涉及广大教师切身利益的问题。我们还对原两区的工会工作和教代会工作制度进行梳理，针对突出的问题和原两区的操作差异，经过工会"三委会"充分分析研究，制定出台了工会换届工作程序和有关规定、工会换届工作请示和选举结果报告格式、学校教代会制度实施办法等具体操作办法，又制订出台了浦东新区基层学校工会主席直接选举工作实施意见和基层学校工会换届选举工作操作规范，全面指导和规范基层学校工会换届选举工作。

此外，我们还支持各教育署分工会发挥自身的工作品牌优势。一是以活动为载体，促进南北融合。比如，各教育署分工会通过组织乒乓赛、羽毛球赛、舞蹈比赛，开展工作交流会、联谊会、新老结对、南北结对等活动，促进了南北相互交流融合和工作的整体推进。二是以完善机制为侧重，促进工作推进。各教育署分工会建立工会块长例会制度和工会主席条线活动机制。三是以服务为抓手，支持基层工作。

很快，我们就构建形成了"浦东教育工会工作模式"，建立了由"局工会——各教育署分工会（各教育指导中心工会）——各工会块长（工会联络组长）——学校工会"组成的四级工作体系，形成了统分结合、各司其职、加强指导、服务基层的工作模式。

2011 年，市委组织部和市教卫党委、市人大常委会、教育部先后出台了有关教职工代表大会的法规和文件，我们认真学习领会法规和文件精神，充分听取学校党政领导、工会主席、教职工代表等各个层面的意见。经过多轮的修改完善和征求意见后，出台了浦东新区基层学校教职工代表大会实施意见和教职工代表大会工作操作规范。我们下发的蓝色封面的教代会操作规范和工会换届选举工作操作规范，被基层学校工会主席和党政领导们亲切地称为"工会蓝本本"，多年来有力地推动了基层学校工会工作和教代会工作的制度化与规范化发展，有力地保障了基层学校民主建设和稳定发展。

开展技能竞赛，助推教师专业成长

从 2014 年开始，上海市教育工会开始举办上海教工的书画展，不仅吸引了教师当中的书画爱好者来展示自己的艺术才华，也带动了各区教育工会"三笔一画"比赛的蓬勃开展。在我看来，比赛不是一个单纯的"练兵场"，它还让年轻老师看到了传统书法艺术的魅力。对于教师而言，写一手好字、好的板书，能让学生赏心悦目，感受中国文字的美，从而更能感受到教师的魅力。

为了积极推动这项工作，我们每年承办上海大学书法教育协会举办的书法培训班，使浦东教师有机会聆听华东师范大学、复旦大学、同济大学等高校教授的课。通过这些活动，教师对写字、书法越来越重视，也培养了一批书法爱好者，深受基层教师的喜爱。今年疫情期间，我们全面发动和组织教师参加市教育工会抗疫作品征集活动，教师的参与热情空前高涨，浦东新区成为全市提交参赛作品最多的区。

自 2015 年开始，在市级青教赛引领下，我们开始每两年举办一届区级青教赛。活动也得到了基层学校和教师的积极响应与踊跃参与，而且参赛人数一年比一年多。今年举办的第四届区青教赛，全区有 363 所学校、578 名青年教师报名参赛，为历年之最，推动了基层学校青教赛活动的普遍开展，形成了"参赛的是青椒，提升的是全员"的良好局面。

青教赛为青年教师脱颖而出提供了舞台，为促进青年教师专业发展营造了良好氛围。通过这一活动，一大批爱岗敬业、刻苦钻研教学技能的优秀青年教师脱颖而出和快速成长。2020 年浦东新区有 16 名新晋特级教师，其中就有一名很年轻的幼儿园教师，就是青教赛去年特等奖获得者。此外，区青教赛项目还参加了区总工会劳动竞赛品牌项目评选，曾被评为"区十佳劳动竞赛品牌项目"。

建立读书社团，推进书香校园文化建设

几年前，我有幸参加了市教育工会组织的两次读书座谈会，当时于漪老师在座谈会上谈到教师读书的问题，很多思想和观点让我深受触动。在工会工作实践中，我发现教师对读书的重视还远远不够，就萌生了把教师读书活动列为教育工会的一项重要工作的想法。机缘巧合的是，我的这一想法和浦东新区教育发展研究院的朱爱忠主席和部分教研员不谋而合。

能否将教研员的专业优势和工会的组织优势相结合，为教师搭建读书平台？抱着这样的初衷，我们自 2017 年开始，推出了"书香校园"教职工读书系列活动，并由教发院专家牵头，组建了教学勇气研习营、书香盈耳诵读会、学习共同体和读书公众联盟 4 个读书组织，为教师搭建了跨区域的读书爱好者学习交流平台，引领广大教职工自觉养成读书习惯，成为真正的读书人。

经过多年的努力，我们不仅建立了推动书香校园教师读书活动长效机制，还成立了形式多样的读书团体。这些读书团体大体分成三类：一是围绕某一主题组建的全区性社团（共读小组），如浦东儿童阅读指导者联盟、书香盈耳诵读会、浦东教师读书公号联盟、采文读书坊等，其中书香盈耳诵读会已有 107 名活跃会员，专门开设公众号宣传交流诵读作品；二是跨校读书社团，根据阅读内容、研究主题或共同兴趣爱好，由两个以上单位教职工参与，目前社团数量已达 22 个；三是校级读书社团，这些学校将本校教职工组织起来开展多种形式的共读活动，目前已建立了 206 个读书社团。

如今，读书社团已成为推动广大教师开展专业发展活动的有效途径，为教师在教育教学、课题研究、专业发展和兴趣爱好等方面提供了支持，也成为书香校园文化建设的有力抓手。2020 年在区总工会举办的寻找最美书香人活动中，教育系统有 10 位读书社团负责人进入"浦东最美书香人"30 强，负责教育工会"悦行"读书社团的朱爱忠主席被评为 10 名"浦东最美书香人"之一。

　　回首十余年工会工作的经历，我始终认为教育工会是教工的"娘家人"，要在服务大局工作的前提下，理直气壮地维护好教工的切身利益。而要扮演好这个角色，最重要的是要寻找到一个好的结合点或服务项目，正如我们开展的青教赛和读书活动，只有真正满足了教师的需求和利益，才能切实发挥好工会应有的价值和作用。

　　　　　　　　　　（采访整理/宋静磊　照片来源/本人提供及谈乐达拍摄）

徐 明：
创新务实　做有温度的人

【人物简介】

徐明，1972 年 12 月生。2009 年至今任上海市普陀区教育工会副主席、女工主任、经审主任。曾获得上海市优秀工会工作者、上海市工会经审工作先进工作者、上海市"爱心公益使者"、上海市教育系统优秀工会工作者、上海市教育系统优秀妇女干部、上海市第七届教工运动会优秀组织者奖等荣誉称号。

【访谈实录】

　　我原是上海市洛川学校工会主席，2009 年至今，担任普陀区教育工会副主席、女工主任、经审主任。普陀区教育工会成立于 1991 年，现有基层工会组织 148 家，会员人数 9 016 人。我很喜欢工会工作，把它当作自己最挚爱的事业来做。因为喜欢，所以我孜孜不倦地追求务实，追求创新。我认为：活着，就要做一个有温度的人。一个有温度的人，在让别人感到快乐的同时自己也很快乐；做一个有温度的人，不仅是对自己的人生负责，也是对自己生命价值的一种非常有意义的肯定。

承上启下，让工会工作有温度

　　爱美是女人的天性。喜欢美的我，把工会工作也当作我美丽人生的重要组成部分。我有一个宗旨，就是把我负责的工会工作做得圆满，把自己所钟爱的事业做得美美的。这么多年来，大家也给了我一个美美的昵称——"公主"，这不仅是"工会主席"简称的谐音，更反映了大家对我的喜爱和认可。

普陀区教育工会在前任几位主席的带领下，做出了很多创新举措。比如在全市教育系统首创了系统教职工代表大会制度、举行新会员入会教育活动、成立教育慈善超市等工作。在继承光荣传统的同时，我注重不断拓展、不断提升。2017年年初，教职工手工编织420套帽子、手套、围巾等绒线三件套和3 641件爱心毛衣，全部送达西藏亚东中学，给正在遭受强降雪天气的孩子们带去了温暖。今年确立的"系统教代会在推进区域教育民主管理规范化发展的作用"工会研究课题，已被市教育工会确定为2020年的立项课题。

对于上级工会布置的任何活动，我都积极参加、认真落实，并努力做得完美。例如，每年暑期市教育工会开展教师疗休养活动，为了把好事做好、满足大多数教师个性化的需求，每年我都要精心策划至少12条线路供大家选择。如此，各个学校的老师有了更多的选择机会，而我的工作量也增加不少，每条线路都精心安排领队，出发前召开"出团会"——落实具体工作。活动中，由于全区各个学校的老师拼成了疗休养队伍，大家从不认识到相识，从相识到相知，许多老师都成了好朋友，促进了学校间的文化交流。不少当领队的老师，也从中得到了锻炼和提高。

对于市教育工会两年一次的基础教育青年教师教学技能比赛我也是认真组织、积极参与。在此活动的启发之下，我也组织举办两年一次的"教学能手""教坛新秀"技能大赛，既激励我区教师爱岗敬业精神，也为参加市教育工会大赛推荐了优秀人才。今年起，在此基础上，我们成立了"青年教师联谊会"，给这些在比赛中脱颖而出的青年教师搭建更为广阔的舞台，使他们走向更为精彩的人生。

我还牵头创建了"共植志愿树"小程序，把各个学校有一技之长的老师注册在小程序平台上，共享资源，一旦某个学校发出需求，有特长的老师可以前往进行志愿服务，并实行志愿者积分奖励制。"共植志愿树"让志愿者队伍成为普陀教育一张闪亮的名片，让工会活动永远成为一道迷人的风景。

情暖园丁，区域品牌保持温度

"情暖园丁"是我 2016 年起打造的区域工会志愿服务品牌。5 年来，由我倡导开展的"布艺贴画""阅读表演""走进 STEM""快乐冲冲冲"等 28 场教职工亲子活动，参与人数达到 5 000 余人。

2017 年，我与上海一家律师事务所签署"法护园丁"合作项目。事务所每周五为全区教职工提供免费法律咨询，帮助他们解决在工作和生活中遇到的难题和困惑。某中学一位老师，因家庭财产分割问题陷入困境，一度影响了工作，通过法律援助，她得到了法律保护，解除了后顾之忧。

2018 年，我与区卫计委工会签署"医护园丁"合作项目，每季度举办一次健康讲座和健康咨询活动，深受欢迎。4 年来，受惠的教职工达到 4 000 余人。

同时，我还着力于开展工会特色"X 吧"（咖吧、书吧、茶吧等统称）和温馨办公室的创建工作。这两项工作是基于"教工之家"。"教工之家"创建的创新举措，更注重家的内涵发展和品牌效应。几年来，具有学校文化特色的"咖吧""书吧""茶吧"等教工之家应运而生，已创建五星级工会特色"X 吧"8 家、四星级 16 家；五星级温馨办公室 55 家、四星级 197 家、三星级 88 家。

为了进一步发挥基层工会组织在构建和谐校园中的作用，我还设计印制了《"阳光驿站"教工谈心手册》，要求基层工会主席主动关心教职员工，畅通诉求渠道，并把这些案例记录下来。如此一来，学校工会主席的作用显现了，工作能力也加强了。近 5 年来，有 20 余位工会主席走上了校（园）级领导的岗位。

社团活动，增强团结提升温度

2015 年起，我在普陀区教师队伍中组建了 12 大系统社团，即 5 大体育社团和 7 大艺术社团。每个社团有团长、教练、团徽和团旗，区教育工会每年给与经费支持，社团每周活动一至两次，年底进行统一考核。

5 年来，这些社团取得了不少可喜成果：教工合唱团获"第七届上海市五一文化奖·上海市十佳职工合唱队"称号，并应邀参加"上海之春国际音乐节"演出；教工舞蹈团参加"上海之春"比赛获市"新人新作银奖"，参加市总工会"我要上五一"的舞蹈节目选拔赛获得金奖；羽毛球社团连续几年获得市教工比赛的冠、亚、季军；篮球社团打进了市业余篮球赛的甲级联赛；

徐明（前排中）与参加上海市国际龙舟邀请赛的普陀教工龙舟队员合影

乒乓球社团多次获得市社区乒乓球比赛的冠军。在参加市教育工会组织的各类比赛中，我区获得不少荣誉，如"上海女教师海派秧歌展示活动""上海女教师健身展示活动"均获得"最佳风采奖"，在第七届教工运动会中获得中心城区团体总分第一名。另外，我们还是市教育工会羽毛球、书法、围棋、足球等协会的理事单位。

两年一轮的教职工欢乐艺术节、体育节活动，总能吸引几千名会员参加。每次比赛我都必到现场为大家打气鼓劲。通过这些活动，我与基层工会和会员们建立了深厚的感情，我的人生也由此更为充实而美丽。

我还倡导打造网络化工会服务项目。2016年，在全市普教系统率先建立了"普陀区教育工会情暖园丁"微信公众号，目前已成功运作了220期，阅读数近40万人次，进一步扩大了工会组织的影响力。

通过工会活动，让人感到温暖、感到暖心，这是我工作的座右铭；不断创新，不断活跃工会工作，是我一直孜孜以求的目标。因此，每年组织大调研和"金点子"征集活动，了解会员需求，创新工作举措。看到老师们被工会活动吸引，并能积极主动参与其中，我感觉这就是工会的价值所在。而我，在这过程中，通过自身修炼和创新务实，愿做一个知性与感性相结合的有温度的女人。

（采访整理/徐蓓莱　照片来源/本人提供及李立基拍摄）

肖鸣伟:
纲举目张谋发展，丰富内涵求创新

【人物简介】

肖鸣伟，1956 年 12 月出生。1975 年 3 月参加工作，虹口区教育工会原主席。曾任上海市科教工会常委、上海市科教女工委副主任、虹口区教育系统妇女工作委员会主任、虹口区十一届政协委员、市十二次妇代会代表、市十二大工代会代表。

【访谈实录】

更上一层楼，打造新气象

我从 1991 年 1 月起，出任虹口区教育工会副主席、主席。那时，虹口区教育系统有近两百个基层学校（幼儿园）工会组织，两万多名工会会员。我当时明显感觉到，基层工会组织有三种比较普遍的现象：一是工会工作缺少主动性，与党、政、工三驾马车地位匹配不够；二是在履行教职工代表大会制度的执行、监督、检查、维权等工会最主要的职责时，做得还不够到位；三是为了福利而福利，为了文体活动而文体活动，对学校教书育人的中心工作、对会员的师德培养及专业发展不够重视，以至于工会容易成为"俱乐部""慈善会"。

古人云：纲举目张，执本末从。为此，我做的第一件事，便是从培训学校工会干部（主席）着手，而这主要基于三点思考。

首先，作为众多基层学校（幼儿园）工会组织的上一级工会组织——区教育工会，其主要职责之一，就是要组织和指导下一级工会开展工会工作。组织和指导仅靠文件传达不行，需要授之以渔，教业务、学方法。这是区教育工会的职责所在。

其次，工会组织每三年改选一次，有大量的新工会干部（主席）

肖鸣伟在虹口区教育系统首届"女教授女劳模联谊会"上致辞

上任。尽管他们的其他业务能力很强，有着很好的群众基础，但对工会工作不熟悉也是不容忽视的问题，他们迫切希望通过培训，快速适应工会工作，为广大会员服务。如何做好这些培训，是当务之急。

最后，虹口教育工会曾被评为劳模集体，有大量宝贵的资源、经验可传授利用，要让这些优良传统传承下去。但是新当选工会领导对情况不熟悉，对工会业务不熟，自然会造成工作的针对性、主动性、创造性打折扣，工会地位也就无从谈起。因此尽快让新当选者熟悉业务，也是摆在我面前亟待解决的问题。

"短平快实新"的培训

加强工会干部（主席）培训，尤其是对新当选者的培训，成为纲举目张的重中之重。我们的主要做法是"短平快实新"。

短，即培训时间短。工会干部（主席）大多不是专职，还兼教育教学工作，同时又有大量工会工作即时要做，脱产培训有困难，我们就每周一次培训半天时间（双周半天全体按菜单公转培训、单周半天按大块组合自转学习交流）。平，减少管理层级，由区教育工会干部专职统筹，设一套简单科学的管理程序。快，一段时间一个主题，一期培训解决这一主题下众多系列问题，见效快。实，基于实际遇到的问题，一个问题一次培训，干脆利落。新，有讲座，也有参观；有现场经验介绍，也有事后案例分析；有专家带教，也有同伴互助。

"短平快实新"式培训最终收到了非常好的效果，基层工会的处置能力，工作积极性都得到了显著提高，工会的能力和地位也得到了相应提高，凝聚力进一步加强。

丰富文体活动内涵，开展系列品牌活动

工会组织要组织开展文体活动，这一点责无旁贷。传统的唱唱跳跳、游游玩玩固然需要，但更需要创新，做到与学校中心工作、与教师的师德修养和专业发展有机结合。为此，我们当时提出：丰富文体活动内涵，结合学校中心工作开展一系列活动，其中有三个品牌活动至今令我记忆犹新。

一是创建星级文明组室活动。

我们制定了星级文明组室标准，除常规的文明标准外，特别强调必须要有文体活动特色，教育工会系统评选文明组室，绝对不能缺这一块。此举丰富了文体活动内涵，评出了一批过硬的文明组室。如飞虹中学（现已撤并）外语组，通过"星级文明组室"创建成为全区先进班组的排头兵。飞虹中学位于虹镇老街，生源不太理想，周边环境较差。他们将"如何使这个地段的孩子对英语感兴趣"作为打造星级文明组室的首要标准，通过研读文献，精心教研，取得了外语教学丰硕成果，涌现出了一批优秀英语老师。

二是"振兴中华读书活动"。

读书，本质就是文化活动。教师要读书，教师爱读书，天经地义。但问题是要读出品位，读出效果，读出人才。若搞形式主义，成为应付活动的"麻烦"事，就违背了开展此活动"读书发现人才"的初衷。为此，我们指导各校结合自身工作和特色，搭建舞台，开展不拘一格、形式各异的读书活动，发现并培养了一批"读书成才"的标兵。令人欣慰的是，活动中发现并培养的人才中，不少人至今仍然活跃在行政领导岗位上，更有一大批教育教学骨干教师。如一位高中的语文教师，积极参加读书活动，在读书感染下，他参加了在职读博，成为当时全区在岗读博第一人。后来他又成长为校长、教育局副局长、市科协副主席，这真是读书的力量最好的体现。还有一位中学教师，也是通过"振兴中华读书活动"，一步步成长，后来被评为"上海市十大名校长"之一。

三是"我为教育献一策"活动。

我们的各级工会每年要组织广大教育工作者，结合学校民主管理、教育教学改革、校园文化建设等各主题开展献计献策活动，通过这一活动，大家群策群力，征集发展的良策，齐心协力，为教育求创新谋发展。作为一名工会人，我始终觉得工会不能只关注福利，在一些重大的事情上也要发声音、敢担当。2008年，我们组织了200人左右的虹口区一线教育工作者外出考察，在回沪的火车上，我们得知汶川发生了大地震，"作为学校，我们怎么应对，要做哪几件事情？"在列车上，我马上组织大家开会，用集体智慧群策群力。第二天一早抵达上海后，很多校长连家都没有回，第一时间赶到所在学校，将在列车上定好的初步方案细化部署。此后几天里，整个虹口的教育系统开展了形式多样的援助慰问活动，其中有很多做法都是在这趟列车上工会搭台开会时产生的智慧。

我现已退休，但二十年的工会工作"历历在目，以亿万计"，我心永系工会。

（采访整理／顾力丹　照片来源／本人提供及顾力丹拍摄）

葛文耀：
办企业和办教育，社会责任是相通的

【人物简介】

葛文耀，1947 年出生，中国知名企业家，曾任上海家化（集团）有限公司总经理、上海家化联合股份有限公司董事长、第十届全国政协委员、上海国际时尚联合会会长，现任上海铭耀股权投资管理有限公司创始合伙人、上海高级定制周组委会主席、美国格理集团（GLG）行业专家团成员、上海财经大学工商学院客座教授。曾获全国优秀共产党员、全国五一劳动奖章、第三届全国优秀创业企业家、中华人民共和国成立 70 周年荣誉纪念章等荣誉。

【访谈实录】

二十世纪八九十年代，教师的生活是比较清苦的，工作辛苦，工资收入与福利待遇也不高，教学条件也远远比不上今日。作为企业家，我一直都认为教育是非常重要的，没有教育，就没有上海家化的发展。教育界为我们企业输送了大量的人才，企业理应回报教育。于是，我认为我有责任动员企业方方面面的资源和力量为教师送上一份温暖。

打造专为教师服务的度假村

1992 年，上海家化在吴江市（现苏州市吴江区）黎里镇建造了明星友谊度假村（后改名露美度假村）。我设想将这个度假村作为教师专用的休憩乐园。从 1994 年开始，家化通过上海市教育工会的组织，每月接送两批上海各校优秀教师前去疗休养，食宿交通等费用一概由家化承担。每批约 90 名教师，寒暑假批次更多。

每周六中午，家化安排两辆大巴在教育会堂接上教师，驶向黎里。当时，上海和吴江间还没有通高速公路，大巴只能走 318 国道。为了将教师们安全送往目的地，家化还出资将当地的一条危桥改建。虽然一路要颠簸两个多小时，但教师们都兴致勃勃。当时，教师很少有外出旅行的机会，很多教师甚至是第一次离开上海。

度假村按宾馆标准建设，平时不对外营业，服务员都是上海家化当地工厂的工人。负责度假村管理的施经理，非常重视教师接待，对服务员严格培训，要求服务热情周到，要让教师到了度假村有"回家"的感觉。度假村底层的休息大厅，每一小桌上都写着"欢迎您，尊敬的教师""欢迎您，新世纪的启蒙者"。上楼后，每一间客房的写字台上，也都写着同样的致辞。

下了车，我们便招待他们用午餐，随后小憩一会儿。午睡结束，上海家化美容队为教师们带来美容培训课程。当时的中国人对"美"还没有什么概念，总是素面朝天的教师对护肤、化妆非常陌生。其实，他们上课经常"吃"粉笔灰，对皮肤伤害是很大的。美容队为他们普及皮肤护理知识，化淡妆，现场示范怎么清洁、怎么修眉……教师们都兴致盎然，甚至很多男教师也来学习。两小时的美容课，时常"拖堂"到四个多小时才能结束。

晚上，我们安排了舞蹈、KTV、打保龄球等时兴节目，在当时看来可以说是非常前卫的。第二天上午，再带教师们去附近农贸市场逛逛，去黎里古镇转转。这些活动一方面，是给他们提供难得休闲放松的机会；另一方面，也是给来自不同学校的教师搭建一个互相交流的平台。

有的教师评价来度假村"天天都是教师节"。还有很多教师反映，这是他们第一次真正地感受到现代化的企业是什么样，与国际接轨的企业是什么样。

他们的视野拓展了，心胸开阔了，提高了对"美"的理解，回去也能更好地教育下一代。

教师们的第二个"家"

几年下来，明星友谊度假村陆续接待了 8 000 余位教师。在接待到第 6 000 人次的时候，我们特意举办庆典。当时分管上海教卫工作的谢丽娟副市长也前往度假村，与诸位教师和家化员工一同庆祝这一珍贵时刻。后来，上海市教育工会绿叶艺术团特地来家化举行汇报演出，还将家化评为上海市尊师重教先进集体，我们非常感动。这种情谊是相互的。

除了度假村的美容培训课，平日里家化也时常通过教育工会向教师们派发美容券，大家凭券可以前往家化旗下的露美美容院享受美容护理。给教师

1996 年葛文耀（左二）在欢迎第六千名教师赴明星度假村免费休假的仪式上接受市教育工会赠送的奖品，时任上海市副市长谢丽娟（右二）到会祝贺

们派发家化的日化产品也是常事。

每年教师节，除了协助教育工会举行各种文艺演出、联欢会、摄影展等活动，家化还派车辆向教师提供免费乘车服务。当时，小轿车还没有现在这么普及。教师们平日工作又很繁忙，去很多地方都不方便。通过教育工会的统计，我们了解到哪些教师有用车需求，便派车接送，比如送腿脚不太方便的教师去医院看病等等。

我们还时常组织教师交流会，请他们来家化食堂用自助餐。当时，自助餐可是个新鲜玩意儿，很多教师都是第一次吃。琳琅满目的美食让很多教师感叹，这是"跟上时代的节奏了"。一些教师打趣地说平日里，最心心念念的就是食堂的那块"扎肉"。还有很多教师说，每次来家化，都感觉"像到家了一样"。那一幕幕温馨、欢乐、热闹的场面，给大家都留下了难忘的回忆。

教育工会使命感召，上海家化全心以赴

在我看来，社会责任不是抽象的，是实实在在地为社会做些具体的事。上海家化正好有这个资源和条件，我们便力所能及地献上了自己的绵薄之力。

所谓困难之中见真情，为改善教师的生活条件，上海市教育工会做了大量的工作。正是看到了教育工会的冲劲、激情和责任心，我们做企业的更深受感召，感到了肩上这份沉甸甸的社会责任。

不论是我们办企业还是工会为教育者服务，这份社会责任都是相通的。办好企业是为国家做品牌，努力多交税，让员工成长并且生活好，都是责任使然。家化虽然花了一些代价，但家化的企业和产品在上海教育系统名声大震，收获也很多。

家化当时的企业文化是"精致优雅，全心以赴"。作为中国日化产业的领

军者，家化有责任向社会普及"美"、传递"美"、启蒙"美"。通过组织各种活动，我们希望能让广大教师感受到，作为人类灵魂的工程师，不仅心灵要美，仪表也要美，这也是对学生的一种尊重。

（采访整理/袁曼舒　照片来源/本人提供及朱水苗拍摄）

石井亮一：
众手浇开友谊花

【人物简介】

石井亮一，日本劳动组织总联合会兵库县联合会首任会长、兵库县教职员工会原执行委员长、日中文化教育经济关系交流协会理事长，被授予"日中友好开拓者""上海教育会堂荣誉顾问"的荣誉名号。

【访谈实录】

值此上海市教育工会成立 70 周年之际，我谨代表日本兵库县教职员工会向上海市教育工会表达最诚挚的祝贺。

开启日中教育交流之旅

1979 年 8 月 18 至 28 日，兵库县教职员工会组织 494 位兵库县教职员、学者和知识分子，搭乘"兵库县教育文化交流日中友好之船"访问上海。这也是以"促进日中友好、推进和平教育"为主题而共同开展的日中教育交流的开端。

时任兵库县教职员工会书记长的我在兵库县教职员工会委员长本冈先生

的带领之下，以代理团长兼秘书长的身份参加了那次活动。

8月19日，我们乘坐的船抵达长江口，江口是如此宽阔以至于望不到两岸。当海水的颜色染上些许浑浊，我才明白我们已经驶入了长江入海口。我还是第一次有这样的体验。

我们乘坐的万吨游轮"珊瑚公主号"迎着水流缓缓向前方驶进。这时，上海市教育工会的三名代表乘坐小船前来与我们碰面，洽谈我们在上海期间的活动事宜。

当时，旅行社并没有告知我们抵达上海后的具体活动安排。在这次碰面中，我向三位代表传达了希望在上海参观的几个地点，并达成了一致意见。

一抵达上海浦东港，几百个孩子举着中国和日本的国旗，大喊着"欢迎！欢迎！"前来迎接我们，对此我深表感激。那一刻，我深切体会到了中国教职员们期盼中日友好之情的愿望。

十几辆巴士已在港口整装待命，我们的代表团成员按照各自所分组别前往不同的学校进行交流。

我们代表团的干部前往华东师范大学拜访了上海市教育工会主席刘佛年先生。刘佛年先生是一位风度不凡、学识渊博的学者。我向他介绍了我们这次本着促进日中友好、加强教育交流的精神初访上海的事宜。刘佛年先生向我们表达了热烈欢迎。之后，我们又参加了上海市政府组织的活动。

第二天，我们又拜访了上海的小学、参观了课堂。那节应该是五年级同学们的书法课，孩子们手执毛笔，在纸上龙飞凤舞、笔走龙蛇，使我非常佩服。之后，我们又参观了少年宫等地。

我们代表团一致认为这次对上海的访问非常成功，希望今后能够继续开展交流。

8月25日，游轮返程离港之际，我们向前来送行的上海的诸位代表们喊道："下次见！再见！再见！"以感谢在上海期间他们无微不至的款待。大家依依不舍，并期盼着下次再会。

"友好之船"二次驶向上海

　　1983 年 11 月 9 至 16 日，我们邀请了以上海市教育工会主席刘佛年先生为首的四位代表出席第三十三次兵库县教研会，并进行了教育交流。

　　1984 年 11 月 13 日，我在访问上海后又前往北京，会见了中国教育工会原主席、顾问方明先生，以及中华全国总工会国际联络部的白立文先生。

　　这次我是为了"第二次兵库县教育文化交流日中友好之船"活动的举办而来。除了上海，希望前往南京的呼声也很高。而为使 500 名访华团成员都能坐上前往南京的火车，需要借助上级组织的力量，因此我前往北京寻求帮助。

　　方明先生见我如约按时访华十分高兴，称赞我非常能干，我们也变得更加亲切熟络了。

1990 年石井亮一（左三）应邀参加上海教育会堂落成仪式，与时任上海市副市长谢丽娟（右四）等领导亲切交流

通过这次谈话，他答应帮助我们与上海市教育工会进行沟通，并帮我们申请前往南京的火车。在那次会见中，方明先生说："（我们也）可以（前往兵库县）与兵库县教职员工会进行交流。"1984年12月14日，以方明先生为首的访日代表团访问了兵库县教职员工会，成为兵库县教职员工会开展日中交流活动的巨大动力。

1985年，"第二次兵库县教育文化交流日中友好之船"活动举行，我带领500人再次访问上海，并游览了南京和无锡。从此，我们就以和上海市教育工会的教育交流为中心，一直进行着这样的日中教育交流。在那之后的兵库县教职员工会开展的日中教育交流已归纳在年表中。其中特别值得一提的是，1993年召开的日、美、中国际教育改革研讨会等活动具有了国际影响力。

成立日中教育经济交流协会

2003年，我从日本劳动组织总联合会兵库县联合会、兵库县教职员工会退休后，为了推进日中友好，经兵库县、神户市工商会、日本劳动组织总联合会兵库县联合会、学者和知识分子同意，于2008年9月成立日中教育经济交流协会。

2009年4月，日中友好文化交流特别公演——贞松、浜田芭蕾舞团的《天鹅湖》在北京和上海顺利进行演出，这也是协会成立后开展的第一项工作。在中华全国总工会白立文先生的大力支持和中国各位人士的鼎力相助下，公演得以圆满落幕。

在此，我向给予我们上海公演大力协助的上海市教育工会的各位再次表示由衷的感谢！随后，在2012年8月，北京歌舞团在神户市、西宫市、龙野市的公演也圆满落下帷幕。

为纪念这些活动，我出版了影集《曼舞Ⅱ》。此外，为促进日中友好的事业，日中教育经济交流协会还举办了十次日中文化交流摄影展、十余次日中经营进修学习，参加了八次大连日本商品展览会，直到现在也还在持续地开展着这些活动。

2014 年 12 月，我携家人来到上海市，虽然这是我的私人行程，但上海市教育工会的历届主席一起为我设宴，给我接风洗尘，对此我深表感谢！

此外，非常荣幸能在 2007 年 5 月获得"上海教育会堂荣誉顾问"的称号，并在同年 10 月被授予"日中友好开拓者"的荣誉名号。获此殊荣，我不胜感谢。

最后，我衷心祝愿上海市教育工会今后蒸蒸日上，越来越好。

（供稿、照片 / 石井亮一）

肯特·王：
搭建上海与加州教师间的友谊之桥

肯特·王（Kent Wong），美国加利福尼亚州教师联合会副主席、加州大学洛杉矶分校劳动中心主任、亚太裔美国劳工联盟创始主席。过去20年，一直致力于促进中国和美国工会与工人之间的关系，参与了上海市教育工会与加州教师联合会之间的历史性合作，多次接待访美的上海市教育工会代表团，并多次带领加州教师联合会代表团访华。

【访谈实录】

值此上海市教育工会成立70周年之际，加利福尼亚州教师联合会（CFT）向上海市教育工会（SEU）致以热情的问候和诚挚的祝贺。我们加利福尼亚教师联合会珍视与上海市教育工会的合作伙伴关系，也期待着共同努力，以增进两国工会间、工人间的紧密关系。

上海市教育工会与加州教师联合会之间的伙伴关系始于2008年，那一年，中美两国工会间、工人间关系取得了历史性突破，推动了我们两个工会间的一系列交流，加深了两国工会间、工人间的友谊和理解。

20世纪90年代末，在一次于日本举办的全球教育会议上，上海市教育工会前主席夏玲英女士首次会见了加州教师联合会的领导们。上海市教育工会邀请洛杉矶教师联合会主席戴·希古契（Day Higuchi）访问了上海，作为回应，戴·希古契向上海市教育工会发出了访问洛杉矶的邀请。戴·希古契找到了我，希望我一起参与接待，以促进这一交流。我曾是亚太裔美国劳工联盟（APALA）的创始主席，这个组织是亚裔美国工会会员的第一个全国性组织，致力于促进中美两国工会之间的关系。

2001年，亚太裔美国劳工联盟邀请中华全国总工会（ACFTU）在夏威夷檀香山举行的全国代表大会上发言，这是中华全国总工会第一次受邀在美国工人运动全国大会上讲话。次年，亚太裔美国劳工联盟组织了一个代表团前往北京和上海访问中华全国总工会。

2006年，我和洛杉矶市长安东尼奥·比利亚雷格萨（Antonio Villaraigosa）、洛杉矶劳工联合会主席玛丽亚·埃琳娜·杜拉佐（Maria Elena Durazo）前往中国进行了贸易访问。在这次贸易代表团访问期间，我还特意安排了玛丽亚·埃琳娜·杜拉佐和上海市总工会领导的会见。

2007年，玛丽亚·埃琳娜·杜拉佐和我带领洛杉矶劳工运动的代表团与上海市总工会的领导举行了会晤。上海市总工会主席陈豪会见了代表团，双方对上海市总工会与洛杉矶劳工联合会之间的伙伴关系达成了一致，双方建立了正式的伙伴关系，其中包括两个工会之间的定期访问。这种伙伴关系是一次重大突破，因为这是中美之间的首次劳工组织交流。

2008年，加州教师联合会前往上海，与上海市教育工会建立了正式的伙伴关系，这是中美之间的首次工会对工会的交流。

2013年，中华全国总工会参加了在洛杉矶举行的美国工业组织劳动代表大会（AFL-CIO）。这是第一次在大会上举行研讨会，讨论改善中美工会之间的关系，全美的工会领袖出席了该研讨会，他们对改善与中国工会的关系表现出了浓厚的兴趣。

2013年末，美国工业组织劳动代表大会主席理查德·特鲁姆卡（Richard Trumka）来到了中国，他也成为首任访华的美国工业组织劳动代表大会主席。他访问了中华全国总工会北京总部，并受到时任总工会副主席陈豪的接见。理查德·特鲁姆卡还访问了上海，受到热烈欢迎。

2016 年美国加州教师工会联合会副主席肯特·王（前排左二）率团来沪与我市教育工会代表进行交流

　　多年来，来自美国服务业雇员国际工会、美国新劳工运动组织 Change to Win、国际卡车司机协会、美国汽车工人联合会、食品和商业工人联合会、电气工人工会和钣金工人工会的美国工会主席都曾访问过中国。多次的访问交流使美国工会领袖对工会在中国的作用以及在促进两国工会交流的重要性方面都有了更深入的了解。

　　中国和美国是世界上两个最大的经济体，也是两个最大的贸易伙伴。两国有着相互依存的特殊关系，两国工会和工人的利益也相互关联。两国的工人都希望国家经济强劲，拥有良好的工作，个人的权利得到保障。

　　此外，上海和加州的人民也有着特殊的关系。上海港是中国最大的港口，而洛杉矶港是美国最大的港口，这两个港口代表了两个经济体之间的战略联系，越来越多的跨国公司同时在这两个国家开展业务，工会和工人有着在争取合理的工资和强有力的劳工标准方面的相似利益。在全球经济中，两国工会和工人之间需要更多的沟通、对话和了解。

通过这种合作关系，上海和加州的教师对各自的教育系统有了更多的了解，两个地区的小学、中学、高校的教师有机会前往对方的学校进行参观交流。

几年前，上海市第四中学和洛杉矶威尼斯高中建立了高中交换计划，包括为期一周的寄宿家庭计划，教师和学生都从这次交流中受益良多，建立了新的友谊。

上海和加州的工会领袖还了解到更多有关教育工会在社会中和教育政策制定中的角色和作用，加州的教师们对上海在教育方面的巨大公共投资以及公立学校受国际认可的出色表现印象深刻，上海教师也了解到加州多种族、多元文化的学生人口，以及大量移民人口，这些人口是通向全球各国的桥梁。

多年来，加州教师联合会参加了上海市工会管理学院的一场论坛和一场由上海市教育工会主办、在上海大学举行的体育比赛，而上海市教育工会访问了加州大学、洛杉矶大学和众多加州的高中、中学和小学。

这些交流促进了两个工会之间的信任、友谊和更好的了解。不幸的是，受席卷全球的新冠肺炎疫情的影响，近一个阶段的所有访问交流不得不暂停。但是，我们希望能够在不久的将来继续这种伙伴关系。

上海市教育工会和加州教师联合会为他们与对方建立第一个工会对工会的伙伴关系中所发挥的作用而感到自豪。通过这种伙伴关系，中华全国总工会与美国工业组织劳动代表大会之间在国家层面的沟通与交流有了显著的改善。

两国的教育工作者都十分重视最宝贵的资源——孩子，也都悉心培育着下一代的未来。上海市教育工会和加州教师联合会也一直教导下一代。

我们都为世界的和平、友谊与团结而共同努力着，这是具有重大意义的。

（供稿、照片/肯特·王）

后 记

　　2020年是不平凡的一年，在党中央的正确领导下，全国上下取得了脱贫攻坚和新冠肺炎疫情防控两大战役的伟大胜利。伴随着祖国阔步向前的步伐，上海市教育工会迎来了七十周年的华诞，当我们回望七十年历程时，不能忘记党对教育工会及教师的关怀和信任，不能忘记广大教师的奋进和奉献，不能忘记工会干部的跋涉和荣耀，不能忘记社会各界的助力和同行。为了生动地记录充满激情的岁月，立体地反映不断传承的传统，上海市教育工会决定以访谈录的形式，邀请七十多位嘉宾畅谈自己和教育工会的故事，见证教育工会发展的光辉道路，展现教育工会传承的红色基因，凝聚教育工会前行的磅礴力量。

　　本访谈录由上海市教育工会统筹策划，由上海教育报刊总社倾力实施。七十多位撰稿人分批完成文字采访问和现场照片拍摄任务，其中大部分由上海教育报刊社的新老记者完成，多位长期从事教育新闻宣传的资深记者亲自担纲；还有嘉宾的挚友、学生等也热心担当撰稿任务。全国教科文卫体工会、市总工会、市妇联领导对此书编撰工作给予悉心指导和全力支持。市教卫工作党委副书记、市教育工会主席滕建勇担任主编，总体策划全书选题和重点，审定全书内容。市教卫工作党委副巡视员、市教育工会常务副主席李蔚牵头组织全书编写工作，统筹协调工作安排，审核书稿内容。市教育工会副主席吉启华、陶文捷，上海教育报刊总社党委书记周烨，上海教育报刊总社党委副书记、工会主席、上海教育新闻宣传中心常务副主任唐洪平，上海教育新闻网副总编赵锋等负责全书编审工作，陶文捷、唐洪平、赵锋同志为全书作了统稿。市教育工会老领导、老同志吴采兰、张中韧、张渭明、朱小娟、顾伯超、姜培庆同志提供了有力的指导和帮助。陶行知研究学者叶良骏老师、虹口区第一中心小学张琼纪念室等为本书提供了珍贵的史料。市教育工会顾红、陈晓丹，上海教育新闻网颜惠芳担任编辑联络协调工作，王心愿协助相关工作。

　　本书采用嘉宾口述或后人回忆，记者整理的方式编写，具有时代性、生动性、详实性、故事性等特点，为广大读者提供了第一手材料，不少内容及资料已尘封多年，现在读来弥足珍贵。为此嘉宾和撰稿者都进行了认真的准备和整理，有的嘉宾年事已高、身体不佳；有的嘉宾工作繁忙、日程紧张；有的嘉宾身处国外、联系不便，但是当了解到我们的初衷时，都欣然接受采访，为本书的高质量完成，贡献了智慧，也提供了许多有相当历史价值的材料。在所有嘉宾和撰稿者的共同努力下，在各方面领导和同志们的共同支持下，合力完成这部具有现实意义和历史意义的访谈录。我们将此书作为当前"四史"教育的成果奉献给广大读者，相信这部访谈录一定会成为关心支持工会工作同志欢迎的读物，一定会成为工会工作者继续前行的精神力量，让我们一起站在历史的新起点上开创教育工会事业更加灿烂的明天。

　　在此向所有为访谈录出版提供鼎力帮助作出重要贡献的同志们、朋友们表示衷心感谢！上海市教育工会的工作必将因你们而更加精彩！

《话说七十年——上海市教育工会发展历程访谈录》编写组

2020 年 11 月